Gestaltungsparameter für die (Re-) Integration von Produktion in den urbanen Raum im Kontext von Industrie 4.0

Parameters for (Re-) Integrating Production into Urban Areas regarding Industry 4.0

Von der Fakultät für Maschinenwesen
der Rheinisch-Westfälischen Technischen Hochschule Aachen
zur Erlangung des akademischen Grades eines
Doktors der Naturwissenschaften
genehmigte Dissertation

vorgelegt von

Sebastian David Stiehm

Berichter:

Univ.-Prof. Dr. rer. nat. Sabina Jeschke
Univ.-Prof. Dr. phil. Martina Fromhold-Eisebith

Tag der mündlichen Prüfung: 26. Juni 2017

Sebastian David Stiehm

Gestaltungsparameter für die (Re-) Integration von Produktion in den urbanen Raum im Kontext von Industrie 4.0

Bibliografische Information der Deutschen Nationalbibliothek
Die Deutsche Nationalbibliothek verzeichnet diese Publikation in der Deutschen Nationalbibliografie; detaillierte bibliografische Daten sind im Internet über http://dnb.ddb.de abrufbar.

Sebastian David Stiehm:

Gestaltungsparameter für die (Re-) Integration von Produktion in den urbanen Raum im Kontext von Industrie 4.0

1. Auflage, 2017

Gedruckt auf holz- und säurefreiem Papier, 100% chlorfrei gebleicht.

Apprimus Verlag, Aachen, 2017
Wissenschaftsverlag des Instituts für Industriekommunikation und Fachmedien an der RWTH Aachen
Steinbachstr. 25, 52074 Aachen
Internet: www.apprimus-verlag.de, E-Mail: info@apprimus-verlag.de

Druck: KN Digital Printforce GmbH, Stuttgart

ISBN 978-3-86359-551-7

D 82 (Diss. RWTH Aachen University, 2017)

Danksagung

Die vorliegende Arbeit entstand im Rahmen meiner Tätigkeit als wissenschaftlicher Mitarbeiter am Lehrstuhl für Informationsmanagement im Maschinenbau (IMA), Zentrum für Lern- und Wissensmanagement (ZLW) und An-Institut für Unternehmenskybernetik (IfU) e.V. an der RWTH Aachen. Die offene Denkweise dieses Hauses sowie viele Jahre interdisziplinärer Forschung bilden das Fundament dieser Arbeit. Der intensive Diskurs über viele verschiedene Disziplinen hinweg motivierten mich dazu, mich mit diesem jungen Forschungsfeld auseinanderzusetzen.

Ausdrücklich bedanken möchte ich mich bei Frau Univ.-Prof. Dr. rer. nat. Sabina Jeschke für die Erstbetreuung meiner Arbeit sowie die immerzu sehr herzliche Unterstützung in den vergangenen Jahren. Frau Univ.-Prof. Dr. phil. Martina Fromhold-Eisebith danke ich für die Übernahme des Koreferats und den wirtschaftsgeographischen Impulsen. Ebenfalls bedanke ich mich bei Univ.-Prof. Dr. rer. nat. Werner Lehnert für die Übernahme des Vorsitzes. Mein Dank gilt außerdem Frau Prof. Dr. phil. Anja Richert, Herrn Dr. rer. nat. Frank Hees sowie Herrn Prof. Dr.-Ing. Tobias Meisen für die Begleitung im Dissertationsprozess und die inspirierende Zusammenarbeit.

Großer Dank gebührt den vielen Kollegen des Labs für die Unterstützung im Rahmen der Dissertation, insbesondere meiner Forschungsgruppe „Knowledge Engineering", namentlich Sarah, Leo und Gesa. Raphaela und Katrin danke ich hierbei außerordentlich für die ausdauernde Unterstützung.

Zudem danke ich meinen Freunden Dominik, Benjamin, Nico und Chris für den Rückhalt sowie für das Durchstehen des z.T. gemeinsamen „Leidenswegs". Ganz besonders danke ich hier René und Stefan, die mir in vielerlei Hinsicht eine große Stütze im Dissertationsprozess und weit darüber hinaus waren.

Ich danke meinen Eltern für das Ermöglichen dieses Weges und den kontinuierlichen Zuspruch. Der ganzen Familie danke ich für den unerschütterlichen Zusammenhalt.

Aus tiefstem Herzen danke ich zuletzt meiner Verlobten Vilma, die in den vergangenen Jahren auf viel verzichten musste, aber mir in sämtlichen Lagen unendlich viel Liebe und Kraft gespendet hat. Auf dass wir viele weitere Herausforderungen gemeinsam meistern werden.

Köln/Aachen, September 2017

Zusammenfassung

Produktion ist heute durch andere Merkmale geprägt als vor 100 Jahren, vor allem in der Stadt. Dies zeugt von einer bewegten Industriegeschichte: Wurde in den verschiedenen vorangegangenen industriellen Revolutionen noch in den Städten produziert, so fand sich die Fertigung im Verlauf nicht zuletzt aufgrund störender Emissionen zunehmend in der Peripherie wieder und Funktionen (bspw. Wohnen, Arbeiten) wurden getrennt. Durch neue Entwicklungen und Technologien der Industrie 4.0 wird dieser Trend aufgehoben und die Integration der Fabrik in der Stadt (wieder) ermöglicht. So verspricht die Smart Factory eine kundennahe, individuelle Herstellung von Produkten in neuen Wertschöpfungsmodellen bei gleichzeitig geringerem Flächenbedarf und weniger Emissionen.

Die vorliegende Arbeit nähert sich dem Paradigma der (Re-) Integration urbaner Produktion iterativ an. Aufgrund des noch jungen Forschungsfeldes besteht daher der Anspruch an diese Arbeit, urbane Produktion möglichst ganzheitlich abzubilden. Sie wird zunächst als interdisziplinärer Forschungsgegenstand verstanden und in einer industriellen sowie raumwirksamen Perspektive diskutiert. Dabei spielen auch Aspekte wie Nutzungsmischung und Inwertsetzung eine wesentliche Rolle.

Zur ganzheitlichen Erfassung urbaner Produktion werden in insgesamt drei qualitativen und quantitativen Iterationen Gestaltungsparameter des Paradigmas erfasst. Schließlich beschreiben 20 Parameter urbane Produktion multiskalar auf vier Maßstabsebenen. Es werden Wirkungsgefüge zwischen den Parametern analysiert, um sensible Steuerungsgrößen zu identifizieren und konkrete Gestaltungsansätze urbaner Produktion formulieren zu können. Diese Analyse nach Vester ergibt dezidierte Aussagen über die verschiedenen Gestaltungsparameter: Deutlich lässt sich hier herauskristallisieren, dass die Parameter „Individuelle Produktion unter hohem Kundeneinbezug“ sowie „Neue Wertschöpfungsmodelle und Produktionsnetzwerke“ im aktuellen Diskurs urbaner Produktion eine besondere Rolle einnehmen.

Die Gestaltungsparameter werden anhand von fünf Szenarien inhaltlich weiter veranschaulicht. Diese Szenarien werden eng an die Formulierung von dreizehn Handlungsfeldern geknüpft, die vorrangig Kommunen und Unternehmen erste Ansatzpunkte zur (Re-) Integration urbaner Produktion geben. Dabei zeigt die vorliegende Arbeit grundsätzliche räumliche Wirkungen von Industrie 4.0 auf und inwiefern hier Potentiale zur Ausgestaltung urbaner Produktion genutzt werden können.

Summary

Today, production works differently than 100 years ago, especially in the city. Cities have a turbulent industrial history: Whereas during the first industrial revolutions production still took place in the cities, production was increasingly found in the periphery due to disturbing emissions and functions (e.g. housing, working) were separated. By means of new developments and technologies of industry 4.0, this trend is abolished and the (re-) integration of the factory into the city is made possible (again). Thus, the smart factory promises a customized, individual production of products in new value-added models with lower spatial requirements and fewer emissions at the same time.

The present work approaches the paradigm of the (re-) integration of urban production iteratively. As a result of the still relatively young field of research, the aim of this work is to map urban production as holistically as possible. It is first understood as an interdisciplinary research subject and is discussed in an industrial as well as a space-oriented perspective. Aspects of a mixture of use and valorization play an important role.

For the holistic consideration of urban production, shaping parameters of the paradigm have been developed in a total of three qualitative and quantitative iterations. Finally, 20 parameters describe urban production at four multiscale levels. Dependencies of the parameters are analyzed in order to identify sensitive control variables and to formulate concrete layout options for production. This analysis, according to Vester, reveals a clear statement of the different design parameters: It can clearly be seen here that the parameters "Individual production with high customer involvement" as well as "New value creation models and production networks" play a special role in the current discourse of urban production.

The shaping parameters are further illustrated by five scenarios. These scenarios are closely linked to the formulation of thirteen fields of action, which primarily address municipalities and companies. The present work shows the basic spatial effects of industry 4.0 and to what extent potentials can be used to develop urban production.

Inhaltsverzeichnis

Abkürzungsverzeichnis

3D	dreidimensional
AKK	Axiale Kodierungskategorien
AS	Aktivsumme
B2B	Business-to-Business (Gewerbe zu Gewerbe)
BauGB	Baugesetzbuch
BauNVO	Baunutzungsverordnung
BBSR	Bundesinstitut für Bau-, Stadt- und Raumforschung (BBSR)
BiBB	Bundesinstitut für Berufsbildung
BIWAQ	Bildung, Wirtschaft, Arbeit im Quartier
BMBF	Bundesministerium für Bildung und Forschung
BMJV	Bundesministerium der Justiz und für Verbraucherschutz
BMUB	Bundesministerium für Umwelt, Naturschutz, Bau und Reaktorsicherheit
BMWi	Bundesministerium für Wirtschaft und Energie
bpb	Bundeszentrale für politische Bildung
bspw.	beispielsweise
bzw.	beziehungsweise
CAD	Computer Aided Design
CPS	Cyber Physical Systems
d.h.	das heißt
DBIS	Datenbank-Infosystems
difu	Deutsches Institut für Urbanistik
DIY	Do it Yourself
ebd.	Ebenda
EF	Einflussfaktor
EG	Einflussgewicht
EMAS	Eco-Management and Audit Scheme
engl.	englisch
et al.	et alii (und andere)
EU	Europäische Union

F&E	Forschung und Entwicklung
FF	Forschungsfrage
FUI	Future Urban Industries
GTAI	Germany Trade and Invest
IAO	Institut für Arbeitswirtschaft und Organisation
IDF	inverse dokument frequency (inverse Dokumentfrequenz)
i.d.R.	in der Regel
IHK	Industrie- und Handelskammer
IKT	Informations- und Kommunikationstechnik
IoT	Internet of Things
KDD	Knowledge Discovery in Databases
MBWSV	Ministerium für Bauen, Wohnen, Stadtentwicklung und Verkehr
mind.	mindestens
NER	Named Entity Recognition
o.Ä.	oder Ähnliches
PET	Polyethylenterephthalat
PWC	PricewaterhouseCoopers
PS	Passivsumme
RWTH	Rheinisch-Westfälische Technische Hochschule
s.	siehe
s.o.	siehe oben
SeS	sensible Steuerungsgrößen
SKK	Selektive Kodierungskategorien
SL	Stereolithography
SLM	Selective Laser Melting
SLS	Selective Laser Sintering
TF	Term frequency (Termfrequenz)
u.a.	unter anderem
UMA	Urban Manufacturing Alliance
usw.	und so weiter
VDI	Verein Deutscher Ingenieure
vgl.	vergleiche

VW	Volkswagen
WZ	Wirtschaftszweig
zit.	zitiert
z.T.	zum Teil

1 Einführung

1.1 Problemstellung und Ziel der Arbeit

Zum derzeitigen Zeitpunkt lebt mehr als die Hälfte der Weltbevölkerung in Städten. Im Jahr 2050 werden es voraussichtlich mehr als 80% weltweit sein. Auch in Deutschland ist der Urbanisierungstrend deutlich zu spüren: Über 70% der Bevölkerung wohnt bereits in urbanen Ballungsräumen (vgl. Zukunftsinstitut 2016). Den Städten und städtischen Agglomerationen kommt somit gegenwärtig und auch zukünftig eine Schlüsselrolle dabei zu, die zunehmenden, multifaktoriellen Herausforderungen sinnvoll zu gestalten.

Die Vernetzung von Raum, Urbanität und Produktion ist dabei eine entscheidende zukunftsweisende Strategie, die eine Antwort auf die zunehmenden Herausforderungen der Verstädterungen und des Ressourcen- sowie Flächenverbrauchs darstellen könnte. Diese Vernetzung unterlag stets einem Wandel, der mit dem Slogan „Von der urbanen De-Industrialisierung zur Re-Industrialisierung“ zusammengefasst werden kann.

Von der urbanen De-Industrialisierung zur Re-Industrialisierung

Arbeits- und Produktionsorte wurden ab den 1950er Jahren aufgrund starker Emissionen (Lärm, Staub, Verkehr) und sinkender Akzeptanz der damit einhergehenden Belastungen stärker voneinander getrennt und die Industrie verschwand zunehmend aus dem Bewusstsein der Stadt (vgl. Schössler 2015). Als Folge der Funktionstrennung wachsen seit Mitte des 20. Jahrhunderts Industrieparks in ländlichen Regionen, welche sowohl einen steigenden Flächenverbrauch als auch ein zunehmendes Verkehrsaufkommen durch den Pendelverkehr zur Folge hatten. Zugleich treten in Städten vereinzelt Leerstand und untergenutzte Flächen (bspw. Brachflächen) auf. Die Konsequenzen sind eine Industrieproduktion mit hohem Ressourcenverbrauch und als Reaktion darauf, die Einforderung moderner Stadtentwicklungskonzepte, die diesen Verbrauch verhindern sollen.

Ideen urbaner Produktion verfolgen somit hier das Ziel, Potentiale urbaner untergenutzter Flächen voll auszunutzen und lokale Wirtschaft sowie attraktive Arbeitsplätze zu fördern (vgl. BMBF 2014).

Die genannte Vernetzung von Raum, Urbanität und Produktion löst also die historisch bedingte Funktionstrennung von Stadt und Industrie wieder auf und nutzt die Potenziale urbaner, zum Teil untergenutzter Flächen. Dabei findet eine Verknüpfung mit Weiterentwicklungen im Bereich der Informations- und Kommunikationstechnologien statt.

Im Besonderen wird der Industrie 4.0 dabei eine zentrale Rolle als Enabler zugeschrieben, die als Taktvorgeber der urbanen Produktion neue Entwicklungen und Nutzungsmöglichkeiten eröffnet.

Industrie 4.0 als Enabler

Industrie 4.0 als Element der Hightech-Strategie der Bundesregierung diskutiert seit wenigen Jahren die Entwicklung von der linearen Fließ- hin zur modularen Inselfertigung, um den zunehmenden Individualisierungsbedarf von Produktion bedienen zu können (vgl. Kagermann et al. 2013, BMWi 2014). Räumlich betrachtet kann dies eine neue geringere bzw. flexiblere Flächenintensität von Fabriken mit sich bringen. Im Zusammenspiel mit neuen innovativen Technologien, wie bspw. additive Fertigungsverfahren, die nahezu emissionsfrei sind, werden Produktionsstätten (wieder) stadtverträglich. Neue Formen urbaner Produktions- und Wertschöpfungsketten werden ermöglicht, damit Kommunen und Unternehmen auch im Wettbewerb um hochqualifizierte Fachkräfte bestehen und sie die „New Local"-Trends zu individualisierten und regionalisierten Nachfragepräferenzen bedienen können. Dabei werden Kunden auch stärker direkt in die Wertschöpfung bzw. Produktgestaltung eingebunden (vgl. Zukunftsinstitut 2015).

Urbanes Gebiet – Ansprüche verschiedener Akteursgruppen

Wenn aufgrund der Urbanisierung immer mehr Menschen in die Städte ziehen, dann führt dies zu vielschichtigen Herausforderungen. Neben den unternehmens- und gesellschaftsseitigen Ansprüchen sind es vor allem auch die Kommunen, welche zukünftig stark herausgefordert sein werden. Durch die Urbanisierung kommt es zu einem stark verdichteten, innerstädtischen Raum, in dem häufig kaum Bauplätze zur Verfügung stehen. Die Verringerung der Neuinanspruchnahme von Flächen gehört spätestens seit Verabschiedung der Nachhaltigkeitsstrategie der Bundesregierung zu den wesentlichen politischen Intentionen mit dem Ziel, die Flächenneuinanspruchnahme (Siedlungs- und Verkehrsflächen) auf 30 Hektar pro Tag zu reduzieren. Die Dringlichkeit und der Handlungsdruck dieser Situation spiegeln sich darin, dass aktuell das Baugesetzbuch (BauGB) und die Baunutzungsverordnung (BauNVO) novelliert werden. Mit der neuen Kategorie „Urbanes Gebiet" wird ein neues funktionsgemischtes Gebiet der kurzen Wege baurechtlich ermöglicht.

Im Rahmen dieser Diskussion spielt auch die Inwertsetzung von Flächen eine wesentliche Rolle. Hierbei geht es um mindergenutzte Flächen, Industriebrachen oder auch leerstehende Gebäudekomplexe, die nicht nur aus städtebaulicher Sicht Makel darstellen, sondern aufgrund der erwähnten Raumknappheit großes Potential in urbanen Räumen bieten. Vor allem die Entwicklung von Brachflächen in altindustriell geprägten Gebieten ist ein wesentlicher Aspekt (vgl. Inwert Real Estate 2016). Demnach stehen

Kommunen zunehmend unter Handlungsdruck, Nutzungskonzepte hierfür zu entwickeln. Im Überblick werden drei zentrale Akteursgruppen deutlich, welche unterschiedliche Ansprüche im bzw. an den urbanen Raum stellen (Abbildung 1).

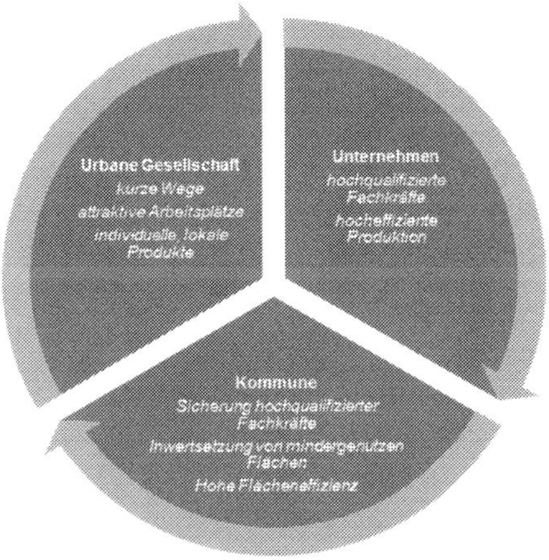

Abbildung 1: Ansprüche verschiedener Akteursgruppen des Paradigmas urbaner Produktion (Quelle: eigene Darstellung)

Urbane Produktion als aktuelle Diskussion

Das Thema der urbanen Produktion in Deutschland wird seit den letzten fünf Jahren zunehmend diskutiert (vgl. Schössler et al. 2012a/b, Bauer/Lentes 2014, Weinert et al. 2014). Aus wissenschaftlicher Sicht spannt der Begriff der urbanen Produktion ein Feld kontroverser Diskussionen auf. Lange wurde eher auf Trends der Internationalisierung bzw. Globalisierung der Warenproduktion geschaut, mit Blick auf Muster der weiträumigen, von Kosteneinsparungen motivierten Arbeitsteilung im Produktionssystem (vgl. Dicken 2015). Eine Nähe zwischen Endfertigung und Konsum schien lange Zeit immer weniger bedeutsam zu sein. Neu auflebende Debatten zur räumlichen Dimension in der Nachhaltigkeit (vgl. Truffer/Coenen 2012) führen jedoch zu diesem Perspektiven- bzw. Paradigmenwechsel. Vorteile der räumlichen Nähe für Ressourceneinsparungen und verbesserte Koordination zwischen Produktion und Markt bzw. Konsum rücken ins Zentrum der Betrachtung (vgl. Dewald/Fromhold-Eisebith 2015).

Ziele der aktuell diskutierten urbanen Produktion liegen unter anderem darin, durch Flexibilität und Individualisierung eine hohe Anpassungsfähigkeit in Zeiten sich schnell verändernder Märkte zu erreichen (vgl. Fraunhofer IAO 2015). Beispiele aus dem nordamerikanischen Raum zeigen, dass auch Produktionseinrichtungen und Betriebskapital gemeinschaftlich von verschiedenen Unternehmen an einem urbanen Quartiersstandort genutzt werden können (vgl. bspw. Brooklyn Navy Yard 2016).

Forschungsbedarf

Bei Betrachtung des aktuellen Diskurses wird deutlich, wie vielschichtig und interdisziplinär das noch junge Forschungsfeld der urbanen Produktion ist. Um tragfähige Zukunftskonzepte der (Re-) Integration[1] von Produktion in den urbanen Raum für Kommunen und Unternehmen zur Gestaltung der genannten Herausforderungen zu entwickeln, bedarf es zunächst einer grundlegenden Analyse der Parameter, die urbane Produktion überhaupt gestalten. Auf Basis dessen ergeben sich folgende Forschungsfragen:

FF1) Welche Faktoren kennzeichnen den Paradigmenwechsel urbaner Produktion im Kontext von Industrie 4.0?

FF2) Wie gestalten sich urbane Standorte zur Ansiedlung Produktion im Kontext von Industrie 4.0?

FF3) Wie sehen wirtschaftsräumliche Szenarien zur Ansiedlung urbaner Produktion im Kontext von Industrie 4.0 aus?

FF4) Wie können Akteure bei der Ansiedlung urbaner Produktion im Kontext von Industrie 4.0 unterstützt werden?

1.2 Aufbau der Arbeit

Ziel der vorliegenden Arbeit ist ein Beitrag zur Gestaltung der (Re-) Integration von Produktion in den urbanen Raum. Die Rolle von Industrie 4.0 als Enabler soll hier besonders beachtet werden. Aufgrund des jungen Forschungsfelds wird ein umfassender, explorativer Ansatz gewählt. Unter der Berücksichtigung von qualitativen und quantitativen Methoden wird das Paradigma urbane Produktion in seinen Gestaltungsparametern[2] iterativ analysiert. Im Anschluss werden Wechselwirkungen der Parameter identifiziert und wirtschaftsräumliche Szenarien urbaner Produktion entwickelt. Zum Schluss sollen praktische Implikationen zur Realisierung in Form von Handlungsfeldern abgeleitet werden. Zusammenfassend gliedert sich diese Arbeit im Anschluss an die Bestimmung der Problemstellung und die Zielsetzung wie folgt (Abbildung 2):

---

[1] (Re-) Integration soll an dieser Stelle den Paradigmenwechsel urbaner Produktion beschreiben. Infolge der historischen Auslagerung von Produktionsstandorten aus urbanen Standorten, werden diese nun bewusst in den urbanen Raum integriert.

[2] Parameter sind veränderliche, einen Prozess beeinflussende Größen (vgl. Universität Leipzig 2017). Gestaltungsparameter stellen im Kontext dieser Arbeit demnach beeinflussende Größen dar, mit denen sich das Paradigma urbaner Produktion aktiv gestalten lässt.

- Theoretische Grundlagen sowie Abgrenzung des Forschungsgegenstands (Kapitel 2, 3)
- Erfassung der Gestaltungsparameter urbaner Produktion sowie Identifikation von Wechselwirkungen (Kapitel 4, 5)
- Wirtschaftsräumliche Szenarien urbaner Produktion und Handlungsfelder (Kapitel 6, 7)
- Weiterer Forschungsbedarf und Zusammenfassung (Kapitel 8, 9)

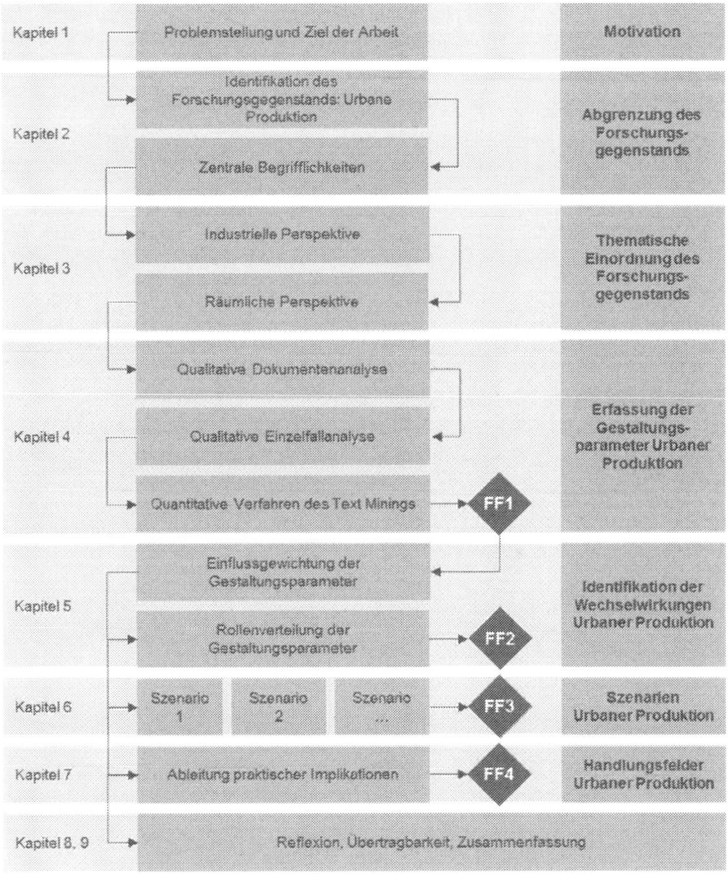

Abbildung 2: Aufbau der Arbeit und Zuordnung der Forschungsfragen
(Quelle: eigene Darstellung)

Kapitel 1 umfasst die Einleitung der Arbeit. An dieser Stelle werden die Problemstellung sowie der Forschungsbedarf erfasst und die Vorgehensweise vorgestellt.

Kapitel 2 dient dazu, den Forschungsgegenstand der Arbeit definitorisch genauer abzugrenzen. Hierzu werden Begriffe wie Produktion, Urbanität und Raum genauer beschrieben. Da urbane Produktion als Thematik in dieser Arbeit sehr interdisziplinär betrachtet wird, ist ein einheitliches (Begriffs-) Verständnis erforderlich.

Kapitel 3 erläutert den Forschungsgegenstand vertiefend und ordnet die Arbeit thematisch ein. Hierzu findet ein Abriss industrieller Entwicklungen statt und Industrie 4.0 wird als ein Treiber urbaner Produktion genauer beschrieben. Ergänzend werden räumliche Auswirkungen industrieller Entwicklungen, wie bspw. De- und Reindustrialisierung beschrieben, wodurch urbane Räume in den Fokus der Betrachtung rücken. Das Kapitel gibt zuletzt einen Überblick des aktuellen Diskurses zu urbaner Produktion.

Kapitel 4 zeigt die Entwicklung des Katalogs an Gestaltungsparametern urbaner Produktion auf. Im explorativen Forschungsstil der Grounded Theory wird dieser iterativ identifiziert und zunehmend verdichtet. Zunächst werden Parameter mittels einer qualitativen Dokumentenanalyse literaturbasiert abgeleitet. Im Anschluss werden diese Parameter durch leitfadengestützte Experteninterviews weiter verdichtet. Um mögliche subjektive Verzerrungen zu verringern, werden quantitative Verfahren des Text Minings angewendet. Hierzu wird der Katalog an Gestaltungsparametern mit einem großen Korpus von wissenschaftlichen Publikationen gespiegelt. Zuletzt mündet das Kapitel in 20 identifizierten Gestaltungsparametern.

Kapitel 5 fokussiert die Identifikation von sensiblen Steuerungsgrößen im Kontext urbaner Produktion. Hierzu wird der zuvor identifizierte Katalog an Gestaltungsparametern mittels der Sensitivitätsanalyse nach Vester (1980) auf Wirkungszusammenhänge hin überprüft. Ergebnis dieses Kapitels ist eine inhaltliche Qualifizierung der individuellen Gestaltungsparameter. Dezidierte Aussagen zu Abhängigkeiten von Parametern bei der (Re-) Integration von Produktion im urbanen Raum werden ermöglicht.

Kapitel 6 eröffnet fünf prototypische wirtschaftsräumliche Szenarien urbaner Produktion. Auf Basis der Erkenntnisse vorheriger Kapitel werden die Gestaltungsparameter inhaltlich belegt und Elemente der Industrie 4.0 verdeutlicht. Die Szenarien werden anhand vereinzelter Good Practices veranschaulicht und somit mögliche Denkrichtungen urbaner Produktion miteinander verglichen.

Kapitel 7 umfasst die Formulierung von zentralen Handlungsfeldern an kommunale Akteure sowie Unternehmen zur weiteren Realisierung bzw. (Re-) Integration urbaner Produktion. Hier werden die zuvor dargestellten Inhalte als praktische Implikationen zur Übertragbarkeit abgeleitet.

Kapitel 8 reflektiert die Ergebnisse kritisch und synthetisiert Kernaussagen zur Perspektive urbaner Produktion. Das Kapitel schließt mit einem Ausblick auf den offenen Forschungsbedarf.

Kapitel 9 umfasst den Abschluss der Arbeit und eine kurze Zusammenfassung der Ergebnisse.

2 Zentrale Begriffe

2.1 Einführung

Urbane Produktion ist ein relativ junger, interdisziplinärer Terminus im deutschsprachigen Forschungsdiskurs, welcher an zunehmender Bedeutung erfährt (Kapitel 1). Bevor eine vertiefende thematische Einordnung und Abgrenzung in Kapitel 3 stattfindet, wird der Terminus in einzelne Worte zerlegt sowie angrenzende Begrifflichkeiten beschrieben (Abbildung 3).

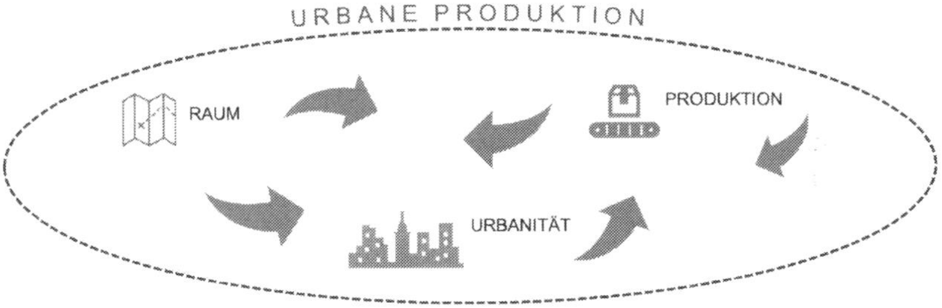

Abbildung 3: Zentrale Begrifflichkeiten der Arbeit (Quelle: eigene Darstellung)

2.2 Raum

Der Begriff „Raum" wird im Handwörterbuch der Raumordnung umfassend diskutiert. Um Raumkategorien und Raumabgrenzungen definieren zu können, wird hier im Folgenden die Bandbreite der dort diskutierten Definitionen kurz vorgestellt (vgl. Henckel 2005).

Das alltägliche Raumverständnis beschreibt die Wahrnehmung eines gegenständlichen Raumes mit sozialer Prägung (vgl. Krätke 1995), wissenschaftlich orientierte Raumdefinitionen gehen jedoch über dieses Verständnis hinaus. Der Geograph Friedrich Ratzel definierte den Raum als (oberflächlichen) Erdraum und natürliche Umgebung des Menschen und erkannte damit erstmalig die Wirkungen der räumlichen Gegebenheiten auf die Entwicklung des Menschen an. Diese Abhängigkeit wird nach Henckel auch heute noch in weiterentwickelten raumordnungspolitischen Konzepten als maßgebliche Definition verwendet, in denen der Raum als formale Ordnungsstruktur betrachtet wird. Die Durchmischung subjektiv erlebter und geographischer Räume ist wiederum als der subjektbezogene Raum zu sehen, der nach Karl Popper für das Handeln des Rezipienten bedeutend ist. Diese erlebten Räume seien individuell sowohl räumlich als auch wertend vielschichtig aufgeladen und stehen daher immer im Kontext der jeweiligen Handlung (vgl. Krätke 1995).

In der Stadtplanung wird der Raum vor allem im Kontext baulich-gesellschaftlich-ökonomisch-sozialer Merkmale betrachtet. Dies geht auf die Chicagoer Schule zurück, die den Raum als Labor gesellschaftlicher Entwicklungen und als Prozess gegenseitiger Anpassungen zwischen Gesellschaft und räumlicher Umwelt betrachtet (vgl. Schmitt/Schröteler von Brandt 2016, Dangschat 2000). Der Raum ist also nicht als statischer Bezugsrahmen anzusehen, sondern unterliegt den in ihm stattfindenden Entwicklungen.

2.3 Urbanität

Urbanität ist komplexer Begriff, dessen Bedeutungsgehalt auf politische, ökonomische, soziale, kulturelle und räumliche Dimensionen bezogen wird. Je nach Disziplin wird der Begriff auf stadttypische Merkmale oder Verhaltensweisen bezogen (vgl. Breitling 1979, Selle 2011).

In der Stadtsoziologie wird unter dem Begriff Urbanität die heutige Stadt als Ort und Gegenstand gesellschaftlicher Konflikte und politischer Auseinandersetzungen verstanden. Demnach bezeichnet Urbanität nicht ausschließlich eine attraktive Lebensweise des europäischen Städters, sondern bildet die Lebensrealität aller Stadtbewohner in ihrer gesamten Heterogenität ab (vgl. Lefèbvre 2009, Siebel 1994).

In der Architektur und im Städtebau wird der Begriff Urbanität häufig auf Siedlungsbild und städtische Bebauung bezogen (vgl. Selle 2011). In den 1960er Jahren wurde der Urbanitätsbegriff mit dem räumlichen Leitbild „Urbanität durch Dichte“ technisiert. Die Assoziation von urbaner Qualität mit dem dichten Nebeneinander der Funktionen von Wohnen, Arbeiten und Erholung prägt auch den aktuellen städtebaulichen Diskurs über die Reurbanisierung der europäischen Stadt. Gleichzeitig wird jedoch in Frage gestellt, ob sich Urbanität überhaupt planen und bauen lasse.

Bei Betrachtung des breiten Diskurses über Urbanität lassen sich quer durch die Epochen und Disziplinen wiederkehrend drei Kategorien finden, die den Begriff prägen (vgl. Neumann 2002):

- Menschliches Verhalten als vielfältige (städtische) Lebensweise,
- Organisationsmuster im Kontext gesellschaftlicher Entwicklung,
- Eigenschaften baulich-räumlicher Strukturen.

Um Urbanität schärfer zu definieren, wurden auf Basis dieser Grundmerkmale unterschiedliche Ansätze entwickelt. Für den Kontext der vorliegenden Arbeit eignet sich unter anderem der funktionalistische Ansatz:

> *„Im Sinne des funktionalistischen Ansatzes ist Urbanität vor allem gebunden an das Vorhandensein und die Erfüllung der vier wichtigsten städtischen Funktionen* ***Wohnen, Arbeiten, Erholung*** *und* ***Verkehr*** *[...].“ (Jacobs 1963, Neuffer 1976 zit. in Neumann 2002).*

Der **urbane Raum** wird demnach als baulich-räumliche Struktur (oder Siedlungsstruktur) verstanden, die durch Nutzungsmischung und Dichte gekennzeichnet ist und eine vielfältige, städtische Lebensweise (bspw. kulturelles Leben, tätigen Bürgersinn, die Polarität von privat und öffentlich) ermöglicht (vgl. ebd.)

2.4 Produktion

Im Allgemeinen bezeichnet der Begriff Produktion die Transformation von Ausgangsstoffen in Güter. Im Sinne einer betrieblichen Wertschöpfung können Ausgangsstoffe Materialien, Dienste, Rechte und Informationen sein. Wertschöpfung wird dadurch erzielt, dass auf dem Beschaffungsmarkt erworbene Produktions- bzw. Inputfaktoren bspw. Arbeitsleistungen, Betriebsmittel und Werkstoffe) zu höherwertigeren, auf dem Absatzmarkt nachgefragten Outputfaktoren transformiert werden (vgl. Schuh/Schmidt 2014). Nach Gutenberg (1971) erstreckt sich die Wertschöpfung über die Produktion materieller (Sachgüter bzw. Sachleistungen) sowie immaterieller (Dienste bzw. Dienstleistungen) Güter.

Innerhalb materieller Güter wird unterschieden zwischen Rohstoffen und Fabrikaten. Rohstoffe sind sogenannte Urprodukte, die entweder sofort oder nach einer Veredelung zur Herstellung anderer Produkte bzw. zum Konsum bereitstehen. Ein Fabrikat, als Sonderform des materiellen Guts, besteht generell aus verschiedenen Rohstoffen und Zwischenprodukten und wird mithilfe von Arbeit und Energie hergestellt. Fabrikate werden meist in mehreren Arbeitsschritten produziert und bilden ein neues Produkt, welches neue Eigenschaften im Vergleich zu seinen Rohstoffen aufweist (vgl. Gutenberg 2013). Ökonomische, immaterielle Güter können beispielsweise Dienstleistungen sein. Diese sind, im Gegensatz zu einem Fabrikat, das Erbringen eines Dienstes durch eine natürliche oder juristische Person zu einem Zeitpunkt bzw. in einem definierten Zeitrahmen. Dienstleistungen werden unterschieden nach der Art der Leistung, die erbracht wird (vgl. ebd.).

In Zusammenhang des hier diskutierten Forschungsgegenstands wird insbesondere die Produktion materieller Güter verstanden. Immaterielle Güter werden ausschließlich betrachtet, wenn diese im direkten Zusammenhang mit einem materiellen Gut stehen (auch: produktbegleitende Dienstleistungen). Produktbegleitende Dienstleistungen bieten Lösungen an, welche auf die spezifischen Wünsche der Kunden zugeschnitten sind. Sie bilden den vollständigen Produktlebenszyklus ab und werden vor dem Absatz des Produkts (bspw. Planung und Entwicklung), während der betrieblichen Nutzungszeit (bspw. Instandhaltung, Wartung) und nach der wirtschaftlichen Nutzbarkeit (bspw. Demontage, Entsorgung) erbracht (vgl. Opfermann 2004).

2.5 Zusammenfassung

Im Zusammenhang des hier beschriebenen Forschungsgegenstands wird insbesondere die Produktion materieller Güter verstanden. Immaterielle Güter werden ausschließlich betrachtet, wenn diese im direkten Zusammenhang mit produktbegleitende Dienstleistungen stehen. Urbanität ist ein vielschichtiger Begriff, dessen Bedeutungsgehalt auf politische, ökonomische, soziale, kulturelle und räumliche Dimensionen bezogen wird. Die verschiedenen Disziplinen behandeln den Begriff vorwiegend deskriptiv oder analytisch hinsichtlich stadttypischer Merkmale und Verhaltensweisen. Der urbane Raum wird demnach als baulich-räumliche Struktur (oder Siedlungsstruktur) verstanden, die durch Nutzungsmischung und Dichte gekennzeichnet ist und eine von hoher Diversität geprägte, städtische Lebensweise (bspw. kulturelles Leben, tätiger Bürgersinn, die Polarität von privat und öffentlich) ermöglicht.

3 Thematische Einordnung und Grundlagen

3.1 Einführung

Die (Re-) Integration von Produktion in den urbanen Raum wird vorrangig technologiegetrieben diskutiert (vgl. Bauer/Lentes 2014, Erbstößer 2016). Dabei spielt der Diskurs um Industrie 4.0, der so genannten vierten deutschen industriellen Revolution, eine maßgebliche Rolle (vgl. Kapitel 3.3). Neue Technologien und Organisationsstrukturen in der zukünftigen Fabrik wirken als Enabler und versprechen in Form der Smart Factory eine neue Stadtverträglichkeit (Abbildung 4). Der Frage, inwiefern sich Industrie 4.0 auf die städtische Produktionsraumgestaltung möglicherweise auswirken kann, soll sich im folgenden Kapitel angenähert werden.

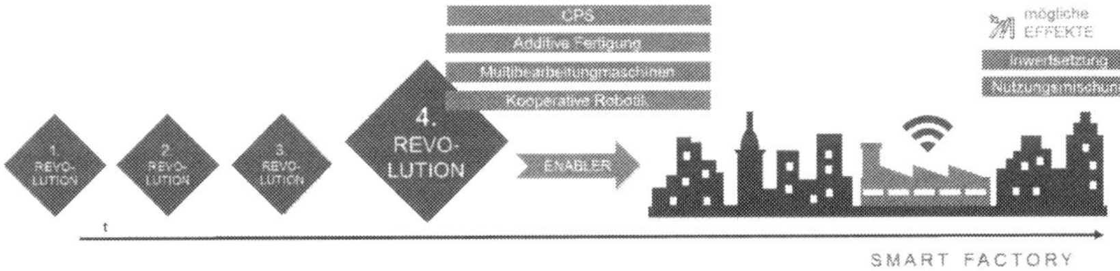

Abbildung 4: Inhaltlicher Überblick Kapitel 3 (Quelle: eigene Darstellung)

3.2 Auf dem Weg zur vierten industriellen Revolution

3.2.1 Die erste industrielle Revolution

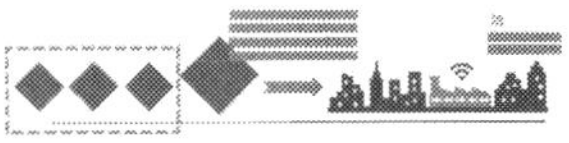

Unter dem Begriff der industriellen Revolutionen werden radikale wirtschaftliche, gesellschaftliche, ökologische und energetische Umbruchsphasen verstanden. Sie sind geprägt von der Entwicklung neuer Technologien, Energiequellen und Basisinnovationen, die zu einer allmählichen Substitution herkömmlicher Muster führen. Durch diesen Paradigmenwechsel von alten zu neuen Technologien werden immer auch gesellschaftliche Umbrüche, soziale Verwerfungen und großflächige Wirkungen in der Arbeitswelt hervorgerufen, weshalb den industriellen Revolutionen auch ein krisenhafter Charakter zugeschrieben wird (vgl. BMUB 2008).

Die erste industrielle Revolution startete um 1750 in England und war eng mit der Erschließung von Kohle als fossilem Energieträger verbunden. Die Entdeckung dieser Energiequelle führte zu der Entwicklung der Dampfmaschine, wodurch die erste industrielle Massenproduktion durch Maschinen ermöglicht wurde. Weitere bahnbrechende Innovationen dieser Revolution waren der mechanische Webstuhl und die Spinnmaschine. In der Folge entstanden riesige Fabriken, die die herkömmlichen kleinen Handwerksbetriebe, die überwiegend in Privathäusern integriert waren, ablösten.

> *„Die weitgreifendste Veränderung tritt mit Ende des 18. Jahrhunderts ein, aus Manufakturen werden Fabriken“ (Erbstößer 2016).*

Es konnten fortan mehr Waren mit geringerem Aufwand und geringerer menschlicher Arbeitskraft produziert werden. Diese Entwicklung betraf insbesondere die Industriezweige Schwerindustrie, Tuchherstellung und Textildruck und führte durch die gestiegene Produktivität und Effizienz der Herstellung zu einem raschen Aufstieg dieser Branchen. Zudem wurde das Transportsystem durch die Entwicklung der Dampfschifffahrt und der Ausweitung des Eisenbahnnetzes verbessert und ausgebaut. Dagegen waren das klassische Handwerk und landwirtschaftliche Tätigkeiten fortan stark rückläufig (vgl. Bauernhansl et al. 2014, BMUB 2008, Schnitzer 2014).

Durch den technischen Fortschritt in der ersten industriellen Revolution verbesserte sich die Ernährungs- und Hygienesituation der Bevölkerung deutlich, so dass die Bevölkerungszahl stark anstieg. Dank des ausgebauten Transportsystems konnte die Bevölkerung nun flächendeckend mit Nahrung und Kleidung versorgt werden. Die Arbeiter suchten die räumliche Nähe zu den industriellen Standorten in der Stadt, was eine zunehmende Urbanisierung und expandierende industrielle Zentren zur Folge hatte. Zudem führte der Rückgang der landwirtschaftlichen Tätigkeiten zu einer Umlagerung der Siedlungsstrukturen in Richtung Stadt. Es entstanden städtische Arbeiterslums in der direkten Umgebung der Fabriken, in denen die Arbeiter hohen Luft- und Wasseremissionen ausgesetzt waren. Zusätzlich zu den gesundheitsschädlichen Lebensbedingungen waren die Bedingungen, unter denen die Arbeiter tagtäglich in den Fabriken arbeiteten, extrem schlecht. Es gab strikte Zeitpläne, eine hohe Arbeitsdisziplin und hohen Leistungsdruck, während individuelle Bedürfnisse der Arbeiter keine Rolle spielten. Die Entstehung einer Zwei-Klassen-Gesellschaft war die Folge der sozialen Ungleichheit zwischen Fabrikarbeitern und Fabrikbesitzern (vgl. Bauernhansl et al. 2014, bpb 2012b, Schnitzer 2014).

3.2.2 Die zweite industrielle Revolution

Mit der Entdeckung der Energieträger Öl und Gas zum Antrieb von Motoren und der Entwicklung der Elektrotechnik als Grundlage für Licht- und Antriebstechniken begann Ende des 19. Jahrhunderts die zweite industrielle Revolution. Elektrische Antriebe und Verbrennungsmotoren ermöglichten völlig neue Methoden in der Produktion. Die Produktivität der Herstellung konnte zudem durch Fortschritte in der Automatisierung und durch die Entwicklung der Fließbandarbeit weiter gesteigert werden. Es entstand eine arbeitsteilige, groß-industrielle (fordistische) Massenproduktion. Fabriken wurden deutlich größer. Insbesondere die Chemie-, Elektro- und Automobilindustrie profitierten von dieser Entwicklung, die die groß-industrielle Massenproduktion effizienter und kostengünstiger machte (vgl. Bauernhansl et al. 2014, BMUB 2008, Kagermann et al. 2013).

Zur Zeit der zweiten industriellen Revolution hatte die Stadt immer noch eine hohe Bedeutung. Sie war Dreh- und Angelpunkt für Verwaltungs- und Versorgungseinrichtungen und war weiterhin das wichtigste Zentrum der Produktion. Durch die technischen Fortschritte und der Bedeutungszunahme des Rohstoffes Erdöl verbesserte sich auch die Mobilität, wodurch viele Menschen die Städte verließen und zum Wohnen an den Stadtrand zogen. Die Wohn- und Arbeitsbereiche der Menschen wurden nun bewusster voneinander getrennt (Funktionstrennung). Sämtliche Strukturen wurden autogerecht gestaltet und die Pendelbewegungen zwischen Stadt und Umland nahmen zu. Auch die Bevölkerungszahl stieg weiter an und es entstand eine breiter werdende Mittelschicht, die zunehmend einen gewissen Wohlstand erlangte (vgl. Bauernhansl et al. 2014, BMUB 2008, Schnitzer 2014, Kagermann et al. 2013).

3.2.3 Die dritte industrielle Revolution

Die dritte industrielle Revolution, auch als digitale Revolution bezeichnet, begann Anfang der 1960er Jahre mit Fortschritten in den Bereichen Elektronik und dem Ausbau der Informations- und Kommunikationstechnologien, die zu weiteren Automatisierungen der Produktionsprozesse führten. Maßgebliche Errungenschaften waren in den Bereichen der Mikroelektronik und Computertechnik zu vermerken, wie die Entwicklung von Halbleitern, Personalcomputern und des Internets. Letzteres führte zu einer dramatischen Senkung der Transaktionskosten, was die Globalisierungstendenzen weiter unterstützte. Räumlich betrachtet, bedeutete die zunehmende Digitalisierung so auch eine Verkürzung von Distanzen bzw. verstärkte Anbindung des ländlichen Raumes, bspw. in Form von Teilzeit- oder Telearbeit (vgl. Kagermann et al. 2013).

Durch die Automatisierung der Produktionsprozesse fand eine Rationalisierung statt, während gleichzeitig variantenreiche Serienproduktionen ermöglicht wurden. Zudem wurden erstmalig Roboter in der Produktion eingesetzt, so dass menschliche Arbeitskraft in einigen Bereichen substituiert werden konnte. Der Fortschritt der Elektronik war nicht nur in der Produktion, sondern auch in den hergestellten Produkten, die immer digitaler wurden, bemerkbar (vgl. Bauernhansl et al. 2014, Schwab 2016).

Der Fortschritt und Wandel in der Technologie und den Produktionsprozessen hatte auch einen Wandel der Märkte und der Ansprüche der Kunden zur Folge. In den 80er Jahren kam es zu ersten Sättigungserscheinungen der Märkte, da die Grundbedürfnisse der Bevölkerung weitestgehend befriedigt waren. Auf den bislang von der Industrie gesteuerten Märkten erfolgte ein Wandel von Verkäufer- zu Käufermärkten. Die Ansprüche der Kunden an Qualität und Individualität der Produkte nahmen zu, was nicht zuletzt der Verbreitung des Internets und somit der schnellen und umfassenden Verfügbarkeit von Informationen und Wissen geschuldet war. Die dritte industrielle Revolution wird zudem vielfach als „grüne Revolution“ bezeichnet. Durch die Massenproduktion der vorangegangenen Phasen erhöhten sich der Verbrauch der natürlichen

Ressourcen und die Freisetzung von Emissionen enorm. Die ökonomischen und ökologischen Grenzen der Rohstoffe wurden allmählich deutlich und die Umweltauswirkungen (Klimawandel, Luftverschmutzung, Wasserknappheit etc.) in der Öffentlichkeit breit diskutiert. Dadurch wurde vermehrt auf einen Umstieg auf erneuerbare Energien und neue Energiesysteme gesetzt (vgl. Bauernhansl et al. 2014, BMUB 2008, Jänicke/Jacob 2008, Riffkin 2011).

Die Globalisierung schritt in Form von weltweiter Arbeitsteilung und global verteilter Produktion weiter voran. Ein Großteil der deutschen Industrie wurde zwecks Einsparungen in Billiglohnländer ausgelagert. Viele Ökonomen prophezeiten zu dieser Zeit bereits einen Bedeutungsverlust der industriellen Produktion zugunsten einer Dienstleistungsgesellschaft (vgl. Bauernhansl et al. 2014). Auf die Mechanisierung der Produktion in der ersten industriellen Revolution im 18. Jahrhundert, die Elektrifizierung der Produktion und Einführung der Fließbandarbeit Endes des 19. Jahrhunderts und der beginnenden Automatisierung seit den 1970er Jahren folgt nun mit der vierten Revolution die Fortführung der Automatisierung in der Produktion.

Abbildung 5: Die vier Stufen industrieller Revolution. (Quelle: eigene Darstellung nach Fraunhofer IAO 2013)

3.3 Die vierte industrielle Revolution

3.3.1 De-Industrialisierung als Treiber der vierten Revolution

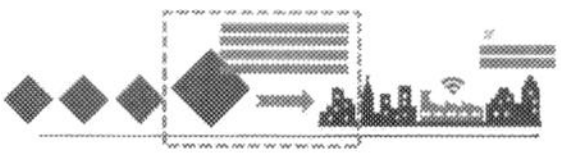

Ende des 20. Jahrhunderts begann eine De-Industrialisierung, die jedoch heute als Initiator der vierten industriellen Revolution betrachtet werden kann. De-Industrialisierung beschreibt den Bedeutungsverlust des industriellen Sektors wie er in vielen westlichen Industrieländern seit 1970 bemerkbar ist. Geschuldet ist der Wandel insbesondere der Verschiebung vieler Technologiebereiche in ehemalige Schwellenländer Südostasiens (Korea, China, Taiwan, Indien etc.) und der Produktionsverlagerung an ausländische Billiglohnländer. Ein großer Teil der heimischen Wertschöpfung und zahlreiche Arbeitsplätze gingen dabei verloren. Gleichzeitig wuchs der tertiäre Dienstleistungssektor in vielen westlichen Staaten stark an. In Deutschland war in den vergangenen 45 Jahren das durchschnittliche Jahreswachstum der realen Bruttowertschöpfung im tertiären Sektor deutlich höher als im industriellen Sektor (vgl. Grömling 2006, Statistisches Bundesamt 2009, Westkämper/Löffler 2016).

Im Zuge der De-Industrialisierung verlor Deutschland einen beträchtlichen Anteil der Low-Tech Bereiche (bspw. die Textilindustrie) an die Schwellenländer Südostasiens. Die Arbeitslosigkeit war in Folge dessen insbesondere bei den niedrig Qualifizierten hoch. Diese Entwicklung zeigt sich besonders deutlich in ehemals boomenden deutschen Industrieregionen wie dem Ruhrgebiet. In den 1980er Jahren waren im Ruhrgebiet die Montan- und Stahlindustrie sowie deren vor- und nachgelagerten Bereiche durch den zunehmenden globalen Wettbewerb einer strukturellen Krise ausgesetzt und eine Vielzahl an Arbeitsplätzen gingen in den Folgejahren verloren. In der Metallindustrie sank die Anzahl der Arbeitsplätze innerhalb von 20 Jahren von 67.000 auf 23.000, in der Stahlindustrie von 230.000 auf 70.000. In ganz Nordrhein-Westfalen sank die Zahl der Beschäftigten von 1960 bis 2000 von 2,3 Mio. auf 2,1 Mio. . Demgegenüber stieg der Anteil der Beschäftigten im Dienstleistungssektor von 46% auf 62% an. Die Tertiärisierung konnte den Arbeitsplatzverlust jedoch nicht vollständig auffangen, da im Dienstleistungssektor zusätzliche Qualifikationen und Fachkenntnisse gefordert werden als im industriellen Sektor. So wird von den Beschäftigten eine ständige Anpassung an die Veränderungsprozesse in den Unternehmen sowie in der Gesellschaft erwartet, die viele ehemalige Industriearbeiter nicht erfüllen können (vgl. Friedrich-Ebert-Stiftung 1999, Westkämper/Löffler 2016).

> *„In vielen Bereichen verändern sich die Geschäftsprozesse entlang der Wertschöpfungskette beispielsweise durch Einbeziehen von E-Commerce-Strategien, Neuorientierung der Kundenbeziehungen sowie Berücksichtigung des veränderten Kommunikations- und Konsumverhaltens in sämtlichen Arbeits- und Lebensbereichen. [...] Kaufleute und Dienstleister müssen sich den ökonomischen, technischen und gesellschaftlichen Veränderungsprozessen stellen“ (BiBB 2003).*

Dieser Strukturwandel von einer ehemals landwirtschaftlich geprägten Gesellschaft (primärer Sektor), über eine Industriegesellschaft (sekundärer Sektor) hin zur Dienstleistungsgesellschaft (tertiärer Sektor) verläuft in vielen modernen Gesellschaften ähnlich. Länderspezifisch sind jedoch deutliche Unterschiede in den Ausmaßen erkennbar. Deutschland weicht weltweit am stärksten von diesem idealtypischen Verlauf ab. Zwar ging auch in Deutschland, insbesondere in den 1990er Jahren, ein beträchtlicher Anteil der Industrie verloren, jedoch befindet sich dieser im internationalen Vergleich weiterhin auf einem hohen Niveau. 2015 lag der Anteil des industriellen Sektors an der Bruttowertschöpfung bei 25,9%, während der Anteil der Industrie in der EU insgesamt bei nur 15,5% lag (vgl. Statista 2016a).

Insgesamt ist die nominale Wertschöpfung der Industrie in Deutschland weiterhin gewachsen, so dass beim Blick auf absolute Größen eher von einer relativen De-Industrialisierung – im Vergleich zum Bedeutungszuwachs des tertiären Sektors – gesprochen werden muss (vgl. bpb 2012a, Grömling 2006).

> *„Beim Blick auf den Industrieanteil an der nominalen Bruttowertschöpfung ist offensichtlich die De-Industrialisierung in Deutschland seit einigen Jahren gestoppt" (Grömling 2006).*

Das dynamische Wachstum des Dienstleistungssektors ist zudem auf einen starken industriellen Sektor zurückzuführen, da letzterer als Nachfrager unternehmensnaher Dienstleistungen einen beträchtlichen Anteil ausmacht.

> *„Politische Bestrebungen, Industrieregionen zu Dienstleistungsstandorten umzuwandeln, weil Unternehmen des tertiären Sektors etwa weniger Emissionen verursachen, erweisen sich als Bumerang. Eine Schwächung der industriellen Basis wird zwangsläufig eine Schwächung des Dienstleistungssektors zur Folge haben" (IHK Mittlerer Niederrhein 2012).*

Die Industrie lagert zudem zahlreiche Leistungen an Unternehmensdienstleister aus, so dass Produktion und Dienstleistungen eng miteinander verbunden sind und nicht losgelöst voneinander betrachtet werden können (vgl. Ruhose/Weber 2013).

3.3.2 Industrie 4.0 als Element der Hightech-Strategie

Die De-Industrialisierung hat in Deutschland und weiten Teilen der Welt einen industriellen Umbruch angestoßen, der in Deutschland als „Industrie 4.0" - die vierte industrielle Revolution - bezeichnet wird. Der Begriff Industrie 4.0 ist Bestandteil der Hightech-Strategie des Bundesministeriums für Bildung und Forschung mit dem Ziel, den Industriestandort Deutschland als Leitmarkt bzw. Leitanbieter für innovative Technologien zu stärken. Kagermann et al. (2013) definieren Industrie 4.0 zusammengefasst wie folgt:

> *„Industrie 4.0 meint im Kern die technische Integration von CPS in die Produktion und die Logistik sowie die Anwendung des Internets der Dinge und Dienste in industriellen Prozessen – einschließlich der sich daraus ergebenden Konsequenzen für die Wertschöpfung, die Geschäftsmodelle sowie die nachgelagerten Dienstleistungen und die Arbeitsorganisation".*

Im Mittelpunkt der Industrie 4.0 Zukunftsszenarien des Bundesministeriums für Bildung und Forschung steht eine

> *„Vernetzung von autonomen, sich situativ selbst steuernden, sich selbst konfigurierenden, wissensbasierten, sensorgestützten und räumlich verteilten Produktionsressourcen (Produktionsmaschinen, Roboter, Förder-*

und Lagersysteme, Betriebsmittel) inklusive derer Planungs- und Steuerungssysteme" (Kagermann et al. 2013).

Die Industrie 4.0 wird demnach maßgeblich geprägt durch eine zunehmende Digitalisierung, intelligente Vernetzung und Ausstattung mit Informations- und Kommunikationstechniken in allen Teilen der Wertschöpfungskette (vgl. BMWi 2014, 2015a, Hüther 2015).

„Wir verstehen unter Industrie 4.0 die Fähigkeit der Ad-hoc- Vernetzung von intelligenten Maschinen, Betriebsmitteln, Produkten/Werkstücken sowie Lager- und Transportsystemen via Internet zu leistungsfähigen Wertschöpfungsnetzwerken" (Gausemeier/Klocke 2016a).

Bisher voneinander isolierte Systeme werden vernetzt und bislang manuell durchgeführte Prozesse werden automatisiert, wodurch neue, effizientere Prozesse möglich werden. Daten, Informationen und Wissen, welche bisher noch nicht erfasst werden konnten, werden digital verarbeitet. Für die Branchen Maschinen- und Anlagenbau, Elektrotechnik, Automobilbau, chemische Industrie, Landwirtschaft und Informations- und Kommunikationstechnologie wird bis 2025 ein zusätzliches Wertschöpfungspotenzial von insgesamt 78 Milliarden Euro erwartet. Davon sollen knapp 62 Milliarden Euro auf das verarbeitende Gewerbe entfallen. Als Hauptgründe dafür werden innovative Produkte, neuartige Dienstleistungen und Geschäftsmodelle sowie effizientere betriebliche Prozesse gesehen (vgl. Bauer et al. 2014). Industrie 4.0 verspricht so beispielsweise, dass ein kundenindividuelles Erzeugnis zu den Herstellkosten eines Großserienerzeugnisses produziert werden kann – und das in kürzester Zeit und unter minimalem Ressourceneinsatz (vgl. Gausemeier/Klocke 2016a). Dies führt dazu, dass 70% der bundesdeutschen Unternehmen sich bereits aktiv oder planerisch mit Produkten oder Dienstleistungen der Industrie 4.0 befassen (vgl. Statista 2016b). Welche Technologien eine individualisierte Produktion, neue Geschäftsmodelle und dezentrale Wertschöpfungsketten ermöglichen, wird im Folgenden genauer dargelegt.

3.3.3 Technologische Enabler der Industrie 4.0

Internet der Dinge und Cyber Physical Systems

Seit 2000er Jahren entwickelt sich das Internet hin zum Internet der Dinge (engl. Internet of Things – IoT). Der Begriff wurde erstmals 1999 im englischsprachigen Raum von Kevin Ashton eingeführt (vgl. Ashton 2009). Gemeint ist damit die Vernetzung von beliebigen Geräten (statt früher Computer im herkömmlichen Sinne) über eine Schnittstelle mit dem World Wide Web. Alle denkbaren Dinge, Geräte, Maschinen, Sensoren und Aktoren werden in das Internet integriert und somit selbst zu Akteuren (vgl. Sendler 2013).

„Es entsteht – gemeinsam mit den in sozialen Online-Netzwerken vernetzten Nutzern (Internet of People) – das Internet der Dinge und

Dienste, das eine nahtlose Verknüpfung der virtuellen und der physikalischen Welt ermöglicht" (Forschungsunion 2012).

Bezogen auf die Produktion können intelligente Maschinen, Lagersysteme und Betriebsmittel in Echtzeit und über große Distanzen hinweg Informationen über ihren Zustand oder ihren Standort vermitteln (vgl. BMBF 2015). Ein Beispiel ist ein intelligenter Behälter, der Auskunft über seinen Inhalt und seine Position gibt. Eine Überwachungszentrale kann darauf reagieren, indem sie flexibel die Position des Behälters im Lager steuert oder einen Lastwagen zur Abholung sendet. Diese neuen vernetzten Geräte und Objekte ermöglichen die Umsetzung einer intelligenten Fabrik, einer Smart Factory (s.u.) (vgl. Forschungsunion 2012).

Aufbauend auf dem IoT wurde der Begriff Cyber Physical Systems (CPS) in den USA geprägt und 2006 von der National Science Foundation zum Kernelement der Forschungsarbeit erklärt. CPS werden definiert als

> *„ein Netzwerk interagierender Elemente mit physikalischem In- und Output, in Abgrenzung zu nicht vernetzten Standalone-Geräten, aber auch in Abgrenzung zu reinen Netzwerken ohne physikalische Ein- und Ausgabe" (Sendler 2013).*

CPS sind reale Systeme (bspw. Produktionsmaschinen, Industrieroboter oder Transportmittel), die eine inhärente Intelligenz aufweisen und über das Internet miteinander kommunizieren sowie kooperieren. Die Intelligenz ist dabei der entscheidende Unterschied zum IoT – sie ist dafür zuständig, dass die vernetzten Systeme zielführend kooperieren (vgl. Gausemeier/Klocke 2016a).

Dies können beispielsweise Sensoren mit eigener IP-Adresse sein. Oftmals handelt es sich aber um verteilte, miteinander vernetzte („intelligente") Systemelemente mit eingebetteter Software, die mithilfe von Sensoren und Aktoren Daten erfassen, auswerten und speichern. CPS sind in drahtgebundene oder drahtlose Kommunikationsnetze eingebunden, wodurch die Kommunikation zwischen technischen Einrichtungen (bspw. Produktionsanlagen) und/oder deren Steuerungseinrichtungen erfolgt. Häufig stellen CPS in der vernetzten Produktion mithilfe von Mensch-Maschinen-Schnittstellen die Kommunikation zwischen Bedienern und Produktionsanlagen sicher (vgl. Jeschke 2014, Sauter et al. 2015).

In der Produktion werden enorme Datenmengen generiert, welche es zu nutzen gilt. Daten können u.a. durch Sensoren an Maschinen und Werkstück(-trägern), durch mobile oder stationäre CPS oder durch klassische Unternehmensdaten erzeugt werden (vgl. Mehanna/Rabe 2014). Die Herausforderung besteht darin, diese Datenmengen zusammenzuführen und auszuwerten, um daraus bspw. Prognosen zu erstellen (Predictive bzw. Prescriptive Analytics). Diese Nutzung (un-) strukturierter Daten aus unterschiedlichsten Quellen wird auch als Big Data Analytics verstanden. Dies ist eine Basisvoraussetzung für die meisten Anwendungsfälle in der Industrie 4.0 (vgl. Sauter et al. 2015).

Zusammenfassend wird intelligente Steuerung von Produktionsabläufen durch vernetzte Anlagen und Automatisierungslösungen, basierend auf intelligenten Sensoren und deren Datenübermittlung, als wesentliches Merkmal von Industrie 4.0 verstanden.

Additive Fertigungsverfahren

Die additive Fertigung (engl.: additive Manufacturing) ist eine Methode, um Konstruktionsdaten (bspw. CAD – Computer Aided Design) ohne manuelle Umwege, Formen oder Werkzeuge direkt und schnell in Werkstücke umzusetzen. Additive Verfahren bauen Material auf, statt es abzubauen (bspw. Fräsen). Abläufe zwischen Werkzeugbau, Versuchs- und Produktionsabteilungen können sich deutlich verkürzen. Additive Verfahren eignen sich daher u.a. zur schnellen und kostengünstigen Fertigung von Musterbauteilen bzw. Protoypen (so genanntes Rapid Prototyping) (vgl. Berger et al. 2013). Aus räumlicher Perspektive bedeutet dies eine deutlich kompaktere Produktion.

> *„Neue Produktionstechnologien bieten neue räumliche Möglichkeiten. Die Bauteile einer modernen Fertigungsanlage werden kleiner, die Größe eines Servers in der digitalen Fabrik der Zukunft entspricht mittlerweile der eines Zuckerwürfels, die dazugehörige Software ist platzbedarfsfrei. Geräusch- und emissionsarme Fabrikation wird durch neue Fertigungstechniken möglich" (Erbstößer 2016).*

Digital vernetzte Prozessketten machen additive Fertigungsverfahren zu einem wichtigen Aspekt der Industrie 4.0. Die additive Fertigung zeigt ihre Stärken dort, wo konventionelle Technologien an ihre Grenzen stoßen. In kürzester Entwicklungszeit können kostengünstig hochindividualisierte Werkstücke gefertigt werden. Das eröffnet der Industrie 4.0 vor allem bei Komponenten aus Kunststoff und Metall großes Potential. So können künftig Produktserien hergestellt werden, bei denen durch Individualisierung sowie dem Implementieren von Zusatzfunktionen ein markt- oder nutzenrelevanter Effekt erzielbar ist. Dies bedeutet auch, dass der Konsument selbst zum Produzenten, zum so genannten Prosument werden kann (vgl. Madlener 2014). Neben der Luftfahrtindustrie und Medizintechnik können additive Verfahren auch zunehmend in der Automotive Branche Anwendung finden (vgl. Thum 2016, Jeschke et al. 2016). Die momentan prominentesten additiven Verfahren werden im Folgenden kurz vorgestellt:

Beim selektiven Laserschmelzen (engl. Selective Laser Melting - SLM) wird der zu verarbeitende Werkstoff als Pulver in Form eines dünnen Layers auf eine Trägerplatte aufgebracht und mittels CO2-Laserstrahlung umgeschmolzen. Der Werkstoff bildet nach der Aushärtung eine feste Materialschicht. Anschließend wird die Grundplatte um die Dicke einer Schicht abgesenkt und erneut Pulver aufgetragen. Dieser Vorgang wird solange wiederholt, bis alle Schichten umgeformt sind.

Bei dem selektiven Lasersintern (engl. Selective Laser Sintering - SLS) liegt der Druckstoff in Pulverform vor. Die einzelnen Schichten werden durch ein Bindemittel auf den

Trägerstoff aufgetragen und mittels eines CO2-Lasers unter Schutzatmosphäre verschmolzen. Auf diese Weise lassen sich neben Kunststoff auch andere Materialien, wie etwa Sand, Metall und Keramik verarbeiten.

Bei der Stereolithografie (engl. Stereolithography - SL) werden liquide Photo-Polymere eingesetzt. Dabei handelt es sich um Kunststoffe, die unter Einwirkung von ultravioletter Strahlung veränderte Eigenschaften aufweisen. In einem mit flüssigen Polymeren gefüllten Behälter werden die einzelnen Layer des 3D-Modells via CO_2-Laser auf das flüssige Trägermaterial aufgebracht, welches in einem Druckbett gesammelt wird. (vgl. Thum 2016).

Aktuell werden die Chancen und Potentiale additiver Verfahren sehr positiv diskutiert. Dennoch ist die Umsetzung für den Massenmarkt noch in der Ferne: Die entsprechenden ausgereiften Drucker sind noch verhältnismäßig kostenintensiv und komplexe Bauteile können derzeit nur unter professioneller Anleitung erfolgen (vgl. Erbstößer 2016). Die Argumente sprechen jedoch langfristig für die Eignung einer kleinteiligen, nahezu emissionsfreien Stadtproduktion.

Multibearbeitungsmaschinen

Moderne Fräs- und Zerspanungsmaschinen (bspw. 5-Achs-Fräsen) beherrschen verschiedene Fertigungsschritte hochkomplexer Formen in nur einer Maschine, bspw. durch den Wechsel von Werkzeug-Aufsätzen. Konkret bedeutet dies, dass ein Produkt bei geringem Raumbedarf verschiedene Fertigungs- und Montageschritte durchläuft, ohne physisch fortbewegt werden zu müssen (vgl. Erbstößer 2016). Die Geräte sind dabei in der Lage eigene Prozessdaten auszuwerten und selbst Prozesse zu optimieren (s.o. Predictive Analytics). Hierbei werden sie Teil der vernetzten Produktion und ermöglichen eine Neugestaltung der Produktion in Form von Fertigungsinseln (vgl. Kapitel 3.3.4).

Kooperative Robotik und Mensch-Maschine-Interaktion

Die beschriebenen neuen Produktionstechniken bringen auch einen Bedeutungswandel von Assistenzsystemen und der Robotik mit sich. Während Einzelteile vollautomatisiert gefertigt werden, bedeutet die hochindividualisierte Produktion von kleinen Stückzahlen eine maximale Flexibilität im Ablauf der Produktion (vgl. Jeschke et al. 2016).

Hier setzen moderne Robotikkonzepte insbesondere bei dem Konzept einer „kooperativen Robotik“ an: Eine Vielzahl von Forschungsprojekten in der Automatisierungstechnik adressiert die Thematik, Roboter als Team agieren zu lassen. Werden Menschen mit einer komplizierten Aufgabe konfrontiert, so lösen sie sie in Teamarbeit, und dies mit möglichst heterogenen Teammitgliedern, um die wechselseitigen Kompetenzen nutzen zu können (vgl. Jeschke 2014): Schutzzäune in der Produktion fallen weg und der Roboter entlastet bspw. den Monteur am Arbeitsplatz beim Halten schwerer Teile oder bei der Durchführung monotoner Wiederholungstätigkeiten (vgl. Bauer et al. 2014). Hier sind auch weitere Assistenzen vorstellbar: Datenbrillen können in Teilelagern zur Ablösung von Scannern fungieren und Tablets im Servicebereich per Augmented Reality bei defekten Geräten eingesetzt werden (vgl. Sauter et al. 2015).

Die Automatisierungstechnik der Zukunft steht vor dem gleichen Wandel, die der Bereich des Höchstleistungsrechnens bereits hinter sich hat: Die weitgehende Ablösung monolithischer Architekturen entspricht dem Wandel weg von zentralistischen Master-Slave-Systemen hin zu dezentral organisierten kooperativen Teams von Systemen (vgl. Jeschke 2014). Schließlich bringen die genannten Konzepte wiederum neue Anlagenkonzepte mit sich, wodurch die Fabrik räumlich neu bzw. flexibler gestaltet werden kann. Lineare Produktionsstrukturen sind nicht mehr zwangsweise erforderlich.

3.3.4 Die Smart Factory als Kernelement der Industrie 4.0

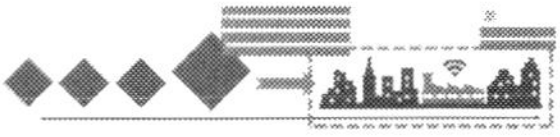

Die Synthese der zuvor genannten technologischen Enabler beschreiben die Fabrik der Zukunft, die sogenannte Smart Factory als Kernelement der Industrie 4.0. Zusammen mit Smart Mobility, Smart Logistics und Smart Grids bildet die Smart Factory einen zentralen Bestandteil der zukünftigen Infrastruktur:

> *„Im Mittelpunkt steht eine Vernetzung von autonomen, sich situativ selbst steuernden, sich selbst konfigurierenden, wissensbasierten, sensorgestützten und räumlich verteilten Produktionsressourcen (Produktionsmaschinen, Roboter, Förder- und Lagersysteme, Betriebsmittel) inklusive derer Planungs- und Steuerungssysteme" (Forschungsunion 2012).*

Sowohl die Produktion als auch die produzierten Produkte sind durch eine durchgängige Bauweise nahtlos miteinander verknüpft. Produkte sind in der Smart Factory eindeutig identifizierbar, lokalisierbar, kennen ihren aktuellen Zustand und Zielzustand.

So wird bei der Smart Factory die konventionelle Linienproduktion neu gedacht, denn Unternehmen müssen auf sich schnell drehende Marktwünsche reagieren, Produktionszahlen anpassen und Montageabläufe umstellen. Vorstellbar ist eine modulare Fertigungsstätte in Form eines Produktionsnetzwerks (Abbildung 6). Diese setzt sich aus mehreren kleinen, voneinander unabhängigen Fertigungseinheiten bzw. Fertigungsinseln zusammen, die in einem bestimmten Handlungsrahmen autonom agieren. Innerhalb dieses Produktionsnetzwerks ist ein Materialfluss von jeder Fertigungseinheit zu allen anderen Einheiten möglich, es existieren keinerlei Einschränkungen in Form starrer Fließbänder oder vergleichbarer Transportmedien. Zum Transport von Materialien und Produkten zwischen einzelnen stationären Fertigungseinheiten, werden mobile fahrerlose Transporteinheiten eingesetzt (vgl. Jeschke 2014, Basic 2016).

Abbildung 6: Inselfertigung in der Smart Factory (Quelle: Basic 2016)

Mit der modularen Inselfertigung verspricht die Smart Factory die zunehmende Komplexität und Variantenvielfalt besser, flexibler und effizienter handhaben zu können. Denn durch die fortschreitende Digitalisierung und gestiegenen Individualansprüchen der Käufer hat die Komplexität innerhalb der Produktion extrem zugenommen (vgl. Basic 2016).

> *„Eine Einheit eines solchen Produktionsnetzwerks verfügt über spezifizierte Fähigkeiten innerhalb definierter Grenzen. So kann eine Fräseinheit Objekte durch Spanabnahme transformieren, eine Fügeeinheit kann Objekte zusammenfügen, eine Transporteinheit kann Objekte zwischen anderen Einheiten verfahren, usw. Jede dieser Fähigkeiten ist grundsätzlich mit Beschränkungen versehen, so ist bspw. die Zuladung für eine Transporteinheit oberhalb eines gegebenen Maximalgewichts unzulässig, eine Montageeinheit kann nur Objekte bis zu einem bestimmten Durchmesser greifen, eine Fräseinheit ist u. A. beschränkt auf bestimmte Materialien und Fräsgeometrien" (Jeschke 2014).*

Ziel ist die individualisierte Produktion, bei der maßgeschneiderte Objekte entstehen, die mit bis zu einer Losgröße von 1 immer noch rentabel sind. Kunden können hinsichtlich des Designs, der Konfiguration, Bestellung und Planung mitbestimmen. Beispielsweise kann mithilfe von übergreifenden Steuerungssoftwares auf kurzfristig geänderte Kundenwünsche reagiert werden und somit unnötigem Ressourcenverbrauch entgegengewirkt werden (vgl. BMBF 2015). Zusammenfassend werden folgende Eigenschaften der Smart Factory gegenüber der konventionellen Produktion hervorgehoben:

- CPS-optimierte Produktionsprozesse: intelligente Fertigungseinheiten (Abbildung 7) sind in der Lage ihre Tätigkeitsfelder, Konfigurationsmöglichkeiten und Produktionsbedingungen zu ermitteln, zu identifizieren sowie unabhängig und drahtlos mit anderen Einheiten zu kommunizieren;
- optimierte individuelle Kundenproduktfertigung durch eine intelligente Kompilierung des idealen Produktionssystems, das die Produkteigenschaften, Kosten, Logistik, Sicherheit, Zuverlässigkeit, Zeit und Nachhaltigkeit berücksichtigt;
- ressourcenschonende Produktion;
- maßgeschneiderte Anpassungen an die Belegschaft, damit sich die Maschine dem menschlichen Arbeitszyklus anpasst (vgl. GTAI 2017).

Intelligente Fabriken mit ihren Schnittstellen zu intelligenter Mobilität, intelligente Logistik und intelligente Gitterkonzepte sind ein integraler Bestandteil der intelligenten Infrastrukturen von morgen (vgl. GTAI 2017).

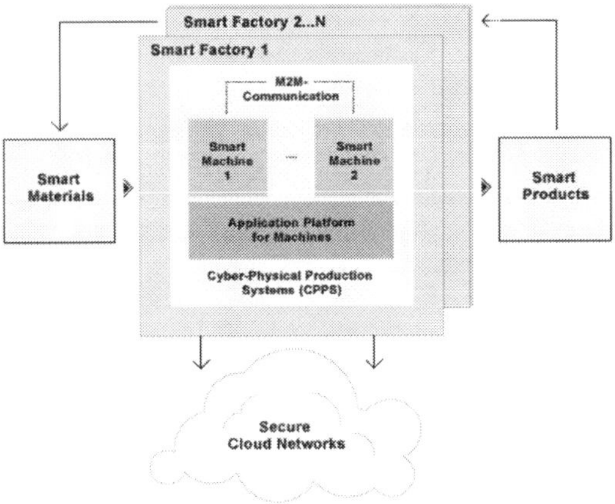

Abbildung 7: Smart Factory als Schema (GTAI 2017)

Der Mensch bleibt auch in der Smart Factory der Mittelpunkt der Fabrik. Er wird weiterhin aktiv steuern und Entscheidungen treffen können. Außerdem werden wichtige Funktionen bei dem Entwurf, der Installation, der Umrüstung und der Wartung komplexer cyber-physischer Produktionssysteme vom Menschen gestaltet (vgl. Forschungsunion 2012). Aus der Sicht des Werkers ergeben sich radikale Änderungen durch die Inselfertigung, denn diese produzieren nun im eigenen Takt:

> *„Die neue und dynamische Taktung pro Insel kann 60 bis 240 Sekunden betragen. Das ist Sache der Insel und der jeweiligen Aufgabe sowie des aktuell zu montierenden Autos. Mitarbeiterteams können flexibel entscheiden, wann sie ihre Pausen einlegen. Sie müssen ihre Arbeit nicht mehr an die Bandgeschwindigkeit anpassen. Sie müssen im Falle eines*

Problems auch nicht mehr in große Hektik ausbrechen. Denn das gesamte Montageband bleibt nicht mehr stehen [...]" (Basic 2016).

Zusammenfassend wird deutlich, dass Smart Factories als Kern von Industrie 4.0 konventionelle Produktionsstrukturen völlig aufbrechen. Es ist vor allem der hohe Flexibilitätsgrad – sei es technisch, organisatorisch oder auch räumlich – der die zukünftigen Fabriken kennzeichnet. Fabriken können aufgrund des flexibilisierten betrieblichen Ablaufs neu geplant werden und somit auch an weniger flächenintensiven Standorten, wie beispielsweise urbanen Räumen, neu verortet werden. Fertigungsinseln können unabhängig im Raum produzieren und sind nicht in eine lineare Produktionskette eingebunden und damit nicht an eine festgelegte räumliche Struktur fixiert. Das ermöglicht die flexible Planung des Produktionsraumes, der eine oder mehrere Inseln aufnehmen kann (vgl. Erbstößer 2016). Auch der Einsatz neuer werkzeugloser Fertigungstechnologien und Multibearbeitungsmaschinen hat einen positiven Einfluss auf die Flächenintensität der Produktion.

Inzwischen wird in Deutschland von einem Prozess der **Reindustrialisierung** gesprochen. Dies ist neben den Entwicklungen hin zu einer digitalisierten Industrie unter anderem auf die z.T. hochspezialisierten Cluster-Strukturen zwischen Unternehmen aller Größen und Forschungseinrichtungen sowie auf die gute Ausbildung und Verfügbarkeit hochqualifizierter Arbeitskräfte zurückzuführen (vgl. BMWi 2016). Weitere Erfolgsfaktoren der deutschen Industrie sind die hohe Qualität der Produkte, die hohe Produktivität und das dynamische Innovationssystem. Zudem bietet die Spezialisierung auf Nischenprodukte und die hohe Kompetenz im Bereich der wissensintensiven und hochtechnologisierten Güter einen Vorteil im weltweiten Wettbewerb (vgl. Westkämper/Löffler 2016).

Im folgenden Kapitel soll nun vertiefend darauf eingegangen werden, inwiefern sich diese industriellen Entwicklungen auf den (urbanen) Raum auswirken und inwiefern sich räumliche Entwicklungspotentiale bspw. durch eine smarte urbane Produktion ergeben.

3.4 Raumgestaltung durch Produktion

3.4.1 (Re-) Integration von Produktion in urbane Räume

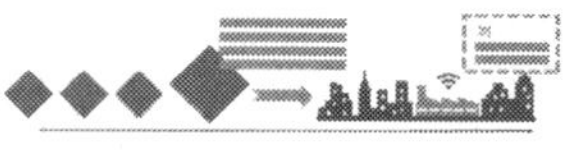

Im Rahmen der Reindustrialisierung und der Industrie 4.0 rücken auch urbane Produktionsstandorte wieder stärker in den Fokus, da die modernen Produktionsstrukturen und Fertigungsverfahren wesentlich stadtverträglicher sind. Es handelt sich weniger um eine Rückkehr in die Städte, als um eine Neuerfindung der innerstädtischen Produktion (vgl. Bauer/Lentes 2014, Dombrowski/Riechel 2014).

Die Entwicklungen und Trends der vierten industriellen Revolution führen zudem nicht nur zu einem erneuten Bedeutungsgewinn der Stadt als Arbeits-, sondern auch als Wohnort. Die Funktionstrennung zwischen Wohn- und Arbeitsort ist „in Zeiten der digitalen Produktion unzeitgemäß“ (Läpple 2016). Durch die Vernetzung und Digitalisierung könnte die vierte industrielle Revolution dazu beitragen, die Trennung zwischen Arbeit und Wohnen und die stadträumliche Zonierung wieder aufzuheben (vgl. Läpple et al. 2010).

Die Frage der (Re-) Integration von Produktion berührt eine Vielzahl städtebaulicher Aspekte. Die Leipzig Charta von 2007 beschreibt das städtebauliche Leitbild einer nachhaltigen europäischen Stadt. Diese soll ökologisch, ökonomisch und sozial nachhaltig entwickelt werden sowie als Bildungsstandort, Ort von Geschichte, Baukultur und als Ort technischer Innovation fungieren (vgl. Leipzig Charta 2007).

Herausfordernd in diesem Kontext sind nach wie vor die rechtlichen Restriktionen insbesondere durch die Gebietskategorien der Baunutzungsverordnung (BauNVO) und Regelungen des Immissionsschutzes. Aus heutiger Sicht gilt die 1962 verabschiedete BauNVO als zu starr, um auf aktuelle städtebauliche Leitbilder, Trends und Entwicklungen reagieren zu können. Die Städtebaurechtsnovellen von 2007 und 2013 dienten insbesondere dem Ziel, die Innenstadtentwicklung gegenüber einer Inanspruchnahme von Flächen auf der grünen Wiese zu stärken (vgl. BMUB 2016). Die Konzentration auf Innenentwicklungspotenziale hat aber auch in den Blick zu nehmen, dass bei zunehmender Verdichtung in Innenstadtlagen Nutzungskonkurrenzen sowie konflikthafte Nutzungsansprüche und damit zunehmend auch Lärmschutzkonflikte auftreten können.

Aktuell steht daher nach den letzten Novellen die Einführung einer neuen Gebietskategorie ‚Urbanes Gebiet‘ in der Diskussion. Seit 2016 gibt es die neue Kategorie ‚Urbanes Gebiet‘, welche nun die bisherigen Kategorien wie bspw. Wohn-, Gewerbe-, Kern- und Mischgebiet ergänzt. Mit diesem neuen Baurechttypus wird lärmrobuster Städtebau mit erhöhter Bebauungsdichte ermöglicht, das heißt, hier gelten höhere Richtwerte als in Mischgebieten. Mit der Novellierung der BauNVO wird das Ziel verfolgt, ein funktionsgemischtes Gebiet der kurzen Wege zu ermöglichen. Der Fokus wird auf bezahlbaren Wohnraum gelegt, allerdings dürfen Gebäude nur in Ausnahmefällen ausschließlich als Wohnfunktion genutzt werden. Statt straßenseitiger Erdgeschosswohnungen soll hier vor allem wohnverträgliches Gewerbe angesiedelt sein. Hierbei unterscheidet sich das urbane Gebiet stark vom Kerngebiet, da hier gerade nicht die Wohnnutzung, sondern Funktionen wie Handel und Dienstleistungen fokussiert werden.

> *„Urbane Gebiete zeichnen sich durch Nutzungsmischung aus: Gewerbebetriebe, Wohnungen, aber auch soziale, kulturelle und andere Einrichtungen werden in nächster Nähe gemeinsam existieren. Wichtig ist, dass die Wohnnutzung nicht wesentlich gestört ist“ (Bundesregierung 2017).*

Auch in den bestehenden Gebietskategorien „Kerngebiet" und „Mischgebiet" werden Änderungen zugunsten der Erhöhung des Wohnanteils verfolgt (vgl. Initiative Urbanität, Mobilität und kurze Wege 2016). Mit dieser Novelle der BauNVO sollen rechtliche Hürden für eine Funktions- und Nutzungsmischung und die Integration neuer Nutzungen gesenkt werden (vgl. ebd., Walter 2016). Die Frage ist nun, ob Nutzungskonflikte (Immissionen aus Produktion und Verkehr), soziale Konflikte (Gentrifizierung und Verdrängung) oder auch ökologische Schäden zu erwarten sind.

3.4.2 Nutzungsmischung als Treiber urbaner Produktion

Die Mischung von Funktionen, Nutzungen und sozialen Schichten im Quartier ist ein zentrales räumliches Ordnungsprinzip der nachhaltigen Stadtentwicklung. Gemeint sind damit der Erhalt vorhandener Nutzungsmischungen sowie die zukünftige Schaffung von neuen gemischten Strukturen bei größeren Stadtentwicklungsprojekten. Die Mischung von Wohnen, Arbeiten, Bildung, Versorgung, Verwaltung, Kultur und Freizeitgestaltung stellt somit das Gegenstück zum überholten Leitbild der Funktionstrennung dar (vgl. Erbstößer 2016).

Die Mischung verschiedener Nutzungen bezieht sich zum einen auf die bauliche Mischung („additive" Mischungen), da durch eine kompakte, gemischte Baustruktur kurze Wege entstehen und eine Nutzungsmischung innerhalb von Gebäudekomplexen Risiken streuen und dadurch widerstandsfähiger als monostrukturierte Anlagen sind. Zum anderen bezieht Nutzungsmischung sich auf gelebte Mischungen (Verflechtungen), indem das Zusammenleben unterschiedlicher sozialer Gruppen und Schichten zu sozialer Kohäsion beitragen kann. Nutzungsgemischte Quartiere gelten als robust und anpassungsfähig an veränderte soziale und wirtschaftliche Anforderungen (vgl. ebd., DIfU 2015, MBWSV 2015, Roskamm 2013).

Auch in der Leipzig Charta zur nachhaltigen europäischen Stadt wird Nutzungsmischung als nachhaltiges Konzept zur Schaffung einer effektiven und kompakten Siedlungsstruktur benannt (vgl. Leipzig Charta 2007). Sie ist Handlungsanleitung für die Stadtentwicklung auf der lokalen Ebene, häufig liegen jedoch Anspruch und Umsetzung noch weit auseinander (vgl. MBWSV 2015).

Die Studie des Bundesinstituts für Bau-, Stadt- und Raumforschung (BBSR) (2000) zur „Nutzungsmischung im Städtebau" kam im Jahr 2000 jedoch zu dem Ergebnis, dass Nutzungsmischung nicht immer die gewollten Wirkungen erziele: Eine gemischte Nutzung im Quartier bewirke nicht zwangsläufig eine Reduzierung des Verkehrs. Auch die Zusammenhänge zwischen Wohnen und Arbeiten seien eher unbedeutend. Mischungen seien eher zwischen Wohnen und Versorgung sowie kulturellen und freizeitorientierten Angeboten festzustellen. Eine Verbindung zwischen Kreativwirtschaft und Gewerbe sei selten zu beobachten (vgl. ebd., MBWSV 2015, Feldtkeller 2016).

Im Kontext urbaner Produktion wird Nutzungsmischung zur Stärkung des lokalen Verbunds betrachtet – egal ob sozial, ökologisch oder ökonomisch. Hier entstehen Synergien und positive Effekte, die es in weiteren Schritten zu untersuchen gilt. So formuliert Erbstößer (2016), dass eine Stadt ohne Produktion, „ein Lebensraum ohne Zukunft“ sei.

3.4.3 Inwertsetzung durch urbane Produktion

Mindergenutzte Flächen, Industriebrachen und leerstehende Gebäudekomplexe innerhalb von Städten bewirken Handlungsdruck auf die Stadtentwicklung sowohl aus ökonomischer als auch sozialer Sicht. So forderte Läpple bereits 1996

> *„eine Neuorientierung städtischer Entwicklungskonzepte auf die Aufwertung bestehender, die Entwicklung neuer und die Reaktivierung brachliegender endogener Potentiale sowie die Stärkung der städtischen Produktions- und Lebensmilieus“ (Läpple 1996).*

Gemeint ist damit der Prozess der Inwertsetzung, der die Entwicklung bisher nicht oder wenig genutzter Räume beschreibt. Durch die Inwertsetzung von Flächen und Gebäuden werden die bislang untergenutzten Objekte wieder einer höherwertigen Nutzung zugeführt. In der Stadtentwicklung betrifft dies vor allem das Redevelopment von Brachflächen (vgl. Inwert Real Estate 2016). Die Wirkungen einer Inwertsetzung lassen sich nach ökologischen, ökonomischen, sozialen und planerischen Aspekten beschreiben (vgl. difu 2001).

Ökologisch betrachtet ist die Wiedernutzung von ungenutzten oder untergenutzten Arealen sinnvoll, weil die Inanspruchnahme neuer Flächen vermieden werden kann und der Naturhaushalt nicht zusätzlich belastet wird. Das Baugesetzbuch (BauGB) nennt hier explizit, dass Innenentwicklung, insbesondere eine Wiedernutzung von Brachflächen, vorrangig zu betreiben und die Neuinanspruchnahme von bisher nicht baulich genutzten Flächen auf das notwendige Maß zu beschränken sei.

Das Inwertsetzen von Flächen schafft auch ökonomische Möglichkeiten für Projektentwickler, hohe Renditen durch den Erwerb günstiger Flächen zu erzielen. Altlasten und schwer einschätzbare Bausubstanzen können allerdings Risiken darstellen. Dennoch können durch ein Redevelopment Synergieeffekte entstehen, die positiv auf die Umgebung ausstrahlen und möglicherweise zu einem Imagewandel führen. Dies wiederum kann sich positiv auf die Attraktivität sowie Flächenpreisdynamik auswirken.

Anwohner der näheren Umgebung können ebenfalls von einem möglichen Imagewandel profitieren, dadurch, dass neue Wohn-, Versorgungs- und Arbeitsplatzangebote geschaffen werden können (vgl. Tomerius 2005, Bauer/Lentes 2014). Mögliche Nutzungskonflikte können sich jedoch durch steigende Mieten, Gentrifizierung und damit einhergehende Verdrängung, steigende Immissionen oder Verkehrszuwachs ergeben (vgl. Spiegel 1998; BMVBS 2010).

Zuletzt kann Inwertsetzung aus planerischer Sicht betrachtet werden. Um städtebauliche Missstände zu beseitigen, kann sich die öffentliche Planung bestimmter Maßnahmen bedienen, um eine möglichst zielgerichtete Inwertsetzung von Flächen stattfinden zu lassen. So können bspw. Sanierungsgebiete oder städtebauliche Entwicklungsmaßnahmen ausgewiesen werden (vgl. BMVJ 2016).

Urbaner Produktion wird demnach ein hohes Potential zur Inwertsetzung zugesprochen, ob es die Realisierung kurzer Wege im Quartier, die Ermöglichung hoher Flächeneffizienz, die Schaffung lokaler Arbeitsplätze oder auch eine Imageaufwertung ist.

3.5 Ansätze urbaner Produktion

Durch die Darstellung von industriellen Revolutionen sowie der zugehörigen Muster räumlicher Entwicklungen wurde sich dem Terminus urbane Produktion vielschichtig interdisziplinär genähert. Im Folgenden sollen nun, aufbauend auf den Schilderungen, aktuell diskutierte Definitionen urbaner Produktion dargestellt werden.

Bei der Betrachtung aktueller Definitionen urbaner Produktion fällt schnell die Interdisziplinarität des jungen Forschungsfelds auf. Das Fraunhofer IAO vertritt eher ein grundlegendes Verständnis von urbaner Produktion. Es versteht darunter das harmonische Einfügen leiser und sauberer Produktionsstätten in unmittelbare Nähe zu einem Wohngebiet. Alle Beteiligten vom Unternehmen und deren Mitarbeitern über die Bürger bis hin zur Stadt selbst profitieren von einer Symbiose zwischen Produktion und Umfeld. Hier entstehen auch Wechselwirkungen zwischen Mensch, Umfeld und Technologie (Abbildung 8). Der Mensch ist Mitarbeiter und damit Teil der Wertschöpfung, aber auch Kunde und Nachbar (vgl. Bauer/Lentes 2014).

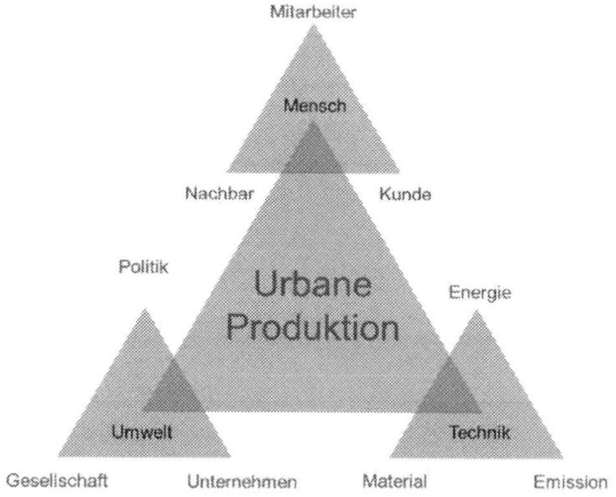

Abbildung 8: Schematischer Aufbau urbaner Produktion
(Quelle: eigene Darstellung VDI 2015)

Der Verein Deutscher Ingenieure (VDI) erweitert den Begriff urbaner Produktion stark um Industrie 4.0. und definiert urbane Produktion als die Fertigung und Montage in innerstädtischen Bereichen. Bei der Planung und dem Betrieb der Produktion wird das Umfeld berücksichtigt, um auf Bedürfnisse und Verfügbarkeiten vor Ort zu reagieren. Umfeld-Verbesserungen sind durch Maßnahmen möglich, die das Ziel einer nachhaltigen Stadtentwicklung verfolgen. Auch der VDI nimmt an, dass hier Wechselwirkungen zwischen Mensch, Umfeld und Technologie entstehen. Die Digitalisierung, insbesondere durch die Industrie 4.0, befähigt eine effektive und effiziente Produktion, auch mit neuen Konzepten. Die Produktkomplexität steigt bei gleichzeitig kürzer werdenden Lebenszyklen weiter. Neue und weiterentwickelte Fertigungsverfahren ermöglichen eine ressourceneffiziente, emissionsarme Produktion, auch im städtischen Umfeld. Dabei muss die Symbiose von Betriebsstätte und Umfeld zum Wohl aller Beteiligten zum Unternehmensziel werden. Die Nutzung von Skaleneffekten durch eine kundenneutrale Vorproduktion sowie die kundenindividuelle Endproduktion nah am Kunden stellen die Zukunft der wirtschaftlichen Produktion dar. Eine exakte Abgrenzung hinsichtlich der Bezeichnung Urbanität im Kontext der Produktion ist nicht hinreichend möglich. Aus Sicht von Unternehmensvertretern sind Unternehmen mit signifikantem Einfluss auf das Stadtleben urbane Unternehmen (vgl. VDI 2015).

Acatech in Weinert et al. (2014) definiert urbane Produktion etwas umfassender: Die Nähe zum lokalen Absatzmarkt – lokal produzieren und lokal konsumieren – sei ein charakteristisches Merkmal. Produkte entstehen kundenintegriert, das bedeutet, der Kunde wird selbst zum Produzenten. Weitere Merkmale sind eine Produktion, die aufgrund der Geringfügigkeit der Emissionen rund um die Uhr stattfinden kann, sowie flexible Arbeitsmodelle, die auch durch kurze Wege zwischen Wohnen und Arbeiten begünstigt werden (vgl. Weinert et al. 2014).

Schössler et al. (2012a/b, 2015) bringen einen starken Produktbezug in die Definition urbaner Produktion hinein: Wissensintensive Industrien sind die Pioniere einer Reindustrialisierung der Städte. Future Urban Industries (FUI) brauchen urbane Räume, um im internationalen Wettbewerb bestehen zu können. Die drei zentralen Wachstumsvoraussetzungen für die Industrien von morgen sind qualifizierte Arbeitskräfte, vor allem für die technologieorientierten Industrien, unternehmensnahe Dienstleistungen sowie Forschungsnetzwerke. Bei den FUI steht ein neues Manufakturwesen im Mittelpunkt, in dem die Fertigung selbst zentraler Imagebestandteil ist. Konsumenten fragen vermehrt ethisch einwandfreie, qualitativ hochwertige und universelle Produkte nach und wollen erfahren, wie ihre Produkte hergestellt werden. Damit wird die Fertigung Teil des Images (vgl. Schössler et al. 2012a/b, 2015).

Das Ministerium für Bauen, Wohnen, Stadtentwicklung und Verkehr (MBWSV) (MBWSV 2016) macht einen ersten Versuch einer ausformulierten Definition: Urbane Produktion sei die

„Herstellung von verschiedenen Gütern und Dienstleistungen, die in lokal eingebetteten Wertschöpfungsketten oder in unmittelbarer Nähe zum Wohnort entstehen. Innovative Technologien und Werkstoffe schaffen dabei neue Möglichkeiten zur Herstellung individueller und lokaler Produkte in kleinen Serien."

Da das MBWSV als erste Institution urbane Produktion als Definition formuliert hat, sowie diese Ausformulierung die zuvor genannten Aspekte mit umfasst, wird im weiteren Verlauf der Arbeit zunächst von dieser ausgegangen.

3.6 Zusammenfassung

Auf der Grundlage technischer Systeme und des Internets der Dinge findet in der Industrie 4.0 eine allgegenwärtige Vernetzung statt. Menschen, Produkte, Anlagen und Logistik werden in CPS miteinander verknüpft, so dass eine Vernetzung über den ganzen Wertschöpfungsprozess entsteht. Die Verknüpfung der virtuellen mit der realen Welt macht die Industrie wesentlich wandlungsfähiger, autonomer und ressourceneffizienter (vgl. Hüther 2015, Baum et al. 2013).

„Industrie 4.0 ermöglicht eine höhere Produktions-, Energie- und Ressourceneffizienz und schafft damit die Voraussetzungen, um nachhaltig wirtschaftlich produzieren zu können" (PWC 2014).

Neue Produktionstechnologien verändern dabei Produktionsräume: Mit der Smart Factory wird die Produktion stadtverträglicher. Innovative werkzeuglose Fertigungsverfahren sind nahezu emissionsarm und weniger flächenintensiv. Auch die Produktionsorganisation verspricht sich räumlich anpassbarer zu gestalten (vgl. Erbstößer 2016). Digitalisierung und Industrie 4.0 wirken dabei als Treiber bzw. Enabler – hierdurch ergeben sich demnach aus technologischer Sicht viele Optionen Produktionsstätten bewusst im urbanen Raum anzusiedeln und bspw. potentiell minder genutzte Flächen aufzuwerten (vgl. BMWi 2014). Dabei soll Industrie 4.0 selbst für Unternehmen relevant sein, die bislang ohne digitalisierte Prozesse arbeiten:

„Dennoch ist auch für ein Unternehmen, das nicht digital automatisiert produziert, die Digitalisierung relevant. Dies gilt zum Beispiel für eine Mini-Fabrik, die im Hinterhof Brillen in einer Manufaktur herstellt, weil die Personalisierung von Produkten oder der Online-Handel neue Geschäftsmodelle in einer vernetzten Welt eröffnen" (Erbstößer 2016).

Zusammengefasst bedeutet urbane Produktion, die durch innovative und digitale Technologien ermöglichte Herstellung von Gütern und Dienstleistungen in der – und für die – Stadt. Deutlich wird, dass sich der Diskurs bzw. Definitonen urbaner Produktion binnen kürzester Zeit weiter entwickelt haben, jedoch bleiben viele blinde Flecken: Es fehlen Angaben zur einheitlichen, holistischen Beschreibung der urbanen Produktion, zur Produktion im Bestand sowie detaillierte Aussagen zu Branchen urbaner Produktion. Diese bisherigen blinden Flecken sollen im Folgenden ausgeleuchtet werden und ein erweiterteter Blick auf vorhandene und neue Produktionsstandorte soll damit ermöglicht werden. Das nächste Kapitel wird dafür zunächst die ganzheitliche Beschreibung der urbanen Produktion mittels der Gestaltungsparameter angehen.

4 Erfassung der Gestaltungsparameter urbaner Produktion

4.1 Einführung

Um das Paradigma urbane Produktion in seiner Komplexität beleuchten zu können, werden im folgenden Kapitel Gestaltungsparameter dezidiert erfasst. Wie Kapitel 2 und 3 zeigen, handelt es sich bei der Thematik um ein junges, interdisziplinäres Forschungsfeld, welches zur Erfassung der Gestaltungsparameter eine entsprechende komplexe sowie ganzheitliche methodische Vorgehensweise verlangt. Tashakkori/Teddlie (2010) propagieren zur Herangehensweise komplexer Themenfelder Mixed-Method-Ansätze, bei denen quantitative und qualitative Forschungsmethoden nach der Gesamtforschungsfrage kombiniert werden (vgl. Tashakkori/Teddlie 2010) (Abbildung 9).

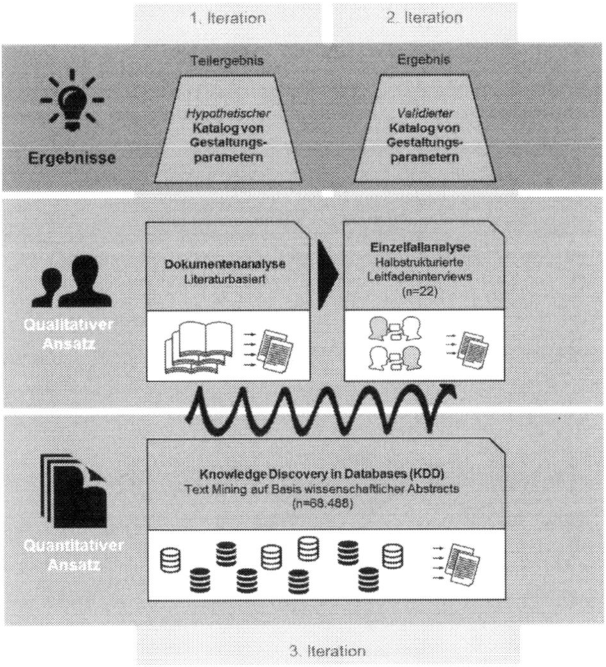

Abbildung 9: Methodischer Aufbau der Identifikation Gestaltungsparameter urbaner Produktion (Kapitel 4) (Quelle: eigene Darstellung)

In der vorliegenden Arbeit wird mittels qualitativer Methoden zunächst ein exploratives Erkenntnisziel verfolgt. Qualitative Forschung soll hier subjektive Einschätzungen, Deutungsmuster und Handlungsorientierungen unter Berücksichtigung von situationsspezifischen Kontextbedingungen erfassen. Diese zielt darauf ab Hypothesen zu generieren, indem nur wenige Einzelfälle beobachtet werden (vgl. Universität Trier 2002). Zunächst findet hierzu eine literaturbasierte Dokumentenanalyse statt (1. Iteration, Kapitel 4.2).

> *„Dokumentenanalyse will Material erschließen, das nicht erst vom Forscher durch Datenerhebung geschaffen werden muss. Dokumentenanalyse zeichnet sich durch die Vielfalt ihres Materials aus. Die qualitative Interpretation des Dokuments hat einen entscheidenden Stellenwert" (Mayring 2008).*

Im Forschungsstil der Grounded Theory wird bei der literaturbasierten Dokumentenanalyse eine gegenstandsbezogene Theoriebildung verfolgt. Ziel ist hier die Identifikation eines ersten hypothetischen Katalogs an Gestaltungsparametern urbaner Produktion. Im nächsten Schritt wird dieser Katalog dann mittels halbstrukturierter Leitfadeninterviews als Form der Einzelfallanalyse von Experten validiert (2. Iteration, Kapitel 4.3).

> *„Die Einzelfallanalyse will sich während des gesamten Analyseprozesses den Rückgriff auf den Fall in seiner Ganzheit und Komplexität erhalten, um so zu genaueren und tiefgreifenden Ergebnissen zu gelangen" (ebd.).*

Um subjektiven Prägungen (biases) innerhalb der qualitativen Verfahren entgegen zu wirken und bisherige Erkenntnisse weiter zu ergänzen, werden unterstützend quantitative Verfahren des Knowledge Discovery in Databases (KDD) in Form von Text Mining angewendet (3. Iteration, Kapitel 4.4). Hierzu werden die bisher identifizierten Gestaltungsparameter anhand eines großen Datenkorpus an wissenschaftlichen Abstracts überprüft. Quantitative Forschung zielt darauf ab, Theorien zu prüfen, indem sie Hypothesen auf großen Datenmengen prüft und die Ergebnisse auf wenige allgemeine Theoreme reduziert (vgl. Bryman 2012, Schnell et al. 2011). Bryman (2012) beschreibt quantitative Forschung

> *"[...] as entailing the collection of numerical data, as exhibiting a view of relationship between theory and research as deductive and a predilection for natural science approach [...], and as having an objectivist conception of social reality" (Bryman 2012).*

Zuletzt wird in Kapitel 4.5 der finalisierte Katalog an Gestaltungsparametern urbaner Produktion gemäß der vorherigen Iterationen vorgestellt.

4.2 Erste Iteration: Qualitative Dokumentenanalyse

4.2.1 Grundlagen der Grounded Theory

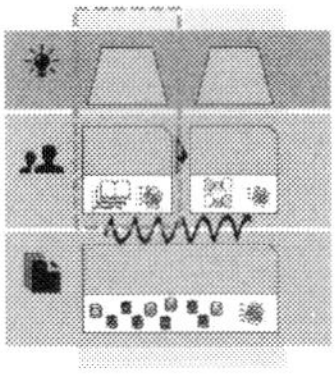

Aufgrund des noch jungen Forschungsfelds und des bislang wenig verdichteten State of the Art erfolgt das Literaturscreening im Sinne einer gegenstandsbezogenen Theoriebildung ohne vorherige Thesenbildung. Grounded Theory beschreibt dabei nicht eine Theorie an sich (gegensätzlich zur wörtlichen Bedeutung des Begriffs selbst), sondern ein Forschungsstil als ein Bündel von Methoden, welcher die Theoriebildung aus empirischen Daten zum Ziel hat.

Die **Grounded Theory** ist ein qualitativer Forschungsstil, der erstmals von den Soziologen Glaser und Strauss 1967 im Werk „The discovery of Grounded Theory" beschrieben wurde.

> *„Grounded Theory is the discovery of theory from data systematically obtained from social research"(Glaser/Strauss 1967).*

Bei der Grounded Theory liegt der methodische Schwerpunkt auf der Generierung einer Theorie sowie auf den Daten, in denen diese Theorie gründet (Glaser in Strauss 1991). Nach aktuellem Forschungsstand wird Grounded Theory definiert als

> *„[...] eine qualitative Forschungsmethode bzw. Methodologie, die eine systematische Reihe von Verfahren benutzt, um eine induktiv abgeleitete, gegenstandsverankerte Theorie über ein Phänomen zu entwickeln" (Strauss/Corbin 1996).*

Die Ursprünge der Grounded Theory entstammen zwei verschiedenen Richtungen: Glaser vertrat den nordamerikanischen, methodisch rigorosen Pragmatismus als Forscher der Columbia University, wohingegen Strauss an der Chicagoer Schule der Soziologie die qualitative Datenanalyse und symbolisch-interaktionistischen Ideen vertrat. Die Herausforderung für die Forscher bestand darin, eine Methode zu entwickeln, die die Gegensätze zwischen theoretischer und empirischer Forschung reduzierte, beziehungsweise besser schloss (vgl. Glaser/Strauss 1967). Die Grounded Theory ist eine Synthese zwischen beiden Positionen mit dem Ziel der gegenstandsbezogenen Theoriebildung.

Ziel ist es, mithilfe dieser Verfahren eine in den Daten verborgen liegende Theorie zu entwickeln. Ein Vorgehen nach Muster der Grounded Theory eignet sich dann, wenn aus Texten oder Daten neue Überlegungen, Zusammenhänge, Konsequenzen und Handlungsempfehlungen für einen Gegenstandsbereich abgeleitet werden sollen (vgl. Boehm et al. 1994). Ausgangspunkt ist meist eine offene und allgemeine Fragestellung, die mithilfe von Interviews, Gesprächen, Berichten oder Dokumenten beantwortet werden kann. Die Grounded Theory findet entsprechend ihrer Schöpfer in der Soziologie Anwendung, jedoch auch in weiteren Disziplinen der Geistes- und Sozialwissenschaften wie auch in der Betriebswirtschaft (vgl. Goulding 2002).

Der Forschungsprozess bei der Grounded Theory ist zirkulär. Das bedeutet, die Datensammlung und -analyse laufen nicht getrennt voneinander ab, sondern bedingen sich gegenseitig. Auch die Theoriebildung erfolgt zeitgleich und kann während des Prozesses kontinuierlich modifiziert werden (vgl. Strübing 2008). Obgleich die Grounded Theory keinen strikten Verfahrensregeln folgt, gibt es einen Rahmen zur Auswertung und Analyse der Daten. Der Forschungsprozess wird im folgenden Teil genauer beschrieben.

Vorgehen

Als Ausgangspunkt des Forschungsprozesses wird eine offene und allgemeine gegenstandsbezogene Fragestellung angenommen. Hier werden Daten in Form von Interviews, Gesprächen, Berichten, Dokumenten etc. gesammelt (vgl. Corbin/Strauss 2008). Im ersten Schritt werden Daten und Materialen zur Auswertung zusammengetragen. Aufgrund der zuvor geschilderten engen Verflechtung und Parallelität von Datenerhebung und Datenanalyse findet bereits während der Datenerhebung die Auswertung statt. Bei dem Theoretical Sampling entscheidet der Forscher, welche Daten für die Fragestellung von Interesse bzw. für einen Erkenntniszuwachs von Relevanz sein könnten und wo diese zu finden sind. Das führt dazu, dass der Untersuchungsrahmen sich immer wieder ändert, sobald neue Daten hinzukommen und so die Theoriebildung vorangetrieben wird (vgl. ebd.).

Zum Kern des Vorgehens nach Grounded Theory gehört das Kodieren der Daten. Dabei werden die gesammelten Daten systematisch analysiert, abstrahiert, aufgebrochen, kategorisiert und in Beziehung gesetzt (vgl. Strauss/Corbin 1996). Es werden drei Typen des Kodierens unterschieden, welche einen Charakter von Phasen im Forschungsprozess haben (vgl. Boehm et al. 1994). Diese sind jedoch inhaltlich und zeitlich schwer voneinander abgrenzbar (vgl. Flick 1996). Beim **offenen Kodieren** (vgl. ebd.) werden Kategorien identifiziert und hypothetisch beschrieben. Auf Basis kleinster Datenausschnitte werden Assoziationen, Ideen und mögliche Konzepte zur (Be-) Deutung des Gesagten bzw. Beobachteten gesammelt (vgl. Strauss/Corbin 1996). Boehm et al. (1994) nennen hierzu mögliche Fragestellungen, die kontextspezifisch herangezogen werden können:

- Was? Worum geht es hier? Welches Phänomen wird angesprochen?
- Wer? Welche Personen, Akteure sind beteiligt? Welche Rollen spielen sie dabei? Wie interagieren sie?
- Wie? Welche Aspekte des Phänomens werden angesprochen (oder nicht angesprochen)?
- Wann? Wie lange? Wo? Zeit, Verlauf und Ort
- Wie viel? Wie stark? Intensitätsaspekte

- Warum? Welche Begründungen werden gegeben oder lassen sich erschließen?
- Wozu? In welcher Absicht, zu welchem Zweck?
- Womit? Mittel, Taktiken und Strategien zum Erreichen des Ziels

Die vorhandenen Daten werden auf ihren konzeptionellen Gehalt hin kodiert und die so entstandenen Kodes können als vorläufige Konzeptnamen für weitere Iterationen bzw. Phasen aufgefasst werden (vgl. ebd.).

Im nächsten Schritt, dem **axialen Kodieren**, werden die zuvor entwickelten Konzepte weiter ausdifferenziert. Die Ausdifferenzierung dreht sich um einen bestimmten Punkt um die Achse eine Kategorie. Erst nach Abschluss dieser vertiefenden Analyse werden aus Konzepten Kategorien (vgl. Boehm et al. 1994). Die verschiedenen Kategorien werden dabei zueinander in Beziehung gesetzt, Sub-Kategorien werden gebildet und anschließend Schlüsselkategorien identifiziert (vgl. Strauss 1991). Zwischen den Phasen des eher lockeren offenen sowie dem gezielten axialen Kodierens kann beliebig oft gewechselt werden.

Im letzten Schritt geht es um das **selektive Kodieren**. Hier erfolgt das Nachkodieren der Schlüsselkategorien, indem Kategorien beispielsweise hervorgehoben oder untergeordnet werden. Für den Forschungsprozess bedeutet dies, dass nun zentrale Kategorien festgelegt und Gewichtungen vorgenommen werden,

> *„[...] welche Kategorien, Dimensionen, Eigenschaften und Relationen für die Konstruktion einer Theorie notwendig erscheinen" (Boehm et al. 1994).*

Der Forscher begrenzt den Kodierungsprozess auf solche Kodes, die einen hinreichend signifikanten Beitrag zu den Schlüsselcodes aufweisen, damit sie auf einen spezifischen Bereich der Theorie verwendet werden können. Die Schlüsselkategorie wird zur Leitlinie des Theoretical Samplings und der Datenerhebung. Daten, welche in Bezug zur Schlüsselkategorie stehen, werden spezifisch kodiert. Der Forschungsprozess verläuft iterativ-kumulativ solange, bis die theoretische Sättigung erreicht ist. An dieser Stelle kann kein weiterer Datenbeitrag mehr zur konzeptionellen Erweiterung der Theorie beitragen (vgl. Strauss 1991).

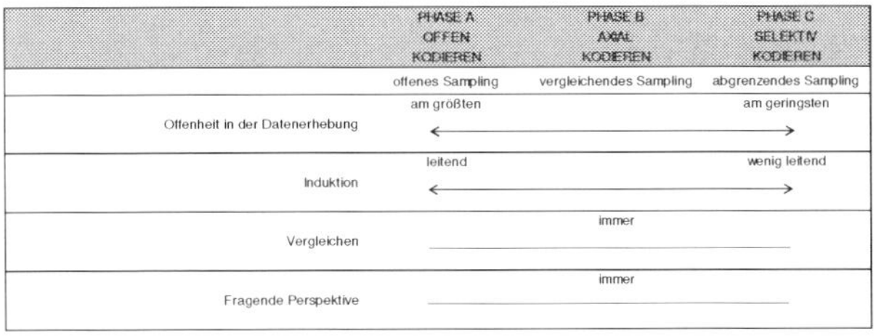

Abbildung 10: Grundoperationen des Kodierens
(Quelle: eigene Darstellung nach Haller 2000)

Kritische Würdigung

Der Forschungsstil der Grounded Theory eignet sich als qualitativer und interpretativer Ansatz zur gegenstandsbezogenen Theoriebildung, vor allem, wenn es um sprachvermittelte Handlungs- und Sinnzusammenhänge geht (vgl. Strauss/Corbin 1996). Das systematische, iterative Vorgehen bietet eine gute Rückverfolgbarkeit zwischen Daten und Kategorien (vgl. Goldkuhl/Cronholm 2010). Dieser explorative Forschungsstil ermöglicht Ideen und den Zugang zu neuen Zusammenhängen, bei gleichzeitigem, unvoreingenommenem Blick des Forschers (vgl. Strauss 1991). Die klare Fokussierung auf den zu untersuchenden Gegenstand und nicht auf wissenschaftliche Modelle und Theorien ist zudem als vorteilhaft zu bewerten (vgl. Boehm et al. 1994).

Kritikpunkt der Grounded Theory ist die Bezeichnung „Theorie" – aufgrund des induktiven Vorgehens fehlt grundsätzlich die Generalisierbarkeit. Die Ergebnisse sind eher als vorläufig einzustufen. Das induktive Vorgehen könnte sogar zu einer Wissensisolation führen (vgl. Goldkuhl/Cronholm 2010). Dennoch bietet sich der Forschungsstil der Grounded Theory im Kontext dieser Arbeit an, da textbasierte Daten in einen neuen Sinnzusammenhang gestellt werden und ein übergreifendes Bild urbaner Produktion entwickelt wird. Um mögliche Wissensisolationen zu vermeiden, werden ergänzend quantitative Verfahren (Kapitel 4.4) eingesetzt.

4.2.2 Anwendung und Ergebnisse

Zur Erfassung des derzeitigen wissenschaftlichen Erkenntnisstands zum Thema urbaner Produktion im Kontext von Industrie 4.0 wurde eine literaturbasierte Dokumentenanalyse durchgeführt. Diese verfolgt das Ziel, Parameter und Rahmenbedingungen des Paradigmas urbaner Produktion zu identifizieren.

Hierzu wurden vorhandene Quellen sowohl aus dem deutschen als auch aus dem internationalen Raum zusammengetragen. Der Fokus der analysierten Literaturquellen lag jedoch vor allem auf dem Wirtschaftsraum Deutschland und anderen hochentwickelten Wirtschaftsräumen. In der vorliegenden Arbeit wurden bei der Dokumentenanalyse insgesamt acht zentrale Institute identifiziert, die bis dato einen öffentlichen wissenschaftlichen Diskurs zu Thematik führen (Abbildung 11).

Räumlichkeit von (urbaner) Produktion, Institutionen:

- Fraunhofer Institut für Arbeitsgestaltung und Organisation
- Freie Universität Bozen
- Technische Universität Braunschweig
- Acatech – Deutsche Akademie der Technikwissenschaften
- Stiftung Neue Verantwortung
- Heinz Nixdorf Institut, Universität Paderborn
- Kanton Zürich

Abbildung 11: Datenkorpus Literaturscreening (Quelle: eigene Darstellung)

Die Quellen wurden anhand der folgenden Kriterien gesichtet:

- Weist die Quelle einen deutlichen Bezug zu den Themen "Urbane Produktion" und "Räumlichkeit von Produktion" auf?
- Weist die Quelle einen deutlichen Bezug zum Themenkomplex „Industrie 4.0“ auf?
- Handelt es sich bei der Quelle um eine wissenschaftliche Arbeit, die den aktuellen Forschungsstand widerspiegelt?[3]

Als Ergänzung zu einer systematischen Literaturrecherche in ausgewählten Datenbanken (u.a. die Bibliothekskataloge der RWTH Aachen University, DigiBIB) wurde eine Zusatzrecherche über diverse Internetsuchmaschinen (Google, GoogleBooks, GoogleScholar) durchgeführt. Neben dieser Datenbank- und Internetrecherche wurde zusätzlich eine Handrecherche vorgenommen. Hierfür wurde bei der Suche nach weiteren Referenzen und Publikationen systematisch in den Literaturlisten der bisher gefundenen Publikationen recherchiert („Reference Tracking“).

Die auf Basis der Datenbankrecherche und zusätzlicher systematischer Handrecherche gefundenen Publikationen wurden in mehreren Iterationen gesichtet. Die Auswahl relevanter Publikationen erfolgte mit Hilfe der dargelegten Fragestellungen. Alle Publikationen, die anhand dieser Kriterien als relevant beurteilt werden konnten, wurden hinsichtlich Parameter urbaner Produktion analysiert. Aus den gesammelten Literaturquellen wurden diese relevanten Parameter extrahiert und in einer Tabelle festgehalten. Durch den Vergleich der verschiedenen Quellen entstand ein Datenkorpus, welche die verschiedenen Sets an Parametern genau beschreibt. Im Forschungsstil der Grounded Theory war die Vorgehensweise bzw. die gegenstandsbezogene Theoriebildung hier durch offene, axiale und selektive Kodierungsverfahren sowie durch das theoretische Sampling gekennzeichnet.

Anhang 1 zeigt eine vollständige Tabelle, welche die Extraktion von 160 Codes mittels des offenen Kodierens dezidiert verdeutlicht. Diese Codes beschreiben das Paradigma urbaner Produktion zunächst allgemein entsprechend der unterschiedlichen Quellen. In weiteren Iterationen wurden diese dann zu 51 axiale Codes bzw. Parametern sowie vier selektiven Kodierungskategorien verdichtet (Tabelle 1). Die Definitionen dieses Sets an Parametern sind Anhang 2 zu entnehmen.

[3] Der Begriff „aktueller Forschungsstand“ meint nicht zwangsläufig Literaturquellen der letzten Jahre, sondern kann sich auch auf Quellen beziehen, die älteren Datums sind, aber dennoch den derzeitigen Forschungsstand eines Themenkomplexes darstellen.

Selektive Kodierungs-kategorien (SKK)	Mikroebene	Mesoebene	Makroebene	Metaebene
Axiale Kodierungs-kategorien (AKK)	Rapid Prototyping	Gebäudegestaltung, Architektur & Ästhetik	Arbeitskräfteangebot	Kurze Wege
	Verbreitung innovativer Fertigungsverfahren	Integration in Gebäudebestand	Age Management	Stellenwert Life Balance
	Kleine Losgrößen	Vertikale Integration	Fachkräftemangel	Geschäftsmodelle
	Verändertes Kundenverhalten	Flächenverfügbarkeit	Technologie- und Wissenstransfer	Produktbezogene Dienstleistungen
	Markt- und Kundennähe	Flächenkosten	Bildungs und F&E-Einrichtungen, Technologiezentren	Planungs- und baurechtliche Regulierungen
	Individualisierung	Akzeptanz der Anwohner	Wertschöpfungsmodelle	Unternehmensgetriebenene „Corporate Social Responsibility“
	Wille zur Selbstbestimmung	Dialog zwischen Anwohnern und Unternehmen	Fraktale Fabrik	Umweltbewusstsein
	Rohstoffe, Betriebsstoffe und Materialien	Flächennutzungskonflikte	Community Production	Ressourcen- & Energieeffiziente Gestaltung
	Emissionen	Strukturwandel und Revitalisierung von Flächen	Gemeinsames Sourcing	Kreislaufwirtschaft
	Standardisierung	Image des Standorts	Ver- und Entsorgung sowie Stoffströme	Entwicklung von Produktionskosten
	Durchdringung mit IKT	Logistik und Verkehr	Funktionsdurchmischung	
	Arbeits- und Prozessgestaltung		Aktive Gewerbeflächen- & Planungspolitik	
	Verbreitung intelligenter technischer Systeme			
	Akzeptanz von Innovationen und Technologien			
	Mitarbeiterqualifikation			
	Flexibles Arbeiten			
	Multijobs			
	Flächenbedarf der Produktion			

Tabelle 1: Ergebnis der ersten Iteration: Selektive und axiale Kodierungskategorien zur Identifikation der Gestaltungsparameter (Quelle: eigene Darstellung)

Bei der Betrachtung der Ergebnisse der ersten Iteration wird deutlich, dass den selektiven Kodierungskategorien multiskalare Betrachtungsebenen zugeordnet werden. Dies begründet sich darin, dass das Paradigma urbane Produktion in der Literatur auf verschiedenen räumlichen Kontexten diskutiert wird. Urbane Produktion wird beeinflusst von klein- als auch großräumigen Prozessen und Einflussfaktoren. Eine Einordnung urbaner Produktion im lokalen Kontext ist dabei nicht ausreichend, da Wechselwirkungen mit weiträumigeren, teilweise globalen, Prozessen entstehen. Die unterschiedlichen Betrachtungsebenen werden dabei in Mikro-, Meso-, Makro- und Metaebenen eingeteilt.

Bei der Betrachtung eines **Mikroraums** als räumliches Bezugssystem wird der Maßstab sehr groß gewählt (> 1:2.000). Die Analyse bezieht sich auf Einzelobjekte wie Flur- und Grundstücke, die eindeutig im Raum verortet sind. Im Ergebnis ist die Betrachtung des Mikroraums daher sehr detailliert. Bei der Analyse urbaner Produktion kann auf der Mikroebene beispielsweise eine einzelne Fabrik hinsichtlich der verwendeten Produktionsverfahren und den dabei produzierten Emissionen analysiert werden. Die Charakteristiken der einzelnen Objekte auf der Mikroebene sind jedoch schwer auf eine übergeordnete Ebene abbildbar oder übertragbar.

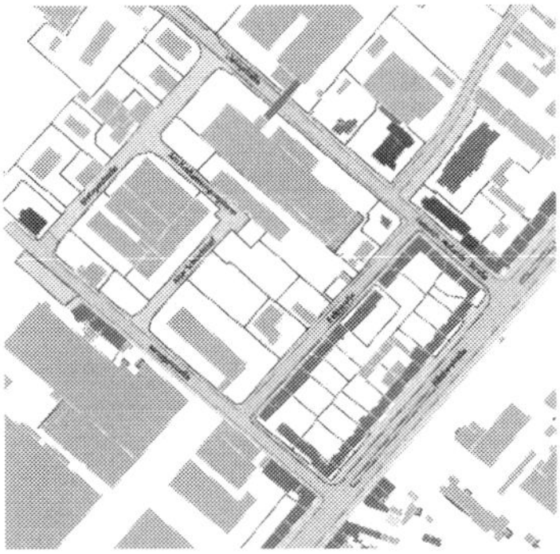

Abbildung 12: Mikroebene am Beispiel von Flurstücken in Aachen Nord (M 1:2.000) (Quelle: Lehrstuhl für Planungstheorie, RWTH Aachen University 2017)

Um Faktoren urbaner Produktion in einem lokalen Kontext zu betrachten, muss daher eine mittlere Maßstabsebene (ca. 1: 10.000) gewählt werden. Die **Mesoebene** beschreibt Prozesse, die sich auf Quartiere in der Stadt beziehen. Auf diese Weise können flächenhafte Aussagen, bspw. in Bezug auf das Image eines Standortes, getroffen werden. Die Meso- als auch die Mikroebene sind gut geeignet, um innerstädtische Differenzierungen und stadtteilspezifische Lebensbedingungen oder auch Umweltbelastungen abzubilden (vgl. Heineberg 2006).

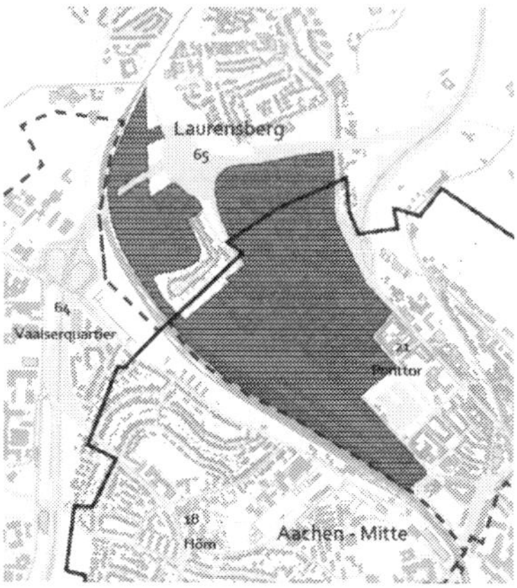

Abbildung 13: Mesoebene am Beispiel eines Untersuchungsgebiets in Aachen West (M 1:10.000) (Quelle: Lehrstuhl für Planungstheorie, RWTH Aachen University 2017)

Zur Beschreibung urbaner Produktion im Kontext von Regionen wird schließlich (auch) die **Makroebene** herangezogen. Der Makroraum als obere geographische Maßstabsebene (ca. 1:100.000) betrachtet eine Stadt als „punktförmiges Objekt" (vgl. Fassmann 2009), um allgemeine, ganzheitliche Aussagen treffen zu können. Unterschiedliche Ausprägungen oder innerstädtische Differenzierungen werden bei dieser Betrachtungsebene in den Hintergrund gerückt. Untersuchungsschwerpunkte auf der Makroebene sind insbesondere vergleichende Analysen zwischen Städten, Suburbanisierungsprozesse oder auch innerstädtisches Mobilitäts-, Freizeit- und Einkaufsverhalten. Zudem kann die Vernetzung zwischen Städten in einer definierten Region auf der Makroebene untersucht werden. Hierbei sind die Gebietstypen des BBSR auf der Gemeinde- und Kreisebene von besonderer Bedeutung (vgl. Hecht 2014). Im Kontext urbaner Produktion wird auf der Makroebene beispielsweise das Arbeitskräfteangebot einer Stadt beschrieben.

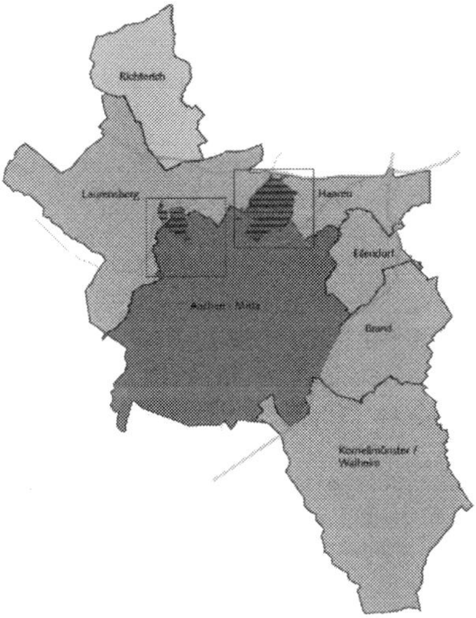

Abbildung 14: Makroebene am Beispiel der Aachener Stadtbezirke (M 1:100.000)
(Quelle: Lehrstuhl für Planungstheorie, RWTH Aachen University 2017)

Zusätzlich zu diesen drei geographischen Maßstabsebenen gibt es die abstrakte **Metaebene**. In diesem Kontext werden überregionale Prozesse betrachtet, die sich nicht mehr auf einen klar abgrenzbaren Raum beziehen. Es handelt sich daher um eine übergeordnete Sichtweise auf den Raum und auf die Beziehung zwischen den Akteuren innerhalb eines Raumes. Allgemeine Leitentwicklungen, Trends, Veränderungen in der Gesellschaft oder in den globalen Wirtschaftssystemen werden auf der Metaebene beschrieben. Die Subprozesse der überregionalen Umwelt finden sich in den kleineren Maßstabsebenen wieder. In der Analyse urbaner Produktion spielen Faktoren der Metaebene, wie ein gestiegenes Umweltbewusstsein, ein verändertes Kundenverhalten und der globale Wettbewerb, eine wichtige Rolle.

Bei Betrachtung der axialen Kodierungskategorien wird deutlich, dass die Mikroebene bei der urbanen Produktion sehr dezidiert betrachtet wird bzw. hier der wissenschaftliche Diskurs sehr deutlich ist. Im Folgenden soll diese Asymmetrie zwischen den Kategorien nun genauer untersucht werden.

4.3 Zweite Iteration: Qualitative Einzelfallanalyse

4.3.1 Grundlagen leitfadengestützter Experteninterviews

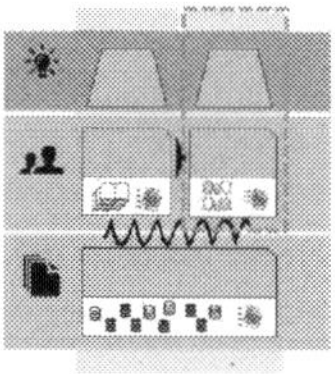

Interviews als Form der Einzelfallanalyse (vgl. Kapitel 4.1) werden in der empirischen Sozialforschung insbesondere dazu genutzt, um spezifisches und konzentriertes Wissen ausgewählter Personen zu einem konkreten Themenbereich einzufangen. So spielt der verbale Zugang in Form eines Gesprächs eine besondere Rolle (vgl. Mayring 2008).

Das Subjekt selbst kommt zur Sprache, es ist zunächst selbst Experte für die eigenen Bedeutungsinhalte. Hierzu gibt es eine Vielzahl qualitativer Interviewtechniken, welche unter verschiedenen Bezeichnungen laufen, wie zum Beispiel Exploration, Problemzentriertes Interview, Qualitatives Interview, Offenes Interview, Fokussiertes Interview, Strukturiertes und Unstrukturiertes Interview (vgl. Lamnek 1989). Ein wichtiges Merkmal, welches sämtliche Interviewformen eint, ist die Offenheit. Der Befragte soll frei antworten können, ohne vorgegebene Antwortmöglichkeiten genannt zu bekommen. Neben der weitgehend einheitlichen Form der Offenheit wird der Strukturierungsgrad von Interviews kontrovers diskutiert (vgl. Mayring 2008).

Grad der Standardisierung und Strukturiertheit

Der Grad der Standardisierung hängt eng zusammen mit dem Grad der Strukturiertheit. Der Grad der Strukturiertheit eines Interviews reicht von unstrukturiert bis hochstrukturiert, bei der Standardisierung bewegt sich dieser zwischen gering bis hoch (vgl. Wittkowski 1994) (Tabelle 2). So ist ein unstrukturiertes Interview meist auch gering standardisiert und ein hochstrukturiertes Interview meist auch hoch standardisiert. Bei unstrukturierten Interviews bleiben Inhalte und Reihenfolge der Fragen offen sowie die Antworten und die Art der Auswertung. In der Regel handelt es sich dabei auch um wenig standardisierte Interviews, sodass der Interviewer keinem Leitfaden folgen muss und sehr frei in seiner Fragenformulierung ist. Vorteile hierbei sind, dass der Interviewer die Themen anpassen kann, je nachdem wie das Gespräch mit dem Experten verläuft.

Unter einem halbstrukturierten bzw. -standardisierten Interview versteht man ein Interview, bei dem alle Bewerber dieselben Fragen und Erläuterungen bekommen. In der Regel wird dafür ein Leitfaden erstellt, der vorformulierte Fragen enthält, um eine gewisse Struktur vorzugeben. Der Handlungsspielraum ist hierbei zwar geringer als beim unstrukturierten, wenig standardisierten Interview, aber dennoch ist auch hier die spontane Anpassung der Fragen möglich. Als letzte Möglichkeit ergibt sich somit das hochstrukturierte und hoch standardisierte Interview. Hierbei sind die Fragen hinsichtlich Wortlaut und Reihenfolge vorgegeben und geschlossen formuliert. Der Handlungsspielraum des Interviewers ist sehr gering, da nicht von den Fragen abgewichen werden kann und auch die Antwortalternativen vorab festgelegt sind und nur noch im Gesprächsverlauf eingetragen werden. Dies hat den Vorteil einer hohen Vergleichbarkeit und einer ökonomischen Auswertung (vgl. Eid et al. 2010).

	Grad der Strukturiertheit		
	unstrukturiert	halbstrukturiert	hochstrukturiert
Grad der Standardisierung	gering	mittel	hoch
Vergleichbarkeit	gering	mittel	hoch

Tabelle 2: Strukturiertheit und Standardisierung von Interviews (Quelle: eigene Darstellung nach Eid et al. 2010)

Da die Befragten in der vorliegenden Studie einen vorgegebenen Katalog der Gestaltungsparameter validieren, wird ein halbstrukturiertes, halbstandardisiertes Leitfadeninterview verwendet. Alle Befragten erhalten somit dieselben Fragen, damit die Vergleichbarkeit hoch bleibt. Insgesamt soll in halbstrukturierten Interviews eine stärkere Vertrauensbeziehung zwischen Interviewer und Befragte geschaffen werden. Wird eine offene Beziehung aufgebaut, profitiert auch der Interviewte direkt während des Forschungsprozesses:

> *„Und deshalb ist er in der Regel auch ehrlich, reflektierter, genauer und offener als bei einem Fragebogen oder einer geschlossenen Umfragetechnik – das zeigen auch alles Erfahrungen mit dieser Methode“ (Mayring 2008).*

Fragen und Leitfaden

Dem Leitfaden kommt eine Strukturierungsfunktion bezüglich möglicher Gesprächsinhalte und ihrer Abfolge zu. Dieser dient als zentrales Steuerungsinstrument für den Ablauf des Experteninterviews (vgl. Universität Trier 2002): Der Leitfaden sollte klar strukturiert sein und eine logische, d.h. für den Interviewten nachvollziehbare Ordnung erkennen lassen. Hierbei sollen Fragen kurz und allgemeinverständlich formuliert sein. Der Fokus sollte auf Einschätzungsfragen liegen (siehe oben), welche Auskunft über Erfahrungshintergründe und Beurteilungsmuster der Experten geben (bspw. Wie schätzen Sie diesen Sachverhalt ein?). Faktenwissen, welches relativ leicht aus anderen Quellen zu beziehen ist (bspw. aus Geschäftsberichten) sollte nicht in einem Experteninterview erfragt werden. Der Leitfaden sollte detaillierte Steuerungsanweisungen für den Gesprächsverlauf enthalten, um die inhaltliche Linie nicht zu verlieren (bspw. Falls ja: „Was sind die Gründe dafür?“; Wenn nein: „Warum nicht?“).

Die Fragen, die im Rahmen eines Leitfadeninterviews gestellt werden, lassen sich genauer in offene und geschlossene Fragen einteilen. Bei offenen Fragen ist zwar die

Frage an sich vorgegeben, aber der Befragte kann selbst Antwortalternativen wählen. Bei geschlossenen Fragen hingegen werden auch die Antwortalternativen vorgegeben (vgl. Kruse/Schmieder 2014).

Experten

Als Experten werden sachkundige Personen bezeichnet, die in ihrem Untersuchungsfeld ein spezifisches Handlungs- und Erfahrungswissen haben. Sie können bestimmte Organisationen oder Institutionen vertreten und somit über internes Organisationswissen verfügen. Häufig richtet sich die Auswahl von Experten nach:

- der Auswahl bestimmter Organisationen,
- der Reputation und Position von relevanten Akteuren bzw. Personen,
- Einflussmöglichkeiten bzw. Beteiligung von Personen an relevanten Entscheidungen bzw. Handlungen (vgl. Universität Trier 2002)

Zwischen Interviewer und Befragten wird häufig ein erhebliches Informationsgefällte bestehen. Um dieser Gefahr vorzubeugen, ist eine Erlangung einer gewissen Fachkenntnis des Interviewers im Voraus unausweichlich. Der Interviewer sollte eine ausreichende Fachkenntnis haben, um eine treffende Auswahl an Experten zu treffen sowie die Steuerung des Interviews strukturiert aufrecht halten zu können (vgl. Lamnek/Krell 2010, Universität Trier 2002).

Zur Auswahl der Experten schlägt Helfferich (2005 zit. in Lamnek/Krell 2010) ein dreistufiges Vorgehen vor. Im ersten Schritt wird die Zielgruppe möglichst eng und präzise bestimmt. Im folgenden Schritt wird darauf geachtet, dass die Variation innerhalb der untersuchten Gruppe möglichst groß ist und maximal unterschiedliche sowie als typische Fälle herangezogen werden. Zuletzt wird nach Durchführung der Interviews der Geltungsbereich der Aussagen überprüft. Insgesamt wird die Anzahl der zu befragenden Experten oftmals durch zeitliche, personelle und finanzielle Ressourcen bestimmt. Während Helfferich (2009) sechs bis 120 Personen angibt, spricht Kvale (2007 zit. in Lamnek 2010) von 15 Personen plus/minus zehn.

Da es bei der Auswahl der Befragten nicht um Repräsentativität, sondern um typische Fälle geht, werden keine Zufallsstichproben gezogen. Je nach Erkenntnissinteressen werden einzelne Fälle für die Befragung ausgewählt. Während des Forschungsprozesses soll der durchführende Forscher offen sein für abweichende Fälle und diese sukzessiv in die Auswahl integrieren. Zusätzlich soll der Forscher inhaltlich offen sein und sein Gedankenrepertoire fortführend ergänzen (vgl. Flick 2007, Lamnek 2010) (Kapitel 4.1 und 4.2.1).

Kritische Würdigung

Die Kritik des hier beschriebenen Vorgehens bezieht sich oftmals auf qualitative Vorgehensweisen an sich. Der wissenschaftstheoretische Mangel des induktiven Wissenszuwachses basiert nicht vollständig auf konkreten Beobachtungen, weshalb eine logische Eindeutigkeit verloren gehen kann. Dieses Induktionsproblem bzw. wissenschaftstheoretische Problem von Einzelfallstudien bzw. hier: Interviews setzt daher eine gewisse Vorsicht bei der Interpretation der Resultate voraus (vgl. Universität Trier 2002).

4.3.2 Anwendung und Ergebnisse

Zur Validierung des bisher entwickelten hypothetischen Katalogs an Gestaltungsparametern urbaner Produktion wurden halbstrukturierte, leitfadengestützte Interviews durchgeführt (Kapitel 4.3.1). Experteninterviews eignen sich sowohl in der quantitativen als auch in der qualitativen Forschung zur Exploration von neuen Themengebieten oder einem unübersichtlichen Forschungsfeld. Ein Experteninterview kann dabei helfen, Hypothesen zu generieren oder das Untersuchungsgebiet thematisch zu strukturieren. Je nach Forschungsfrage können Experteninterviews unterschiedlich stark vorstrukturiert und unterschiedlich offen sein (vgl. Bogner et al. 2002). Zur Durchführung der ca. einstündigen Interviews diente ein Leitfaden, der sich anhand des zuvor dargelegten hypothetischen Katalogs an Gestaltungsparametern orientiert (Anhang 3).

Insgesamt wurden 23 circa einstündige Gespräche durchgeführt. Die befragten Experten repräsentieren die für urbane Produktion relevanten Dimensionen Wirtschaft, Wissenschaft, Politik und Gesellschaft in einer nationalen sowie internationalen Perspektive. Zum Teil befassen sich die Experten bereits eingehend mit dem Paradigma urbaner Produktion, welches allerdings kein erforderliches Kriterium zur Auswahl der Befragten ist. Elementar ist die Abdeckung der genannten Dimensionen zur maximalen Kontrastierung der entsprechenden Dimensionen. Die wissenschaftlichen Experten spiegeln die Interdisziplinarität der Thematik von der Wirtschaftsgeographie über den Maschinenbau und der Produktionstechnik hin zur Fabrikplanung und den Arbeitswissenschaften wider. Die Vertreter der Politik bringen zusätzliche planerische sowie baurechtliche Expertise im Bereich der Stadtplanung sowie des Städtebaus mit ein. Vertreter von Wirtschaftsförderung sowie Industrie und Handelskammer bereichern den Pool um Erfahrungswerte in der Rolle von Intermediären. Ansprüche im Bereich des Wohnens sowie die Sicht von Stadtbewohnern stellen die gesellschaftliche Komponente dar (Tabelle 3).

Dimension	ID	Funktion	Beschreibung	Ort
Wirtschaft	21	Geschäftsführer	US-amerikanisches Startup; Automobilbau mittels Cocreation	Berlin
	16	Geschäftsführerin	Maschinenbauunternehmen	Aachen
	12	Produktionsleiter	Automobilbau	Dresden
	13	Logistikleiter	Automobilbau	Dresden
	10	Geschäftsführer	Maschinenbauunternehmen	Aachen
	22	CEO	Taschen- und Textilfabrikation	San Francisco, USA
	11	Vorstandsvorsitzender	Projektimmobilienentwicklung	Aachen
	20	Geschäftsführender Gesellschafter	Regionalentwicklung	Mühlheim a. d. Ruhr
Wissenschaft	18	Lehrstuhlinhaber	Forschung, Stadtplanung	Aachen
	1	Forschungsgruppenleiter	Forschung, Smart City	Aachen
	3	Lehrstuhlinhaberin	Forschung, Wirtschaftsgeographie	Aachen
	9	Ass. Professor	Forschung, Produktionssysteme und Industrie 4.0	Bozen, CH
	8	Abteilungsleiter	Forschung, Digital Engineering	Stuttgart
Politik, Kommune, Intermediäre	6	CEO	Forschung, Regionalberatung	Frankfurt a. M.
	19	Referatsleiter	Regionale Wirtschaftsförderung, Industrie- und Handelskammer	Aachen
	14	CEO	US-amerikanisches Interessensverbund zu urbaner Produktion	San Francisco, USA
	17	Stellv. Geschäftsführerin	Regionale Wirtschaftsförderung, Handwerkskammer	Aachen
	2	Gruppenleiter	Regionale Wirtschaftsförderung, Kommune	Aachen
	7	Projektleiter	Regionale Wirtschaftsförderung, Handwerkskammer	Aachen
Gesellschaft	23	Abteilungsleiterin, Social Care	Kommunale Stelle für wohnortnahes Arbeiten	San Francisco, USA
	15	Gründerin	Kreativwirtschaft	Aachen
	5	Vorsitzender	Stadtentwicklung, national	Berlin
	4	Projektleiter	Stadtentwicklung, national	Berlin

Tabelle 3: Übersicht der interviewten Experten (Quelle: eigene Darstellung)

Zur besseren Auswertung wurden die 23 Gespräche in normales Schriftdeutsch transkribiert. Anschließend wurden diese erneut im Forschungsstil der Grounded Theory nach dem Kodierparadigma nach Strauss und Corbin entsprechend ausgewertet (vgl. Kapitel 4.2.1). Hierbei konnten insgesamt 1124 Codes identifiziert und dem hypothetischen Katalog von Gestaltungsparametern zugeordnet werden (Anhang 4). Dies hatte in weiteren Iterationen zur Folge, dass der Katalog von 51 auf 20 axiale Codes bzw. Parameter weiter verdichtet wurde. Die vier selektiven Kodierungskategorien bleiben bestehen (Abbildung 15).

Ebene	Parameter	Zusammenfassung
Mikroebene	Rapid Prototyping	Produktion kleiner Losgrößen durch innovative Fertigungsverfahren
	Verbreitung innovativer Fertigungsverfahren	
	Kleine Losgrößen	
	Verändertes Kundenverhalten	Individualisierte Produktion unter hohem Kundeneinbezug
	Markt- und Kundennähe	
	Individualisierung	
	Wille zur Selbstbestimmung	
	Rohstoffe, Betriebsstoffe und Materialien	Schadstoffarme und emissionsfreie Produktion
	Emissionen	
	Standardisierung	Neue Arbeitsplatz und Prozessgestaltung
	Durchdringung mit IKT	
	Arbeits- und Prozessgestaltung	
	Verbreitung intelligenter technischer Systeme	
	Akzeptanz von Innovationen und Technologien	
	Mitarbeiterqualifikation	
	Flexibles Arbeiten	
	Multijobs	
	Flächenbedarf der Produktion	Flächenbedarf der Produktion
Mesoebene	Gebäudegestaltung, Architektur & Ästhetik	Integration im Bestand
	Integration in Gebäudebestand	
	Vertikale Integration	
	Flächenverfügbarkeit	Flächenverfügbarkeit und -kosten
	Flächenkosten	
	Akzeptanz der Anwohner	Betroffenheit der Anwohner und Flächennutzungskonflikte
	Dialog zwischen Anwohnern und Unternehmen	
	Flächennutzungskonflikte	
	Strukturwandel und Revitalisierung von Flächen	Strukturwandel und Inwertsetzung von Flächen
	Image des Standorts	
	Logistik und Verkehr	Logistik und Verkehr

Ebene	Parameter	Zusammenfassung
Makroebene	Arbeitskräfteangebot	Arbeitskräfteangebot
	Age Management	
	Fachkräftemangel	
	Technologie- und Wissenstransfer	Nähe zu Bildungs und F&E-Einrichtungen, Technologiezentren und Fablabs
	Bildungs und F&E-Einrichtungen, Technologiezentren	
	Wertschöpfungsmodelle	Neue Wertschöpfungsmodelle und Produktionsnetzwerke
	Fraktale Fabrik	
	Community Production	
	Gemeinsames Sourcing	
	Ver- und Entsorgung sowie Stoffströme	Ver- und Entsorgung sowie Stoffströme
	Funktionsdurchmischung	Aktive Gewerbeflächen- und Planungspolitik
	Aktive Gewerbeflächen- & Planungspolitik	
Metaebene	Kurze Wege	Kurze Wege zwischen Wohnen und Arbeiten
	Stellenwert Life Balance	
	Geschäftsmodelle	Neue (serviceorientierte) Geschäftsmodelle
	Produktbezogene Dienstleistungen	
	Planungs- und baurechtliche Regulierungen	Planungs- und baurechtliche Regulierungen
	Unternehmensgetriebenene „Corporate Social Responsibility"	Umweltbewusstsein hinsichtlich Ressourcen und Energieeffizienz
	Umweltbewusstsein	
	Ressourcen- & Energieeffiziente Gestaltung	
	Kreislaufwirtschaft	
	Entwicklung von Produktionskosten	Globaler Markt als Wettbewerbsumfeld

Abbildung 15: Ergebnis der zweiten Iteration bzw. qualitativen Einzelfallanalyse (Quelle: eigene Darstellung)

Die zweite Iteration zeigt eine große Überschneidung zwischen den bisher identifizierten Gestaltungsparametern. Vor allem im Bereich der Mikroebene wurden Parameter gemäß Expertenaussagen synthetisiert und verdichtet. Dies betrifft vor allem die neu synthetisierten Faktoren „Neue Arbeits- und Prozessgestaltung“ sowie „Individualisierte Produktion unter hohem Kundeneinbezug“. Gemäß der Ausführungen von Kapitel 3.3 handelt es sich hierbei um vorrangig organisatorische Aspekte, welche im Kontext von Industrie 4.0 diskutiert werden. Eine weitere auffällige Verdichtung wurde auf der Makroebene für den Parameter „Neue Wertschöpfungsmodelle und Produktionsnetzwerke“ wahrgenommen. Hier wird ebenfalls in Anlehnung an den Industrie 4.0 Diskurs eine Auflockerung bisheriger Produktionsstrukturen diskutiert. Überlegungen gehen dahin Ressourcen gemeinschaftlich zu nutzen und Produktionen dezentral in der Stadt über verschiedene Standorte zu verteilen und miteinander zu verknüpfen (Produktionsnetzwerke, Wertschöpfungsmodelle). Eine ausführliche Erörterung der Gestaltungsparameter ist Kapitel 4.5 zu entnehmen.

4.4 Dritte Iteration: Quantitative Verfahren des Text Minings

4.4.1 Grundlagen des Knowledge Discovery in Databases (KDD)

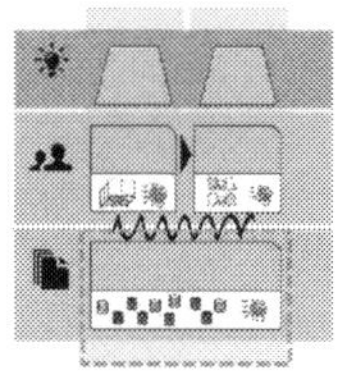

Ergänzend zur beschriebenen qualitativen Forschungsmethode der Grounded Theory (Kapitel 4.2.1) werden quantitative **datengetriebene Verfahren** angewendet, um mögliche *biases*, die bei qualitativen Verfahren entstehen können, zu vermeiden. Als etabliertes Verfahren ist das **Knowledge Discovery in Databases (KDD)** zu nennen. Das Verfahren der KDD verfolgt die Idee, nutzbare Muster aus Datensätzen zu extrahieren. Seitens verwandter Disziplinen wird dieses Vorgehen auch bspw. als „Data Mining“, „Knowledge Extraction“, „Information Discovery“ oder auch „Data Pattern Processing“ bezeichnet. Der Begriff KDD wurde erstmals auf der 11. Internationalen Konferenz zur Künstlichen Intelligenz im Jahr 1989 eingeführt (vgl. Fayyad et al. 1996a, Piatetsky-Shapiro 2000). Ziel war es, zu diesem Zeitpunkt eine neue Idee der Datenanalyse zu entwickeln. Während die Datenanalyse bisher als ein Prozess der Mustererkennung betrachtet wurde, konzentrierte sich die neue Sicht stärker auf das Thema der eigentlichen Wissensidentifikation (vgl. Düsing 2006, Fayyad et al. 1996a). KDD beschreibt die automatisierte Durchführung eines Prozesses ohne wesentliche menschliche Interaktion. Zudem unterstreicht das Verfahren eine komplexe, konsistente und logische Abfolge unterschiedlicher Interaktionen über einen gewissen Zeitraum (vgl. Düsing 2006). Fayyad et al. (1996b) definiert KDD wie folgt:

> *"Knowledge Discovery in Databases is the nontrivial process of identifying valid, novel, potentially useful, and ultimately understandable patterns in data" (Fayyad et al. 1996b).*

Im Zusammenhang mit KDD wird auch häufig die Verarbeitung von großen Datenmengen, so genannten Big Data diskutiert. Dumbill (2012) definiert Big Data als „data that exceeds the processing capacity of conventional database systems". Diese Art von Daten ist zu groß, zu schnell und passt nicht in die Struktur der herkömmlichen Datenbank-Architektur, sodass eine alternative Art der Datenverarbeitung notwendig ist.

KDD Prozess

Der KDD Prozess zielt darauf ab, bislang unbekannte fachliche Zusammenhänge aufzudecken, indem eine automatische, exploratorische Analyse und Modellierung von (großen) Datensätzen stattfindet. Im Kontext der vorliegenden Arbeit werden die genannten Datensätze vorrangig durch Texte bzw. genauer: Abstracts wissenschaftlicher Publikationen abgebildet (Kapitel 4.4.2) – deswegen ist hier auch von Text Mining die Rede. Fayyad et al. (1996a) definiert den KDD Prozess wie folgt:

> *„[...] the process of using the database along with any required selection, preprocessing, subsampling, and transformations of it; to apply data mining methods (algorithms) to enumerate patterns from it; and to evaluate the products of data mining to identify the subset of the enumerated patterns deemed 'knowledge'" (Fayyad et al.1996a).*

Der Prozess besteht dabei aus verschiedenen Phasen, die - ähnlich dem Vorgehen der Grounded Theory - ausdrücklich nicht-linear, iterativ und interaktiv ablaufen (vgl. Adriaans/Zantinge 1996, Brachmann et al.1996, Düsing 2006, Fayyad et al. 1996b). Der Prozess des KDD umfasst sowohl die Vorbereitung der Daten, als auch die Bewertung der Resultate (vgl. Maimon/Rokach 2005). Im Kontext dieser Arbeit werden ausschließlich die ersten drei von ursprünglich fünf Phasen des Prozesses befolgt, da ausschließlich die Einordnung der Relevanz von einzelnen Attributen bzw. Gestaltungsparametern vor dem Hintergrund des Gesamtdatenkorpus (hier: Abstracts wissenschaftlicher Publikationen, Kapitel 4.4.2) untersucht werden sollen. Im Folgenden werden diese genauer beschrieben.

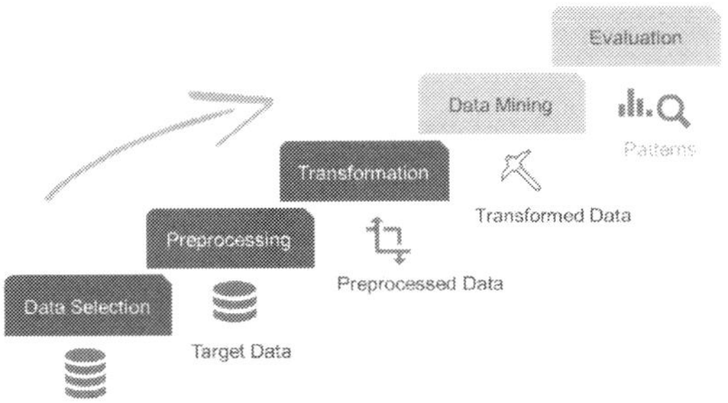

Abbildung 16: Phasen des KDD Prozesses (Quelle: eigene Darstellung nach Fayyad et al. 1996)

Data Selection

In der ersten Phase, der Datenselektion, wird die Datengrundlage identifiziert und generiert. Zunächst wird überprüft, ob die Daten zugänglich sind, ob eventuell zusätzliche Daten beschafft werden müssen und ob die Datenanalyse überhaupt technisch, legal und organisatorisch möglich ist (vgl. Düsing 2006). Falls noch nicht vorher geschehen, wird in dieser Phase auch die Aufgabe genauer definiert, die mithilfe des KDD Prozess beantwortet werden soll. Fayyad et al. (1996c) hierzu:

> *"In practice, a large portion of the applications effort can go into properly formulating the problem (asking the right question) rather than optimizing the algorithmic details of a particular data mining method" (Fayyad et al. 1996c).*

Relevante Daten werden entsprechend der definierten Aufgabe ausgewählt. Hierbei ist zu prüfen, ob die ausgewählten Daten für die Aufgabe geeignet sind (vgl. Düsing 2006).

Preprocessing

Im nächsten Schritt erfolgt die Vorverarbeitung der Daten. Konkret werden hier beispielsweise Doppelungen herausgenommen, fehlende Werte definiert oder auch Ausreißer entfernt. Dies erhöht die Qualität der Daten und verschiedene Datentypen können integriert werden. Die Vorverarbeitung von Daten teilt sich dabei in weitere Sub-Prozessschritte auf. Das Preprocessing folgt dem „Text-Processing" nach Gkoulalas-Divanis/Labbi (2014), welches eine Weiterverarbeitung der Daten ermöglicht. Diese Schritte werden im Folgenden kurz beschrieben:

- **Data Cleaning:** Da Texte in unterschiedlichen Formaten vorliegen können, müssen diese zunächst einheitlich normiert werden. Auf diese Weise werden unnötige Informationen, wie bspw. Layoutformatierungen, Copyright Hinweise und Bilder entfernt, die keine inhaltliche Relevanz haben (vgl. Li/Ezeife 2006). In der Literatur werden solche unnötigen Daten bzw. Informationen als „Noise" bezeichnet (vgl. Yi et al. 2003). Als Ergebnis dieses Schrittes werden Dokumente in einfache Textformate mit standardisierter Verschlüsselung umgewandelt, die sich für die Weiterverarbeitung eignen (bspw. Klartext mit UTF-8 oder Latin-1 Kodierung).
- **Tokenization:** Zur späteren Textanalyse, bspw. in Form von Vektorraummodellen, stellen Wörter ein elementares Objekt dar. Hierzu müssen diese zunächst in den Textdokumenten identifiziert werden und zwar in Form einer Aufspaltung der Sequenzen in wortähnliche Teile. Diese Aufspaltung bzw. Tokenization kann sich bei Texten an Trennzeichen, wie bspw. Leerzeichen oder Satzzeichen orientieren (vgl. Miner et al. 2012). Ergänzend bedarf es spezifischer Tokenization-Regeln, um mögliche Abkürzungen („usw.", „bspw.") sowie Sondernamen, welche durch Bindestriche verbunden sind (je nach Domäne, bspw. „F&E-Einrichtung")

nicht zu trennen. Das Dokument (hier auch als String bezeichnet) wird schließlich in einzelne Token (bspw. Wörter) zerlegt, welche zur weiteren Analyse verwendet werden können.

- **Stop Word Removal:** Ein Großteil der in Texten verwendeten Wörter hat für die Analyse keine besondere Bedeutung. Aus diesem Grund werden so genannte „Stop Words" entfernt, häufig durch den Abgleich mit Thesauren oder bei Abweichungen von vordefinierten Wortlängen (vgl. Miner et al. 2012). Durch diese Reduzierung von Tokens werden zum einen IT-Ressourcen gespart, zum anderen werden Wörter mit geringem Informationsgehalt ausgeschlossen.
- **Stemming:** Beim Stemming wird der Stamm eines Wortes gesucht – genauer werden diese auf ihre Normalform heruntergebrochen ohne an semantischer Bedeutung einzubüßen. Grund für diese Reduktion ist, dass Wörter bei der Textanalyse nicht durch ihre grammatikalische Form beeinflusst werden (bspw. „produzieren" und „Produktion"). Ein verbreiteter Algorithmus für das Stemming englischsprachiger Texte ist der Porter-Stemmer (vgl. Porter 1980) Als Resultat dieses Schrittes liegt eine wiederum reduzierte Sequenz an normierten Tokens vor.
- **Case Transformation:** Ziel dieses Schrittes ist die Transformation aller Tokens in eine einheitliche Schreibweise – in diesem Fall Kleinschreibung. Der Grund hierfür liegt darin, dass bspw. großgeschriebene Wörter am Anfang eines Satzes nicht zusammen mit demselben Wort in der Mitte eines Satzes analysiert werden würden, da Analysealgorithmen zwischen Groß- und Kleinschreibung unterscheiden. Um bessere Analyseergebnisse zu erzielen, werden diese daher vereinheitlicht (vgl. Manning et al. 2008).
- **Pruning:** Um gute Analyseergebnisse zu erhalten, sollte der Datenkorpus nur jene Begriffe enthalten, die die Inhalte am besten repräsentieren. Es empfiehlt sich daher, die Daten auf einen wesentlichen, kleinsten Datensatz (Schlüsselwörter) zu beschneiden (vgl. Reed 1993). Kritisch bei dieser Kürzung ist jedoch auch bestimmte Inhalte zu verlieren bzw. ist die Auswahl an Schlüsselwörtern ausschlaggebend für den Gehalt der Analyse. Das Pruning wird dann verwendet, wenn die Datenkorpusse sehr groß und Limitierungen der Rechenleistung zu erwarten sind (vgl. Maimon/Rokach 2010). In der Regel ist das Pruning sehr Korpus-individuell zu treffen, zudem wird oftmals eine manuelle Reduktion der Schlüsselwörter vorgenommen (vgl. Heinze 2015).

Transformation

Der Prozessschritt der Transformation von Daten wird in der Literatur unterschiedlich aufgefasst: Während Fayyad et al. (1996b, 1996c) einen separaten Prozessschritt der Transformation beschreiben, nimmt Düsing (2006) eine Datentransformation innerhalb des Preprocessing an. Unabhängig von diesen Auffassungen findet die Transformation nach der Bereinigung bzw. der Vorverarbeitung der Daten statt. In dieser Phase werden die Daten so verarbeitet, dass erste inhaltliche Aussagen möglich sowie weitere Schritte des KDD Prozesses durchführbar sind (Abbildung 16) (vgl. Maimon/Rokach 2005).

Erste inhaltliche Aussagen sind hier mittels des **Vektorraum-Modells** möglich. Es stellt dabei einzelne Tokens entsprechend der Häufigkeit ihres Auftretens gewichtet dar. Die Term-Dokument Matrix zeigt pro Zelle die Häufigkeit eines Terms je Dokument an (vgl. Manning et al. 2008).

$$\begin{pmatrix} & T_1 & T_2 & \dots & T_t \\ D_1 & w_{11} & w_{21} & \dots & w_{t1} \\ D_2 & w_{12} & w_{22} & \dots & w_{t2} \\ \vdots & \vdots & \vdots & & \vdots \\ \vdots & \vdots & \vdots & & \vdots \\ D_n & w_{1n} & w_{2n} & \dots & w_{tn} \end{pmatrix}$$

Als Maß der Term-Document-Matrix ist die „Term frequency - inverse dokument frequency" $(tf - idf)$ zu nennen. Hiermit lassen sich Wort Häufigkeiten normalisieren, indem die relative Häufigkeit eines Terms je Dokument eines Datenkorpus bestimmt wird. Der Wertebereich der Gewichtung liegt zwischen 0 (Term kommt nie vor) und 1 (Term kommt am häufigsten vor). Im ersten Schritt wird die Vorkommenshäufigkeit von Wörtern $f(t, d)$ berechnet, welche angibt wie häufig ein Term t im Dokument d vorkommt. Zur Verhinderung einer Verzerrung des Ergebnisses bei langen Dokumenten wird die Vorkommenshäufigkeit normalisiert. Die Anzahl der Vorkommen des Terms t in Dokument *d* wird hier durch die maximale Häufigkeit eines Terms *w* in *d* geteilt.

$$tf(t,d) = \frac{f(t,d)}{\max\{f(w,d) : w \in d\}}$$

Im weiteren Schritt wird der berechnete Wert eines Terms weiterverarbeitet, indem die Bedeutung des Wortes für den gesamten Datenkorpus betrachtet wird. Dieser Wert wird „inverse dokument frequency" (idf) genannt (vgl. ebd.). Demnach hängt die inverse Dokumentfrequenz *idf* nicht vom einzelnen Dokument, sondern vom Gesamtkorpus *D* ab.

$$idf(t,D) \frac{|D|}{1 + |d \in D : t \in d|}$$

$|d \in D : t \in d|$ ist dabei die Anzahl der Dokumente d in D, in welchen der Term t vorkommt, demnach also $tf(t,d) \neq 0$. Das vollständige $Tf - idf$-Maß setzt sich anschließend folgendermaßen zusammen:

$$tfidf(t,d,D) = tf(t,d) \times idf(t,D)$$

Kritische Würdigung

Die mögliche inhaltliche Aussagekraft des $Tf - idf$-Maßes wird schnell deutlich. Es dient zur Beurteilung der Relevanz von Termen in Dokumenten eines Datenkorpus. Mit dieser errechneten Gewichtung eines Terms je Dokument, in welchem es enthalten ist, können Dokumente exakter angeordnet werden als es bspw. über die Termfrequenz allein möglich wäre. Dies bedeutet, dass ein Begriff eine hohe Relevanz hat, wenn er viele Male in einer geringen Anzahl von Dokumenten auftritt, eine niedrigere Relevanz, wenn er weniger oft in einem Dokument oder in vielen Dokumenten auftritt, und die geringste Relevanz, wenn der Begriff in fast allen Dokumenten vorkommt (vgl. Manning et al. 2008). In der folgenden Anwendung werden entsprechend nur die relevantesten Begriffe hinsichtlich ihres TF-IDF-Verhältnisses in Betracht gezogen und die entsprechenden Wortvektoren entsprechend gewichtet. Als Risiko des Vorgehens ist das Pruning zu betrachten – je nach manuellem Einschreiten können mögliche Analyseinhalte beeinflusst bzw. abschnitten werden. Auf eine iterative Annäherung ist hier daher zu achten.

4.4.2 Anwendung und Ergebnisse

Um möglichen subjektiven Prägungen (biases) der qualitativen Verfahren entgegen zu wirken, wurden quantitative Verfahren des Text Minings als Form der KDD (Kapitel 4.4.1) zur erneuten Iteration des Katalogs an Gestaltungsparametern urbaner Produktion herangezogen. Zur Auswahl eines entsprechenden Datenkorpus wurden folgende Grundsätze wissenschaftlichen Arbeitens zur Datenakquise berücksichtigt (vgl. Balzert et al. 2015):

- Zugänglichkeit (kostenfreier Zugang)
- Reproduzierbarkeit (Archivier- bzw. Speicherbarkeit)
- Gehalt (Hohe wissenschaftliche Relevanz der Daten)
- Vergleichbarkeit (Gleichwertige Formatierung und inhaltliche Tiefe)
- Quantität (ausreichend große Grundgesamtheit an Texten)

Im Rahmen der vorliegenden Arbeit wurden vor allem aus Gründen der Zugänglichkeit, Abstracts wissenschaftlicher Publikationen herangezogen. Es handelt sich hierbei um die Zusammenfassungen wissenschaftlicher Publikationen. Eine wissenschaftliche Publikation (bspw. Paper, Journalbeiträge, Buchkapitel oder Monographien) ist eine wissenschaftliche Ausarbeitung von einem oder mehreren Autoren, deren Veröffentlichung noch aussteht oder bereits erfolgt ist. Zudem sind wissenschaftliche Arbeiten meist teil-strukturiert. Diese haben dezidierte Überschriften, Autoren und i.d.R. eine typologische Struktur. Wissenschaftliche Publikationen bzw. die zugehörigen Abstracts weisen nach Liu (2011) folgende Eigenschaften auf:

- Die Menge an Daten sowie die Dynamik der sich verändernden Inhalte ist enorm.
- Die Daten sind sehr heterogen hinsichtlich Autorenschaft und Disziplin.
- Abstracts stehen i.d.R. immer ohne Zugangsbeschränkungen zur Verfügung, wodurch der Datenkorpus nicht unnötig limitiert wird.

Insgesamt wurden vier Online-Datenbanken herangezogen, welche Abstracts von wissenschaftlichen Publikationen (vorrangig Journals) zur Verfügung stellen. Diese Datenbanken decken zum einen inhaltlich die interdisziplinären Fachbereiche urbaner

Produktion ab (Kapitel 2.3), zum anderen wird für die Fachbereiche jeweils die höchst gerankte Datenbank gemäß Ranking des Datenbank-Infosystems (DBIS) der Universität Regensburg gewählt (vgl. Universitätsbibliothek Regensburg 2016).

- **IEEE Explore:** Elektrotechnik, Mess- und Regelungstechnik; Energie, Umweltschutz, Kerntechnik; Informatik; Technik allgemein; Elektrotechnik; Nachrichtentechnik; Messtechnik; Prüftechnik; Energietechnik; Elektronik; Informatik; Hardware; Software; Netzwerke
- **Web of Science:** Architektur, Bauingenieur- und Vermessungswesen; Biologie; Chemie; Elektrotechnik, Mess- und Regelungstechnik; Energie, Umweltschutz, Kerntechnik; Ethnologie (Volks- und Völkerkunde); Geographie; Geowissenschaften; Germanistik, Niederländische Philologie, Skandinavistik; Informatik; Land- und Forstwirtschaft, Gartenbau, Fischereiwirtschaft, Hauswirtschaft, Ernährung; Maschinenwesen, Werkstoffwissenschaften, Fertigungstechnik, Bergbau und Hüttenwesen, Verkehrstechnik, Feinwerktechnik; Mathematik; Medien- und Kommunikationswissenschaften, Publizistik, Film- und Theaterwissenschaft; Medizin; Naturwissenschaft allgemein; Pharmazie; Philosophie; Physik; Politologie; Psychologie; Pädagogik; Romanistik; Soziologie; Sport; Technik allgemein; Verfahrenstechnik, Biotechnologie, Lebensmitteltechnologie; Wirtschaftswissenschaften; Geisteswissenschaften; Kunst; Sozialwissenschaften; Medizin; Naturwissenschaften; Technik
- **Sciencedirect:** Allgemein/Fachübergreifend; Architektur, Bauingenieur- und Vermessungswesen; Biologie; Chemie; Elektrotechnik, Mess- und Regelungstechnik; Informatik; Maschinenwesen, Werkstoffwissenschaften, Fertigungstechnik, Bergbau und Hüttenwesen, Verkehrstechnik, Feinwerktechnik; Mathematik; Medizin; Naturwissenschaft allgemein; Pharmazie; Physik; Psychologie; Soziologie; Technik allgemein; Verfahrenstechnik, Biotechnologie, Lebensmitteltechnologie; Wirtschaftswissenschaften
- **GeoRef:** Geographie; Geowissenschaften; Geowissenschaften; Geophysik; Geographie

Als Suchworte werden die in Tabelle 4 genannten Schlagwörter verwendet. Diese entstammen der zuvor beschriebenen qualitativen Dokumentenanalyse und werden im Themenkomplex am häufigsten genannt bzw. synonym verwendet. Die Abstracts wurden manuell akquiriert und lokal abgespeichert.

	Sciencedirect	IEEE Xplore	Web of Science Core Collection	GeoRef
Urban Production	14.337	784	30.565	4.247
Smart Urban Production	1.590	32	136	4.101
Urban Manufacturing	5.493	493	5.537	3.332
Urban Industry	6.811	1.605	31.648	4.247
Urban Industrial Area	6.615	479	13.892	2.300
Urban Production System	9.014	477	6.572	8.051
Urban Factory	1.000	72	426	10.247
Zwischensumme	*44.860*	*3.942*	*88.776*	*36.525*
Summe				174.103
			davon Dopplungen	*105.655*
				68.448

Tabelle 4: Keywords, Publikationsdatenbanken und Ergebnisse (Quelle: eigene Darstellung)

Preprocessing

Im Rahmen des Kapitel 4.4.1 wurden Grundlagen zum Preprocessing beschrieben. Folgende Parameter wurden nun angewendet (Tabelle 5).

Tokenize mode: non letters
Transform Cases transform to: lower case
Filter Stopwords: English
Generate n-Grams (Terms) max length: 2
Filter Tokens (by Length) min chars: 4; max chars: 25
Pruning method: absolute; prune below 1% above 95%

Tabelle 5: Preprocessing Parameter (Quelle: eigene Darstellung)

Die Tokenisierung wurde auf Leerzeichen und Bindestriche hinaus erweitert. Die zwei Filter (Token und Stopwörter) reduzieren den Text um irrelevante Attribute in englischer Sprache, da die Publikationen ausschließlich in englischer Sprache verfasst wurden. Aufgrund der Performance wurden ≤ 3 Attribute entfernt. Das Pruning wurde bei unter 1% und über 95% angesetzt. Zusätzlich wurde zu den genannten Preprocessing Schritten n-Grams generiert, d.h. Attribute, die sich aus mehr als einem Wort zusammensetzen (in diesem Fall zwei Wörter). Als Ergebnis wurde eine WordList aller in den Abstracts vorkommenden Wörter und 2-Grams generiert.

Tabelle 6 zeigt einen Auszug der Ergebnisse. Neben den einzelnen Attributen, lassen sich Informationen über Häufigkeiten in der Summe (Total Occurences), dem Auftreten in den Dokumenten (Document Occurences) und entsprechende zeitliche Verortung (von 2000 bis 2015) ablesen.

Word	Total Occurences	Document Occurences	2000	2001	2002	2003	2004	2005	2006	2007	2008	2009	2010	2011	2012	2013	2014	2015
water	28.898	8.230	700	710	576	847	727	1.148	1.024	1.266	1.672	2.257	2.403	2.691	2.611	3.305	3.437	3.358
environmental	23.203	13.401	580	587	535	754	640	853	1.020	1.097	1.284	1.527	1.783	1.915	2.234	2.615	2.777	2.864
china	20.961	8.225	248	289	347	458	398	547	676	868	1.081	1.785	1.715	1.922	2.207	2.608	2.913	2.765
energy	19.561	6.459	187	299	281	325	307	320	517	678	914	1.242	1.503	1.777	1.984	2.649	3.237	3.181
economic	18.063	10.359	432	666	414	583	631	660	808	864	1.092	1.277	1.507	1.716	1.511	1.883	1.969	1.993
rural	17.372	7.514	412	536	484	559	549	593	787	776	971	1.367	1.559	1.664	1.794	1.806	1.921	1.521
planning	15.045	7.638	332	315	331	345	410	449	489	598	819	1.286	1.270	1.729	1.520	1.818	1.677	1.596
environment	14.521	10.421	377	331	320	391	439	501	631	700	878	1.073	1.182	1.572	1.336	1.594	1.681	1.446
local	13.715	7.976	297	391	344	389	422	462	568	653	806	1.019	1.067	1.224	1.515	1.495	1.598	1.397
pollution	12.976	6.783	387	337	329	438	399	493	617	635	801	830	978	1.094	1.195	1.465	1.587	1.328
soil	10.578	3.658	277	225	276	271	224	419	442	602	619	726	805	789	1.013	1.207	1.352	1.303
emissions	10.558	4.538	200	190	186	276	262	238	404	471	565	615	848	1.068	966	1.294	1.274	1.625
potential	9.804	6.954	194	202	205	251	243	280	362	455	502	643	693	792	898	1.259	1.460	1.301
regional	9.044	5.404	224	212	223	251	290	322	404	466	557	827	731	864	769	979	1.005	863
sustainable	8.997	5.292	140	135	130	165	219	263	333	330	470	668	713	869	907	1.164	1.257	1.191
consumption	8.590	4.398	115	118	154	196	179	218	259	362	463	666	682	811	894	1.011	1.151	1.246
agricultural	8.574	4.707	269	228	217	290	296	336	324	422	492	580	788	704	767	919	988	931
waste	8.556	3.313	169	186	183	193	235	361	312	327	492	583	582	791	821	1.011	1.168	1.102
food	8.536	3.157	205	141	143	213	254	271	292	367	540	539	708	648	850	1.008	1.256	1.038
technology	8.070	5.671	170	188	176	174	236	293	306	351	556	600	672	954	674	1.041	928	712
carbon	7.805	3.219	88	94	145	143	137	185	259	265	247	350	757	890	840	1.014	1.042	1.296
resources	7.738	4.833	190	170	136	237	212	256	255	360	448	720	671	681	813	888	908	758
natural	7.319	4.744	214	212	195	236	213	248	341	457	446	563	511	633	691	729	857	750
organic	7.277	3.700	238	192	202	208	245	299	337	347	437	566	612	663	681	724	835	661
traffic	7.179	3.478	181	115	147	221	180	211	298	334	410	472	553	866	770	886	866	660
space	6.955	3.748	121	117	121	181	198	196	223	350	353	603	573	838	669	912	802	672
ecological	6.945	3.773	156	149	181	134	174	168	288	407	368	516	594	747	653	724	931	717
building	6.924	3.659	69	105	113	111	128	136	198	300	342	458	564	756	742	1.029	958	895
work	6.819	4.981	182	215	203	263	247	277	289	382	455	460	457	556	666	720	790	640
site	6.737	3.784	232	159	216	201	278	284	312	414	397	499	492	571	659	624	768	616

Tabelle 6: Wordlist (Auszug, absolut) Publikationskorpus nach Vorverarbeitung (Quelle: eigene Berechnung und Darstellung)

Tabelle 6 spiegelt Codes bzw. Gestaltungsparameter der bisherigen Iterationen des Katalogs wider. Das Text Mining anhand des Datenkorpus internationaler Abstracts wissenschaftlicher Publikationen zeigt jedoch deutlich, dass urbanes Produzieren von der Genese des Forschungsfelds seit 2000 her vor allem aus ökologischen Aspekten diskutiert wird: energie- und ressourcenschonendes Produzieren mit geringen Emissionen steht hier im Fokus (u.a. „Environmental“, „Energy“, „Pollution“, „Emissions“, „Sustainable“, „Waste“). Auch der schonende Umgang mit der Ressource Wasser („water“) spielt im internationalen wissenschaftlichen Diskurs eine wesentliche Rolle. Neu ist die Erkenntnis, dass urbanes Produzieren deutlich auch im Standortkontext China („China“) erörtert wird. Aufgrund der starken Urbanisierungstendenzen und den damit diskutierten Chancen urbaner Produktion lässt sich diese Beobachtung erklären. Deutlich ist auch die Zunahme der Diskussion von Aspekten wie Technologie („Technology“) im Rahmen urbaner Produktion. Potentiale („Potentials“) urbaner Produktion werden ebenfalls erwähnt, wie Aspekte nachhaltiger Lebensstile (u.a. „local“, „regional“, „natural“, „organic“).

Diese im Datenkorpus erkennbaren Muster decken sich zu großen Teilen mit den identifizierten Gestaltungsparametern urbaner Produktion, wenn auch diese eine geringer dezidierte Granularität aufweisen. Abbildung 17 zeigt die Ergebnisse des Preprocessing in einer alternativen Darstellung.

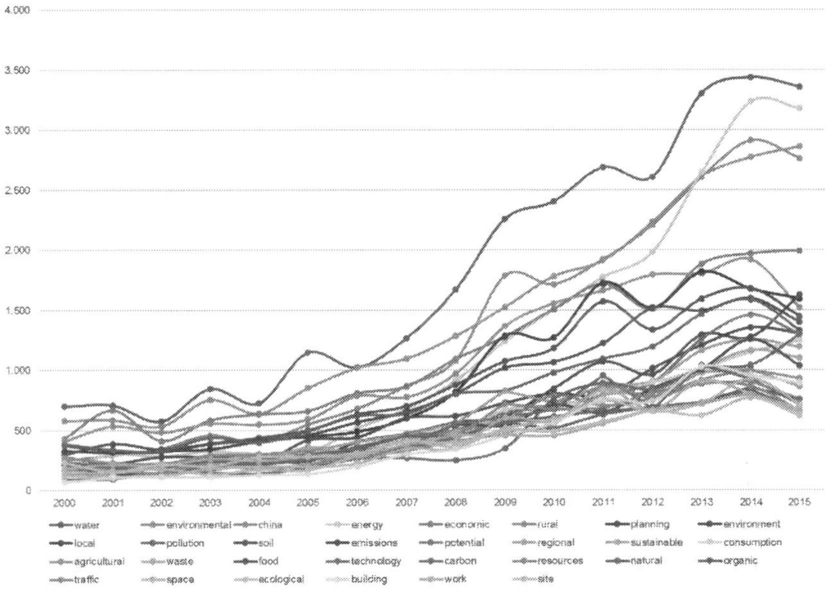

Abbildung 17: Wordlist (Auszug, absolut) Publikationskorpus nach Preprocessing (Quelle: eigene Berechnung und Darstellung)

Im folgenden Schritt wurde der Katalog an Gestaltungsparametern erneut mit dem Datenkorpus von 68448 Abstracts (Jahr 2005-2015) abgeglichen. Hierzu wurden die einzelnen Gestaltungsparameter verschlagwortet (Tabelle 7). Um möglichst wenig generische Attribute im weiteren Verlauf der Analysen zu berücksichtigen, werden üblicherweise relevante Eigennamen (Named Entities) mit Hilfe von Named Entity Recognition (NER) identifiziert. Ziel von NER ist weniger die reine Verarbeitung von Daten, sondern vielmehr das Erkennen bestehender Semantiken (vgl. Jurafsky/Martin 2016). Da bislang keine NER zur Erkennung von Eigennamen des interdisziplinären Forschungsfelds der urbanen Produktion vorliegt, wurde hier eine manuelle Identifikation vorgenommen.

Gestaltungsparameter			Keywords					
Mikroebene	1	Produktion kleiner Losgrößen durch innovative Fertigungsverfahren	lot_size	technological_ innovation	innovative_production	innovative_technologies	innovative_technology	technology_innovation
	2	Individuelle Produktion unter hohem Kundeneinbezug	mass_customization	individual_production	individual_products	customer_interaction	customer_ requirements	individual_products
	3	Schadstoffarme und emissionsfreie Produktion	cleaner_production	emission_free	zero_emission	green_technology	environment_friendly	emission_reduction
	4	Neue Arbeitsplatz und Prozessgestaltung	process_design	innovative_process	work_processes	workplace_environment	work_process	job_engineering
	5	Flächenbedarf der Produktion	area_requirements	production_area	factory_planning	space_requirements	land_shortage	land_demand
Mesoebene	6	Flächenverfügbarkeit und -kosten	available_space	availability_land	undeveloped_land	land_costs	land_price	land_prices
	7	Integration im Bestand	vertical_integration	building_integration	historical_stock	existing_building	building_design	integration_producers
	8	Betroffenheit der Anwohner und Flächennutzungskonflikte	local_residents	spatial_conflicts	conflicts_interest	land_conflicts	use_conflicts	use_conflict
	9	Strukturwandel und Revitalisierung von Flächen	structural_change	conversion	abandoned_industrial	abandoned_areas	urban_reuse	structural_changes
	10	Logistik und Verkehr	traffic_jams	combined_transport	traffic_volume	city_logistics	urban_logistics	logistics_network
Makroebene	11	Arbeitskräfteangebot	labour_supply	human_capital	skilled_workers	urban_workers	workforce	graduate_students
	12	Nähe zu Bildungs und F&E-Einrichtungen, Technologiezentren und Fablabs	geographic_proximity	knowledge_spillover	knowledge_production	research_institutions	collaboration	knowledge_exchange
	13	Neue Wertschöpfungsmodelle und Produktionsnetzwerke	value_chain	production_network	business_models	partnerships	value_creation	value_chains
	14	Ver- und Entsorgung sowie Stoffströme	water_supply	supply_chains	material_flows	power_supply	waste_management	recycling_management
	15	Aktive Gewerbeflächen- und Planungspolitik	planning_policy	use_plan	commercial_space	land_management	urban_policy	active_policy
Metaebene	16	Kurze Wege zwischen Wohnen und Arbeiten	urban_proximity	distance_urban	distance_city	distance_transport	walking_distance	commuting_distances
	17	Neue (serviceorientierte) Geschäftsmodelle	service_quality	urban_service	business_model	service_innovations	urban_services	added_services
	18	Planungs- und baurechtliche Regulierungen	building_regulations	regulation_policies	planning_law	regulation_urban	legal_constraints	political_framework
	19	Umweltbewusstsein hinsichtlich Ressourcen und Energieeffizienz	environmental_awaren ess	resource_conservation	energy_efficiency	resource_efficiency	environmental_energy	environmental_ resources
	20	Globaler Markt als Wettbewerbsumfeld	global_market	global_competition	competitive_ environment	worldwide_market	world_economy	supranational

Tabelle 7: Identifikation von Eigennamen (Keywords) für die jeweiligen Gestaltungsparameter (Quelle: eigene Berechnung und Darstellung)

Mittels des Join-Operators (Inner Join) wurde die Schnittmenge zwischen WordList und der Schlagwortliste gebildet. Als Ergebnis bleibt die WordList mit den für den Katalog relevanten Terms bzw. 2-Grams über die Jahre 2000-2015. Auf dieser Basis können nun Rückschlüsse über die Aussagekraft des Katalogs an Gestaltungsparametern gezogen werden.

Gestaltungsparameter		2000	2005	2010	2015	Veränderung	Trend
1	Produktion kleiner Losgrößen durch innovative Fertigungsverfahren	0,00227	0,00409	0,00346	0,00614	171%	↗↗
2	Individuelle Produktion unter hohem Kundeneinbezug	0,00048	0,00041	0,00055	0,00109	128%	↗↗
3	Schadstoffarme und emissionsfreie Produktion	0,04926	0,07327	0,08641	0,09995	103%	↗↗
4	Neue Arbeitsplatz und Prozessgestaltung	0,00038	0,00041	0,00127	0,00041	8%	⟳
5	Flächenbedarf der Produktion	0,00057	0,00041	0,00000	0,00164	189%	↗↗
6	Integration im Bestand	0,00510	0,01105	0,00873	0,00778	53%	↗
7	Flächenverfügbarkeit und -kosten	0,00227	0,00409	0,00855	0,00819	262%	↗↗
8	Betroffenheit der Anwohner und Flächennutzungskonflikte	0,20272	0,20426	0,20757	0,22119	9%	⟳
9	Strukturwandel und Inwertsetzung von Flächen	0,04473	0,05608	0,05476	0,06294	41%	↗
10	Logistik und Verkehr	0,19989	0,17519	0,19629	0,22689	14%	↗
11	Arbeitskräfteangebot	0,00736	0,00860	0,00964	0,00874	19%	↗
12	Nähe zu Bildungs und F&E-Einrichtungen, Technologiezentren und Fablabs	0,05606	0,06672	0,08132	0,08342	49%	↗
13	Neue Wertschöpfungsmodelle und Produktionsnetzwerke	0,00170	0,00409	0,01001	0,01106	551%	↗↗↗
14	Ver- und Entsorgung sowie Stoffströme	0,10136	0,12444	0,12243	0,11264	11%	↗
15	Aktive Gewerbeflächen- und Planungspolitik	0,00849	0,00778	0,00655	0,00874	3%	⟳
16	Kurze Wege zwischen Wohnen und Arbeiten	0,00680	0,02006	0,01546	0,01406	107%	↗↗
17	Neue (serviceorientierte) Geschäftsmodelle	0,04700	0,05321	0,09587	0,06363	35%	↗
18	Planungs- und baurechtliche Regulierungen	0,05549	0,06345	0,07240	0,09721	75%	↗
19	Umweltbewusstsein hinsichtlich Ressourcen und Energieeffizienz	0,00340	0,00737	0,01637	0,02581	660%	↗↗↗
20	Globaler Markt als Wettbewerbsumfeld	0,00227	0,00287	0,00346	0,00246	9%	⟳

Tabelle 8: Relative Nennung der Gestaltungsparameter im Datenkorpus
(Quelle: eigene Berechnung und Darstellung)

Die Auswertung des Matchings lässt vielfältige Interpretationen und Erkenntnisse zu (Tabelle 8). Insgesamt lässt sich eine zunehmende Nennung der Parameter in wissenschaftlichen Publikationen zwischen 2000 und 2015 verzeichnen, wenn auch mit individuell sehr unterschiedlicher Gewichtung. Relativ betrachtet (mind. 10% im Jahr 2015) werden die Parameter „Schadstoffarme und emissionsfreie Produktion", „Betroffenheit der Anwohner und Flächennutzungskonflikte", „Logistik und Verkehr", „Ver- und Entsorgung sowie Stoffströme" und „Planungs- und baurechtliche Regulierungen" am stärksten in der Literatur diskutiert.

Weitere Faktoren werden bis 2015 nur in recht geringer Gewichtung in der Literatur genannt. Erklärungsansätze liegen hier im jungen Alter des Forschungsgegenstands. Interessant zu sehen ist die Entwicklung der Parameter „Neue Wertschöpfungsmodelle und Produktionsnetzwerke" sowie „Umweltbewusstsein hinsichtlich Ressourcen und Energieeffizienz": Trotz noch geringer relativer Gewichtung verzeichnen diese Parameter einen enormen Zuwachs zwischen 551% und 660% hinsichtlich der Nennung in wissenschaftlichen Veröffentlichungen. Zunehmend stärker werden auch die Faktoren „Flächenverfügbarkeit und –kosten", „Flächenbedarf der Produktion", „Produktion kleiner Losgrößen durch innovative Fertigungsverfahren" sowie „Individuelle Produktion unter hohem Kundeneinbezug" in der Wissenschaft genannt bzw. diskutiert.

Transformation

Bislang wurde der Datenkorpus auf Wortokkurenzen und -frequenzen hin untersucht. Was nun fehlt ist die Einordnung der Relevanz eines Terms gegenüber eines Dokumentes bzw. einer Dokumentenkollektion (vgl. Manning et al. 2008). Mittels des TF-IDF-Maß (Kapitel 4.4.1) wird die Gewichtung eines Wortes bezüglich des Dokumentes, in dem es auftritt, berechnet. Die Gewichtung w eines Terms bzw. Attributes lässt sich wie folgt berechnen:

$$w_{i,j} = tf_{i,j} * tf_i$$

$wi,$ entspricht dem Gewicht w eines Terms i in einem Dokument j. tf beschreibt die Vorkommenshäufigkeit eines Terms, die oftmals normalisiert ist, um etwaige Verzerrungen des Ergebnisses in langen Dokumenten zu vermeiden. Manning et al. (2009) beschreibt die Kategorisierungen wie folgt:

- wi,j ist am höchsten, wenn das Attribut häufig in nur einer geringen Anzahl an Dokumenten auftritt
- wi,j ist gering/klein, wenn das Attribut selten in einem Dokument auftritt oder in vielen Dokumenten auftritt
- $wi,$ ist am geringsten/kleinsten, wenn das Attribut in nahezu allen Dokumenten auftritt.

Tabelle 9 zeigt einen Auszug der Ergebnisse der Gewichtung von Attributen am Beispiel der in Tabelle 6 identifizierten Attribute. Deutlich wird hier nochmals mit welcher Dynamik zu welchem Zeitpunkt Attribute besonders stark diskutiert werden.

Term	water	environmental	china	energy	economic	rural	planning	environment	local	pollution
Tf-idf value	0,572	0,611	0,829	0,479	0,651	0,658	0,437	0,571	0,592	0,714
Year	2013	2011	2012	2012	2005	2013	2010	2011	2009	2011

Term	soil	emissions	potential	regional	sustainable	consumption	agricultural	waste	food	technology
Tf-idf value	0,572	0,611	0,747	0,526	0,610	0,619	0,758	0,879	0,356	0,577
Year	2007	2012	2008	2010	2009	2012	2012	2013	2003	2012

Term	carbon	resources	natural	organic	traffic	space	ecological	building	work	site
Tf-idf value	0,841	0,603	0,560	0,837	0,752	0,556	0,582	0,617	0,819	0,699
Year	2001	2013	2012	2011	2013	2010	2009	2012	2002	2005

Tabelle 9: Tf-idf Values (Quelle: eigene Berechnung und Darstellung)

Deutlich zu sehen ist, dass die Diskussion der Attribute vor allem nach 2010 verstärkt zugenommen hat. Hier konzentrieren sich die einzelnen Gewichtungen (Abbildung 18). Diese Beobachtung deckt sich damit, dass der wissenschaftliche Diskurs um urbane Produktion ab dem Zeitpunkt tatsächlich einen deutlichen Schub erfahren hat.

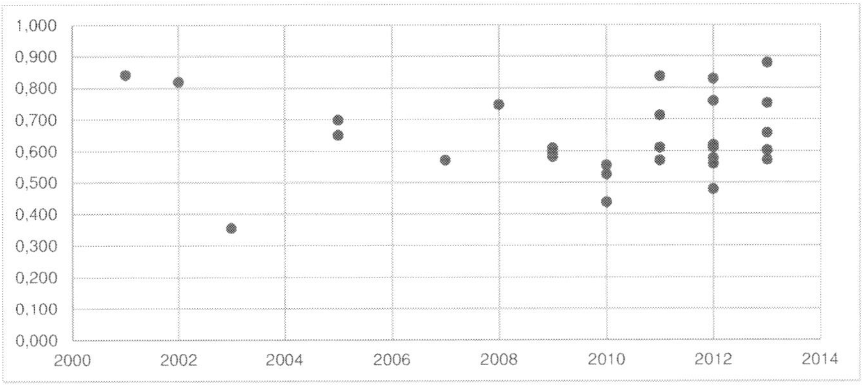

Abbildung 18: Tf-idf Values als Zeitstrahl (Quelle: eigene Berechnung und Darstellung)

Reflexion

Während der Interpretation der Daten können auch neue Analyseanfragen entstehen und das Vorgehen kann bzw. muss wiederholt werden (feedback-loop) (vgl. Maimon/Rokach 2005). Die manuelle Identifikation der Eigennamen, die sonst automatisiert von einer NER durchgeführt wird, ist sehr aufwendig und zeitintensiv. Zudem sind hier subjektive biases möglich. Aufgrund dessen wurde die Identifikation von zwei unabhängigen Wissenschaftlern durchgeführt. Mit der Berechnung von Trends lassen sich potentielle Entwicklungen darstellen bzw. ableiten. Selbstverständlich bleiben Risiken bei der Abbildung zukünftiger Entwicklung auf Basis aktuell vorliegender Datengrundlagen.

4.5 Finalisierung der Gestaltungsparameter urbaner Produktion

Nach insgesamt drei Iterationen wurde der Katalog an Gestaltungsparametern nun auf eine Anzahl von 20 axialen Codes und vier selektiven Codes verdichtet (Tabelle 10). Die Basis dieses Katalogs stellen demnach Literaturquellen (Kapitel 4.2), Ergebnisse der Experteninterviews (Kapitel 4.3) sowie die Erkenntnisse des KDD Verfahrens (Kapitel 4.4) dar.

Mikroebene	Grundstück	1	Produktion kleiner Losgrößen durch innovative Fertigungsverfahren
Mikroebene	Grundstück	2	Individuelle Produktion unter hohem Kundeneinbezug
Mikroebene	Grundstück	3	Schadstoffarme und emissionsfreie Produktion
Mikroebene	Grundstück	4	Neue Arbeitsplatz und Prozessgestaltung
Mikroebene	Grundstück	5	Flächenbedarf der Produktion
Mesoebene	Quartier	6	Flächenverfügbarkeit und -kosten
Mesoebene	Quartier	7	Integration im Bestand
Mesoebene	Quartier	8	Betroffenheit der Anwohner und Flächennutzungskonflikte
Mesoebene	Quartier	9	Strukturwandel und Revitalisierung von Flächen
Mesoebene	Quartier	10	Logistik und Verkehr
Makroebene	Stadt	11	Arbeitskräfteangebot
Makroebene	Stadt	12	Nähe zu Bildungs und F&E-Einrichtungen, Technologiezentren und Fablabs
Makroebene	Stadt	13	Neue Wertschöpfungsmodelle und Produktionsnetzwerke
Makroebene	Stadt	14	Ver- und Entsorgung sowie Stoffströme
Makroebene	Stadt	15	Aktive Gewerbeflächen- und Planungspolitik
Metaebene		16	Kurze Wege zwischen Wohnen und Arbeiten
Metaebene		17	Neue (serviceorientierte) Geschäftsmodelle
Metaebene		18	Planungs- und baurechtliche Regulierungen
Metaebene		19	Umweltbewusstsein hinsichtlich Ressourcen und Energieeffizienz
Metaebene		20	Globaler Markt als Wettbewerbsumfeld

Tabelle 10: Katalog an Gestaltungsparametern urbaner Produktion
(Quelle: eigene Darstellung)

Wie Tabelle 10 zeigt und bereits in Kapitel 4.2.2 dargelegt wurde, entsprechen die vier sektiven Codes multiskalaren räumlichen Betrachtungsebenen der urbanen Produktion. Diese reichen von der Fabrik- bzw. Grundstücksebene (Mikroebene) über das Quartier und die Stadt hin zur übergeordneten Metaebene. Entsprechend dieser Kategorisierung werden die einzelnen Gestaltungsparameter nun im folgenden Kapitel dezidiert dargestellt.

4.5.1 Mikroebene

Produktion kleiner Losgrößen durch innovative Fertigungsverfahren

Neu eingeführte bzw. erheblich verbesserte Fertigungs- und Verfahrenstechniken sowie neue Verfahren zur Erbringung von Dienstleistungen werden als Prozessinnovationen bezeichnet. Sie dienen meist der Kostenreduktion und tragen somit zur Konkurrenzfähigkeit der Unternehmen im internationalen Wettbewerb bei (vgl. Gausemeier/Klocke 2015). Hochspezialisierte Fertigungsverfahren findet man oft in kleinen Nischenbetrieben vor, in denen der Fokus weniger auf dem Zeit-, sondern auf dem Qualitätsaspekt liegt (vgl. Interviews 10, 15).

Innovative Fertigungsverfahren können dazu beitragen die Produktion stadtverträglicher zu gestalten (vgl. Interview 8). Insbesondere additive Fertigungsprozesse und Multibearbeitungsmaschinen (Kapitel 3.3.3) sind gut in der Stadt integrierbar, da diese relativ emissionsarm sind und zur Produktion von kleinen Losgrößen verwendet werden können (vgl. Interviews 11, 19).

> *„There is a lot of hype about 3D-printing and it's interesting to hear small manufacturers talking about how it can either make or destroy business." (Interview 14)*

Dabei werden die Bauteile einer modernen Fertigungsanlage kleiner, genauso wie Servergrößen, die in der digitalen Fabrik der Zukunft „mittlerweile der eines Zuckerwürfels" gleichen (vgl. Erbstößer 2016). Die Herstellung kleiner Losgrößen (in Abhängigkeit vom Produkt) bietet sich innerhalb der Stadt an, da der notwendige Flächenverbrauch gering und die Nähe zum Kunden (wichtig im Zuge der Individualisierung) gegeben ist (vgl. Interviews 1, 2, 8, 9, 10, 12, 19).

> *„Neue Möglichkeiten, gerade Produktionstechnik [...] machen Produktionsansätze in der Innenstadt auch irgendwo möglich und sinnvoll, aber da geht es um kleinere Stückzahlen, auch um Bauteile kleinerer Größenordnung [...], sehr stark um Individualität oder Sonderlösungen." (Interview 19)*

Denkbar sind solche Verfahren beispielsweise in der Medizin- und Zahntechnik sowie in der Herstellung von Kleinteilen und Prototypen in Manufakturen (vgl. Interviews 16, 18, 19). Die neuen Fertigungsverfahren werden zukünftig den Kunden stärker in den Wertschöpfungsprozess integrieren und können somit flexibel auf dessen Wünsche eingehen (vgl. Interviews 8, 19).

Individuelle Produktion unter hohem Kundeneinbezug

Das Einkaufs- und Freizeitverhalten der Bevölkerung verändert sich aufgrund von Trends wie Urbanisierung, Individualisierung, Digitalisierung sowie neuen Mobilitätsstrukturen stetig. Regionale und individuelle Produkte gewinnen stärker an Bedeutung. Diese Entwicklung muss verstärkt auch auf den Massenmärkten, insbesondere in der Konsumgüterindustrie, Beachtung finden (vgl. Interviews 1, 2, 9, 15, 16), da Standardprodukte nicht mehr ausreichen, um dem globalen Wettbewerb Stand zu halten. Es müssen individuelle Kundenpräferenzen und persönliche Wünsche erfüllt werden (vgl. Interviews 1, 2, 15, 16, 19), weil sich die Menschen zunehmend von traditionellen Strukturen lösen und individuellen Lebensentwürfen folgen (bspw. Multijobs). Um dem Wunsch nach individuellen Produkten gerecht zu werden, wird der Kunde stärker in den Produktionsprozess eingebunden. Zu diesem Zweck ist die räumliche Nähe zum

Kunden wichtig. Das Produzieren individueller Produkte ist zwar grundsätzlich mit höheren Kosten verbunden, kann jedoch im Zuge des Individualität-Trends zum entscheidenden Alleinstellungsmerkmal werden (vgl. Interviews 1, 10, 19).

Die Marktnähe ermöglicht die Einbindung des Kunden in Innovations-, Entwicklungs-, Produktions-, Distributions- sowie After-Sales-Prozesse. Dadurch können hoch individualisierte Produkte produziert und schneller Service garantiert werde:

> *„[...] auch Zusammenarbeit entlang der Wertschöpfungsketten wird sich verstärken [...]. Bei Konsumerprodukten wird der Endkunde mehr in die Produktentwicklung integriert werden, letztlich vielleicht auch in die Produktion." (Interview 19)*

Durch die Kunden- und Marktnähe können zudem die Transportwege verkürzt und eine schnelle Lieferung garantiert werden (vgl. Interviews 1, 20). Dadurch werden der Nachhaltigkeitsaspekt (vgl. Interview 13, 14, 20) und der Anspruch einer ortsnahen Versorgung unterstützt (vgl. Interview 7). Die Kundennähe kann zudem als Qualitätsmerkmal (Regionalität, local branding) genutzt werden (vgl. Interview 1).

> *„Leute wollen gerne Produkte aus der Region kaufen, wollen gerne wissen, wo die Sachen herkommen, wollen Kontakt auch haben zu demjenigen, der es macht." (Interview 1)*

Darüber hinaus besteht ein stärkerer Wunsch der Kunden nach ethisch einwandfreien, qualitativ hochwertigen und universellen Produkten. Die Menschen haben großes Interesse daran, unter welchen Umständen ihr Produkt hergestellt wird. Da lokales Produzieren und Konsumieren als Qualitätsmerkmal gewertet wird (vgl. Weinert et al. 2014, Interviews 1, 2, 3, 8, 15, 17), werden hochwertige, nachhaltige und individuelle Produkte vorzugsweise direkt am Absatzmarkt hergestellt (vgl. Weinert et al. 2014).

Schadstoffarme und emissionsfreie Produktion

Emissionen wie Licht, Lärm, Geruch und Schadstoffe wirken sich negativ auf das direkte Umfeld eines produzierenden Unternehmens aus und haben Folgen für die Qualität der Umgebung. Dies schließt auch durch die Produktion induzierten Verkehrslärm ein. Produktion kann daher nur stadtverträglich sein, wenn es sich um schadstoff- und emissionsarme bzw. -freie Produktion handelt.

> *„[...] der Punkt ist ja an der Stelle: nicht die Produktion ist das Entscheidende, sondern die Art, inwieweit das Unternehmen Lärm, Gerüche, alles Mögliche emittiert. Das ist ja der kritische Faktor, der eine gewerbliche Nutzung stadtunverträglich macht. Nicht die Industrie sondern die Produktion als solche." (Interview 2)*

Um dies zu erreichen, müssen sowohl die Ausgestaltung der Produktionsgebäude als auch der Produktionsprozess energie- und ressourceneffizient gestaltet sein. Schallschutz-Maßnahmen an Produktionsgebäuden sind ein wichtiger Faktor und auch Emissionsrichtlinien für die Luftverschmutzung müssen überprüft werden. Ein Versorgungswechsel hin zu erneuerbaren Energien und eine Minimierung des Abfalls entlang des gesamten Produktlebenszyklus durch die Verwendung recycelbarer Materialien ist notwendig (vgl. Dombrowski/Riechel 2014, Bauer/Lentes 2014, Weinert et al. 2014, Rüsing 2014, Gausemeier/Klocke 2015).

Eine traditionelle Produktion mit großen Stückzahlen erfordert einen hohen Einsatz von Komponenten. Diese Produktion und die damit verbundenen logistischen Prozesse werden in Städten meist als störend empfunden (vgl. Interview 4). Additive Verfahren können an dieser Stelle Abhilfe schaffen, da bei dieser Produktionsform nur einer oder wenige Rohstoffe benötigt werden. Leichte Materialien, wie Kunststoffe, eignen sich bei diesen Verfahren zudem besser als schwer zu verarbeitende Materialien, wie Metalle, deren Verwendung mit Vibrationen und Lärmentwicklung verbunden ist (vgl. Interview 9).

> *„Natürlich muss man sagen, Fertigungsverfahren, nicht alle, sind für die urbane Produktion geeignet. Alles, was […] im metallischen Bereich mit Gießprozessen oder mit Druckgussprozessen oder mit Pressen zu tun hat, was also zu großen Vibrationen oder zu Lärmentwicklung führt, das ist natürlich ungeeignet an sich für die urbane Produktion, aber sofern es um spannende Prozesse geht oder Montage Prozesse oder auch Umformprozesse, die jetzt nicht laut sind, kann ich mir das sehr gut vorstellen, das auch im urbanen Bereich Fertigungsverfahren möglich sind.“ (Interview 9)*

Durch die voranschreitende Digitalisierung werden die Produktionsverfahren zukünftig zunehmend dematerialisiert, da mehr Produkte über immaterielle Datenströme anstatt über Waren- oder Stoffströme transportiert werden. Voraussetzung ist eine gut ausgebaute Dateninfrastruktur in den Städten (vgl. Interview 5).

> *„Es muss eine emissionsarme Fertigung sein und eine, die vielleicht auch nicht mit all zu viel unterschiedlichen Materialen- und Ablieferungen verbunden ist.“ (Interview 3)*

Neue Arbeitsplatz und Prozessgestaltung

Kleine Losgrößen, eine hohe Flexibilität sowie eine enge Zusammenarbeit zwischen Mensch und Maschine spielt in der Smart Factory eine elementare Rolle (vgl. Kapitel 3.3). Der Einsatz von CPS (vgl. Kapitel 3.3.3) löst herkömmliche Produktionssysteme auf und macht den Menschen zum zentralen „Dirigenten“, der an den Knotenpunkten von Arbeitsprozessen zur Steuerung benötigt wird. Durch die neuen Prozessgestaltungen können flexible Arbeitsformen und neue Arbeitszeitmodelle ermöglicht werden (vgl. Dombrowski/Riechel 2014, Interview 5). Kurze Wege zwischen Wohnen und Arbeiten können die gewünschte Flexibilität der Mitarbeiter zusätzlich erhöhen. Neben der zunehmenden Flexibilisierung der Arbeitszeiten wird die technische und digitale Ausstattung des Arbeitsplatzes zunehmen (vgl. Interviews 1, 17) und eine Anpassung an die alternde Gesellschaft wird im Zuge des demografischen Wandels notwendig sein (vgl. Interview 9).

> *„Industrie 4.0 hat sicherlich [...] sehr, sehr viel am Produktionsbegriff verändert, [...] dass er eben sehr human-centered ist und wir den Menschen brauchen, um die Produktion zu gestalten. Der Mitarbeiter bekommt immer öfter andere Funktionen, er hat mehr dispositiven Charakter, er bringt dort Intelligenz rein, wo meiner Maschine sensorische Fähigkeiten oder Entscheidungsfähigkeiten fehlen. Für die eigentliche Arbeitsleistung haben wir eigentlich immer weniger die Mitarbeiterkraft [...].“ (Interview 9)*

Standardisierte Produktionssysteme werden mit einem flexiblen Kern ausgestattet, so dass individuelle Anpassungen in die Massenfertigung integriert und vor Ort in Abstimmung mit dem Kunden vorgenommen werden können (vgl. Interview 9). Die Mensch-Maschine-Interaktion und Automatisierung wird in der Standardisierung eine wichtige Rolle spielen (vgl. Interview 12).

Flächenbedarf der Produktion

Der Flächenbedarf einer Fabrik ist ein entscheidendes Kriterium bei der Verstandortung im urbanen Raum.

> *„Alles was Massenproduktion ist, wird [...] außerhalb angelegt sein– alles, wo man viel Platz braucht, bspw. Lagerfläche. Dafür eignen sich Städte nicht wirklich, vor allem, weil Raum in Städten immer teurer sein wird als außerhalb.“ (Interview 1)*

Da der Erwerb von Grundstücken in der Stadt mit hohen Kosten verbunden ist und verfügbare Flächen knapp sind, gibt es Bestrebungen, vermehrt Formen vertikaler Integration (Produzieren über mehrere Etagen verteilt) in der Stadt zu implementieren.

> *"Die Stadt braucht Industrie mit geringerem Flächenbedarf, in mehreren Etagen produzierend, nicht emittierend, vielleicht mit Image-und Kundenbindung für hochwertige Produkte im städtischen Kontext" (Schössler et al. 2012b).*

Da der Raum als knappe Ressource nicht beliebig erweiterbar ist, gibt es zahlreiche Nutzungskonflikte und die vertikale Ausdehnung ist oft die letzte Erweiterungsmöglichkeit (vgl. Interviews 1, 6, 10, 12, 13). Die Massenproduktion ist aufgrund des hohen Flächenbedarfs daher innerhalb der Stadt nicht realisierbar und wird meist in den Randlagen durchgeführt (vgl. Interviews 1, 12, 15). Die Produktion kleiner Losgrößen dagegen ist neben Vertrieb/Handelsbetrieben und Serviceanbietern im urbanen Raum denkbar (vgl. Interviews 1, 2).

4.5.2 Mesoebene

Flächenverfügbarkeit und -kosten

Verfügbare Flächen zu erschwinglichen Preisen sind eine Grundvoraussetzung zur Ansiedlung urbaner Produktion. Für Unternehmen ist

> *"die Verfügbarkeit sowie die flexible und relativ zeitnahe Aktivierung von Erweiterungsflächen im Umfeld des Betriebsstandortes ein elementarer Standortfaktor" (Schössler et al. 2012b).*

Die Expansionsmöglichkeiten innerhalb der Stadt sind jedoch stark eingeschränkt, wodurch Unternehmen mit hohem Flächenbedarf, Massenproduktion und sperrigen Maschinen meist zu einer Ansiedlung am Stadtrand gezwungen sind (vgl. Interviews 3, 7, 9, 17, 19).

> *„Wir haben viel Produktion am Randbereich der Städte, weil es eben aus Flächenverfügbarkeitsgründen und aus Kostengründen nicht anders geht." (Interview 3)*

> *„[...] Wachstumsmöglichkeiten sind in der Stadt in der Regel eingeschränkt. Was in bestehenden Industriegebieten für viele Unternehmen teilweise schon problematisch ist, wäre in der Stadt wirklich noch ein deutlich größeres Problem." (Interview 19)*

Durch die höhere Nutzungsintensität urbaner Flächen bei gleichzeitig knapperer Bodenfläche sind die Raumkosten (Grundstücks-, Immobilien- und Mietpreise) in der Stadt in der Regel höher als in ländlichen Regionen (vgl. Moser 2014). Um innerstädtische Raumkosten zu verringern, können Sharing-Konzepte in Betracht gezogen werden (vgl. Interview 1).

Integration im Bestand

Die Verlagerung von Produktionsstandorten in die Stadt stellt neue Anforderungen an die Gebäudegestaltung. Nachhaltige und funktionale Architektur wird benötigt (vgl. Fraunhofer IAO 2015, Dombrowski/Riechel 2014, Gausemeier/Klocke 2015). Investitionen von Seiten der Unternehmen in Immissionsschutz (v.a. Schallschutz) und ökologische Ausgleichsmaßnahmen sind bei urbanen Produktionsstandorten notwendig (vgl. Interviews 9, 12, 13). Darüber hinaus ist die äußere Gestalt der Gebäude ein entscheidender Faktor, um die Akzeptanz urbaner Produktion zu steigern. Urbane Produktion muss sich in den gebauten Kontext einfügen (vgl. Interviews 4, 9, 12, 18).

„Wenn wir im städtischen Umfeld produzieren, dann sollten wir das möglichst offen und transparent tun, also keine BlackBox, so nach dem Motto: Material geht rein, Produkt, Lärm und Dreck kommt raus. Das kann es nicht sein. Es muss stadtverträglich sein und sollte möglichst offen und transparent sein." (Interview 8)

Andererseits können jedoch auch moderne gläserne Gebäude, die viel Transparenz bieten, die Akzeptanz der Anwohner fördern, da die Produktion einsehbar ist und somit nicht ausschließlich auf Emissionen reduziert wird (vgl. Interviews 1,8,19).

„[...] viel Transparenz, große Flächen, viel Kommunikation untereinander, interdisziplinär, viel Sichtkontakt, viel Kontakt zum eigentlichen Entwicklungsobjekt von allen Seiten." (Interview 19)

Ergänzend zur städtebaulichen Einbindung in den gebauten Kontext umfasst dieses Merkmal auch die Verflechtungen zum allgemeinen Kontext, d.h. zur die Sozial- und Siedlungsstruktur.

Betroffenheit der Anwohner und Flächennutzungskonflikte

Spannungsfelder können sich aus einem mangelnden Zuspruch bzw. Verständnis von Anwohnern für urbane Produktion ergeben. Hier spielen Emissionen, aber auch das Image der Produktion (bspw. nachhaltige und ökologische Produktion, lokaler Arbeitgeber, Investor sozialer Einrichtungen, o.Ä.) eine wesentliche Rolle (vgl. Schössler et al. 2012a/b). Da die Wohnfunktion einen sehr hohen Stellenwert in der Stadt hat, kommt es oft zu Nutzungskonflikten zwischen Wohnraum und Gewerbe (bspw. Verdrängungseffekte, Mietpreissteigerungen). Bei akutem Wohndruck in den Städten wird die Wohnnutzung als Ergebnis aus Angebot und Nachfrage vorgezogen (vgl. Interviews 4, 5, 8, 18).

Historisch gewachsene, urbane Produktion wird von der Bevölkerung im Vergleich eher angenommen (vgl. Interview 1), während die Neuintegration anfänglich mit großer Skepsis betrachtet werden kann (vgl. Interview 12). Um einen Zuspruch für urbanen Produktion in der Nachbarschaft zu erreichen, ist ein enger Dialog zwischen Unternehmen und Anwohnern (bspw. Bürgerdialoge) notwendig (vgl. Schössler et al. 2012b, Interviews 10, 11, 18). Ebenso gilt es im Vorfeld die Betroffenheit der Anwohner zu identifizieren, um auf mögliche Ängste, Vorbehalte und Widerstände der Anwohner angemessen eingehen zu können.

„[...] die Frage ist natürlich, wann Verwaltung, öffentliche Hand und Bürger zu beteiligen sind. Da kann man nur den Rat geben: Frühzeitig." (Interview 20)

Die Dialoge sollten früh geführt, Standpunkte gerecht untereinander und gegeneinander abgewogen werden und Akteure müssen Kompromissbereitschaft äußern (vgl. Interviews 10, 11, 18, 20). Um Nutzungskonflikte zu lösen, können Produktionsräume auch kombiniert genutzt (bspw. für kulturelle Nutzungen) und zeitweise der Öffentlichkeit zugänglich gemacht werden (vgl. Interview 12).

Strukturwandel und Revitalisierung von Flächen

Innerstädtische Brachen bzw. innerstädtisch ungenutzte Flächen (bspw. alte Bahngelände) können durch urbane Produktion einer neuen, effizienten Nutzung zugewiesen werden, wodurch dem Flächenmangel entgegengewirkt und gleichzeitig ein höherer Wertschöpfungsgrad erzielt wird (vgl. Dombrowski/Riechel 2014). Durch die Umnutzung ungenutzter Flächen können für junge Start-Ups kostengünstige Flächen entstehen (vgl. Interviews 5, 15).

> *„[...] Beispiel Berlin: Viel vorhandene Fläche wird in Arbeitsraum umgemünzt. Vieles findet in alten Gebäuden statt, die vitalisiert werden auch gerade von Start-Ups etc. Da ist schon eine sehr starke Bewegung im Gange. Die Frage ist, muss das alles planbar bleiben oder planbar gemacht werden oder ist da nicht so eine Art Chaosentwicklung gar nicht ganz schlecht, sodass sich die Dinge auch von selbst richten und organisieren." (Interview 5)*

Oftmals wird jedoch durch komplexe Gemengelagen (bspw. Nutzungskonflikte, verschiedene Interessen) und vorherrschende Bodenpreisstrukturen verhindert, dass einer alten Fläche eine neue Nutzung zugewiesen wird, obwohl die Umnutzung durchaus sinnvoll wäre. Umnutzungen können zudem dazu beitragen, eine gesunde Funktionsdurchmischung am Standort zu erzielen (vgl. Interview 11). Industrie- und Gewerbegebiete erfahren durch eine horizontale Durchmischung mit Dienstleistungen, Gastronomie und Einzelhandel einen Attraktivitätsgewinn (vgl. Interviews 11, 19). Zudem kann die Revitalisierung von Gebäuden dazu beitragen, Stadtbilder in Wert zu setzen (Kapitel 3.4) (vgl. Interview 12). Die Anforderungen an die Gebäudegestaltung haben sich jedoch stark verändert (Forderung nach Transparenz, großen Flächen, Kommunikationsmöglichkeit), so dass teilweise nur noch die Gebäudehülle genutzt werden kann und erhebliche Umbaumaßnahmen im Inneren notwendig sind (vgl. Interviews 18, 19).

Logistik und Verkehr

Der ohnehin überlastete innerstädtische Verkehr sollte durch urbane Produktion und die damit verbundenen logistischen Prozesse nicht zusätzlich strapaziert werden. Die Verkehrsinfrastruktur sowie der öffentliche Personennahverkehr müssen leistungsstark ausgebaut werden, um sowohl Güter als auch Menschen effizient und emissionsarm zu transportieren (vgl. Kalisch et al. 2012, Weinert et al. 2014, Fraunhofer IAO 2015, Gausemeier/Klocke 2015). Problematisch ist darüber hinaus der innerstädtische Parkplatzmangel (bspw. Bewohnerparken vs. Parkplätze für Gewerbetreibende), der zu langem Parkplatzsuchen führt (vgl. Interviews 1, 6).

Um das Verkehrsaufkommen an urbanen Produktionsstandorten möglichst gering zu halten, sollte der Verkehr durch die gemeinsame Anlieferung der Materialströme und die Nutzung von Logistik-Hubs gebündelt werden (Nutzung von Cluster- und Synergieeffekten) (vgl. Interviews 3, 9). Außerdem kann der Transport der Waren über Bahngleise den innerstädtischen Verkehr entlasten (vgl. Interview 1).

> *„Der Konsument erwartet eigentlich mindestens Over-Night Delivery, mittlerweile vielleicht sogar Same-Day Delivery und die schafft man nicht, wenn man durch ganz Deutschland fahren muss, d.h. man muss mehr in Richtung Ballungszentren gehen […].“ (Interview 1)*

Der Trend zu flexiblen Arbeitszeitmodellen im Zuge der Digitalisierung bietet die Chance, die Pendlerströme in den Hauptstoßzeiten zu entzerren (vgl. Interview 8). Durch die Integration von Gewerbe in gemischt genutzte Wohnstrukturen kann das allgemeine Pendleraufkommen zwischen Wohn- und Arbeitsort verringert werden. Zukünftig ist denkbar, dass Warenströme mehr und mehr durch Datenströme abgelöst werden (vgl. Interviews 1, 9).

> *„Aufgrund von digitalen Produktionsmethoden ist man heutzutage eben eher mit der Maus unterwegs ist als mit dem Hammer.“ (Interview 2)*

Dazu ist jedoch ein entsprechender Breitbandausbau notwendig. Durch additive Verfahren könnten die Logistikprozesse zudem vereinfacht werden, da auf diese Weise nur noch einer oder sehr wenige verschiedene Rohstoffe in großen Mengen benötigt werden. Das langfristige Ziel urbaner Produktion sollte es sein, den logistischen Aufwand so gering wie möglich zu halten (vgl. Interview 18). Dazu sind der Dialog und die Zusammenarbeit zwischen den verschiedenen Akteuren (Industrie, Bevölkerung, Politik, Verkehr) notwendig (vgl. Interviews 3, 4).

> *„Das könnte ein Vorteil sein, dass man nur einen bzw. sehr wenige Rohstoffe in großen Mengen braucht. Diese müssen dann nicht unbedingt mit dem LKW kommen – hier kann man dann auch Massentransportmittel […] nutzen.“ (Interview 3)*

4.5.3 Makroebene

Arbeitskräfteangebot

Das Arbeitskräfteangebot ist die Summe aus Erwerbstätigen, Erwerbslosen und Stiller Reserve. Die Stille Reserve wird in offiziellen Statistiken nicht erfasst und muss daher geschätzt werden (vgl. Statistisches Bundesamt). Entscheidend sind neben der Anzahl verfügbarer Arbeitskräfte auch die vorhandenen sowie zukünftig geforderten Kompetenzen der Arbeitskräfte. Im Zuge der Industrie 4.0 werden neue Berufsgruppen entstehen (bspw. Dateningenieur, Sicherheitsingenieur) (vgl. Gausemeier/Klocke 2015).

Das höchste Fachkräfteangebot befindet sich in den Städten, während ländliche Gebiete oftmals unter Fachkräftemangel leiden (vgl. Interviews 1, 6, 9, 12, 16). Insbesondere Universitätsstädte bieten Unternehmen die Möglichkeit, junge Hochqualifizierte und kreative Köpfe schon während des Studiums zu erreichen und langfristig zu binden (vgl. Interview 1, 8, 9, 11).

> *„Tendenziell sieht man [...], dass ich in den Städten leichter an qualifizierte Arbeitskräfte komme, Städte haben meistens Hochschulen, haben meistens Forschungseinrichtungen, die sehr attraktiv auch sind für junge Menschen, die sich qualifizieren, die ihr Studium durchführen, promovieren und später dann auch in einem Produktionsbetrieb arbeiten." (Interview 9)*

Neue Chancen eröffnen sich zudem durch die gesellschaftliche Integration von Flüchtlingen und Langzeitarbeitslosen in den Wertschöpfungsprozess. An dieser Stelle spricht man von Low-Tech Betrieben, die bewusst auf Technikeinsatz verzichten und einfache Wirkprinzipien nutzen (vgl. Interview 15).

Nähe zu Bildungs- und F&E-Einrichtungen, Technologiezentren und Fablabs

Die Nähe zu Universitäten, Forschungseinrichtungen und Technologiezentren ist ein wichtiger Standortfaktor und spielt für viele Unternehmen eine entscheidende Rolle bei der Standortwahl (vgl. Interviews 1, 3, 6, 8, 9, 11, 12, 13, 17). Unterstützende Maßnahmen seitens der Kommunen sind bspw. der allgemeine Ausbau der Bildungsinfrastrukturen (Hochschulen), die Weiterentwicklung der dualen Aus- und Weiterbildungen sowie Unterstützung und Verstärkung der Kooperationsbeziehungen zwischen Industriebetrieben und Schulen (vgl. Bauer/Lentes 2014, Matt/Rauch 2015, Schössler et al. 2012b).

Durch die räumliche Nähe wird der Zugang zu Wissen und dessen Transfer in Unternehmen erleichtert (Technologie- und Wissenstransfer) sowie die Innovationsfähigkeit gefördert. Die Nähe zu Universitäten vereinfacht zudem den Zugang zu Absolventen und bietet Weiterbildungsmöglichkeiten für Mitarbeiter. Diese sind von hoher Bedeutung, da lebenslanges Lernen und die Bereitschaft der Mitarbeiter zur Weiterentwicklung notwendig sind, um den Erfordernissen neuer Technologien und neuer Planungs- und Steuerungsprozessen gerecht zu werden (vgl. Interviews 9, 14, 20).

Eine weitere Bedeutung wird die Nähe zu Open Creative Labs und Fablabs zugesprochen. Weltweit ist eine Zunahme von Orten zu verzeichnen, die sich kreativen Austausch, offenes Teilen von Wissen, Freiräume für Experimentieren und für Innovationen zum Ziel macht. Diese Orte vereinen Produzenten und Konsumenten in einem Raum. Zudem nimmt auch die Zahl von Fablabs als High-Tech Werkstätten für Jedermann zu (vgl. Schmidt et al. 2016). Diese Entwicklungen gehen einher mit der neuen Bedeutung von Makern, Bastlern, Hackern und Do-It-Yourself Praktiken (vgl. Anderson 2014, Hatch 2014), Industrie 4.0 sowie einem neuen Unternehmertum und Startup-

Kulturen (vgl. Florida/Mellander 2014). Auch ist eine verstärkte Öffnung betrieblicher Innovationsprozesse festzustellen („Open Innovation"). Unternehmen erkennen zunehmend, dass Nutzer und Kunden über wertvolles Wissen über Produkte und deren Nutzung verfügen und sie daher als Quellen von Innovation frühzeitig in Entwicklungsprozesse einzubeziehen sind (vgl. Schmidt et al. 2016).

Neue Wertschöpfungsmodelle und Produktionsnetzwerke

Wertschöpfungsmodelle beschreiben die Struktur und Art der Zusammenarbeit in der Produktentstehung. Aktuell sind die Wertschöpfungsketten durch eine gestiegene Komplexität geprägt. Sie beinhalten für den Kunden zusätzliche Leistungen wie Service und Support (vgl. Interviews 5, 10, 17). Entlang der gesamten Wertschöpfungskette herrscht ein intensiver Austausch, der auch den Kunden integriert (vgl. Interview 19). Eine wichtige Rolle spielt darüber hinaus der Austausch und die Verzahnung von Hochschulforschung mit F&E-Aktivitäten der Industrie sowie die Vernetzung von industriellen F&E Aktivitäten untereinander (vgl. Gausemeier/ Klocke 2015). Unternehmen suchen daher die räumliche Nähe zu Forschungseinrichtungen zur Nutzung des vorhandenen Know-Hows (vgl. Interview 9). Darüber hinaus bieten Forschungseinrichtungen mit Innovation Labs für Unternehmen die Möglichkeit innovative Maschinen gemeinsam zu nutzen, die aufgrund der hohen Anschaffungskosten nicht im einzelnen Unternehmen angeschafft werden können (vgl. Interviews 11, 17). Große Unternehmen errichten Dependancen für Innovations- und Entwicklungstätigkeiten im urbanen Raum und können auf diese Weise nah am Kunden sein (vgl. Interviews 6, 20).

Mittels der Vernetzung von Akteuren entlang der Wertschöpfungskette entsteht ein Netzwerk, das den Austausch von Know-How und die Vermittlung von Arbeitskräften erleichtert. Durch Vernetzung und Clusterung von Unternehmen steigen das Gemeinschaftsgefühl und die Interdisziplinarität, was die Unternehmensaktivitäten positiv beeinflusst (vgl. Interviews 6, 16).

> *„[...] bspw. die Start-Up Ökonomie in Berlin ist total abhängig vom urbanen Kontext, weil es eben auch so ein progressiv-produktives Miteinander ist im besten Sinne. Da ergeben sich ganz neue Wertschöpfungsketten, die auch immer weiter ausdifferenziert werden." (Interview 6)*

Es zeigt sich, dass Verbundeffekte (economy of scope) fehlende Skaleneffekte bei der Produktion kleiner Losgrößen ausgleichen (vgl. Interview 2). Zunehmende Beliebtheit erfährt auch die gemeinsame Nutzung von Büroflächen (Coworking Spaces), Infrastruktur, Betriebsmitteln sowie das Teilen von Know-How und Fachpersonal (Gemeinsames Sourcing). Unternehmen, die so produzieren, zeichnen sich durch eine vertrauensvolle Kunden-Lieferanten-Beziehung aus.

> *"Gerade für Unternehmensneugründungen können Ansätze einer Community Production, bei denen eine Gemeinschaft, wie ein Stadtviertel oder ein Quartier, in enger Kooperation produziert, wesentlich sein" (Bauer/Lentes 2014).*

Die gemeinsame Nutzung von Betriebsmitteln ist zukünftig insbesondere in Bezug auf neue, innovative Maschinen (bspw. 3D-Drucker) interessant (vgl. Interview 5).

> *„Die Frage stellt sich für mich gar nicht, ob zentral oder dezentral, die Frage heißt für mich Vernetzung: Produktion im Netzwerk. Und das bedeutet, dass Orte unabhängig von ihrer Verortung, sag ich mal auf der Karte, eine Relevanz haben, egal, wo sie sich befinden und dass dieses Denken in Zentren und subsidiären oder dezentralen Einheiten nicht zielführend sein kann in so einer Netzwerkwelt, [...] weil alles sozusagen Produktionsstandort ist." (Interview 5)*

Trends, wie Individualisierung und Digitalisierung, verändern die Wertschöpfungsketten zusätzlich. Es entstehen neuartige Wertschöpfungsformen, die Softwarekomponenten und digitale Medien verstärkt einsetzen (vgl. Interviews 6, 18). Im Rahmen der Industrie 4.0 wird die fraktale Fabrik diskutiert. Dabei wird die Produktionskette auf kleine Produktionseinheiten modularisiert und somit stadtverträglich gemacht. Die Produktion wird somit dezentraler, digitaler und flexibler (vgl. Interviews 8, 18). Auf diese Weise wird auch eine kundennahe, individuelle Endproduktion in dezentralen Produktionseinrichtungen ermöglicht (vgl. Bauer/Lentes 2014, Dombrowski/Riechel 2014, Interview 9). Um weiterhin von Skaleneffekten zu profitieren, werden außerhalb der Stadt die flächen- und rohstoffintensiven Arbeitsschritte (bspw. Vormischungen) durchgeführt, die anschließend in kleineren, urbanen Produktionsbetrieben weiterveredelt werden (vgl. Interview 9).

Ver- und Entsorgung sowie Stoffströme

In und zwischen den Städten gibt es zahlreiche Material-, Waren-, Personen- und Datenströme. Materialflüsse entstehen bei der Beschaffungs- und Distributionslogistik sowie der Abfallentsorgung. Letztere können im Rahmen der Kreislaufwirtschaft minimiert werden, indem die eingesetzten Rohstoffe nach dessen Nutzung in den Wertschöpfungsprozess zurückgeführt werden. Dies dient der Reduktion von Abfällen über den gesamten Lebenszyklus eines Produkts. Angestrebt werden weitgehend geschlossene Kreisläufe bei vorrangigem Einsatz verwertbarer Abfälle oder daraus entstandener sekundärer Rohstoffe für die Neuproduktion (vgl. Gausemeier/Klocke 2015).

Insgesamt steigt das Verkehrsaufkommen in der Stadt durch die verschiedenen Ströme erheblich an (vgl. Interviews 4, 18). Die Konzentration der Materialströme durch eine gemeinsame Anlieferung und Lagerung (Logistik-Hubs) kann an dieser Stelle Abhilfe schaffen (vgl. Interviews 1, 9).

„Ein anderer Aspekt, gerade in der Materialversorgung, wenn wir über urbane Fabriken oder Produktion sprechen [...], was da an Herausforderungen auf uns zukommt, ist beispielsweise auch eine Konzentration dieser Materialströme. Heute hat man eine Vielzahl von Lieferwagen oder Kleintransportern, die Materialien in Stückgröße 1 in die verschiedenen Zonen der Stadt transportieren und dadurch ein riesiges Verkehrsaufkommen verursachen. Da kann ich mir gut vorstellen, dass in 10-15 Jahren das sehr viel konzentrierter abläuft." (Interview 9)

Additive Verfahren können zukünftig die Zulieferprobleme mindern, da bei diesen eine geringere Rohstoffvielfalt benötigen wird (vgl. Interview 3). Um die Stoffströme weiter zu senken, sind Konzepte wie "Urban Farming" denkbar, bei dem die Stoffe direkt am Erzeugungsort gewonnen und weiterverarbeitet werden. Zur sinnvollen Nutzung der Energie einer Produktionsstätte können Ansätze, wie das des Positiv-Energie-Unternehmens, genutzt werden. Dies bedeutet, dass ein Unternehmen mehr Energie an sein Umfeld abgibt (bspw. Fernwärme an andere Bauwerke), als es bezieht. Dieses Prinzip verfolgen auch sogenannte Öko-industriellen Netzwerke (bspw. Kalundborg in Dänemark) mit Industriesymbiosen (Abwärme als Wärmequelle, Cash-for-Trash, Beiprodukttausch etc.) (vgl. Interviews 3, 8).

„[...] denken wir an Synergien von Betrieben, bspw. einem der energieintensiv ist, in dem Sinne, dass er Wärme braucht, der andere hat aber Abwärme von seinen Maschinen oder seinem Rechenzentrum sogar - also warum kann ich die Energiesysteme nicht besser vernetzen?" (Interview 8)

Aktive Gewerbeflächen- und Planungspolitik

Durch eine aktive Gewerbeflächen- und Planungspolitik können Kommunen die Flächennutzung steuern (Flächennutzungspläne als Steuerungsinstrument, vorbereitende Bauleitplanung). Ziel ist es, (gewerbliche) Flächenpotentiale voll auszuschöpfen, so dass die Nutzungseffizienz gesteigert werden kann. Web-basierte GIS-Gewerbeflächenkataster können die Steuerung und Darstellung von Flächennutzungen unterstützen (vgl. Schössler et al. 2012b).

„Und man darf nicht vergessen, nicht die Stadt entscheidet, was in ihr produziert wird, sondern Unternehmen, die global den Blick haben, entscheiden, ob es für die sinnvoll ist, in der Stadt bestimmte Bereiche der Produktion zu halten oder auszubauen. Die Stadt ist nicht Akteur, sondern sie ist Arena, die Möglichkeiten bietet." (Interview 3)

„Ich denk mal, das ist ein ganzheitlicher Ansatz, ein Unternehmen alleine ist zu wenig. Stadt, Politik und vor allem die Städtegestalter, die Verkehrstechniker müssen sich zusammensetzen und eruieren, wo überhaupt

> *Zonen sind, die sich eignen, um solche urbanen Produktionen anzusiedeln und um dort die entsprechenden Infrastrukturen herum auch einzurichten." (Interview 9)*

Bei der Erstellung werden alle Akteure (Bürger, Unternehmen, öffentliche Hand) integriert, um Nutzungskonflikte sowie weitere stadtentwicklungspolitisch und sozialpolitisch relevante Aspekte (bspw. Verdrängungseffekte, Mietsteigerung, Wohnungsdruck, Wegfall von Freiflächen bzw. anderer Nutzungsoptionen) frühzeitig aufzudecken (vgl. Interviews 6, 11, 18, 20) und eine reine Top-Down Steuerung zu verhindern. Auf diese Weise kann eine gewisse Eigendynamik zugelassen werden und neue Nutzungen erhalten eine Chance. Zudem müssen aktuelle Trends (Industrie 4.0) und veränderte Anforderungen, bspw. an die Infrastrukturausstattung (Daten- und Verkehrsinfrastruktur), bei der Planung Beachtung finden (vgl. Interview 5). Da Mischgebiete planungsrechtlich schwierig sind (Kapitel 3.4.1) und ein hohes Konfliktpotential aufweisen, wurde bislang oftmals eine Trennung von Wohnen und Arbeiten bevorzugt (vgl. Interview 2).

4.5.4 Metaebene

Kurze Wege zwischen Wohnen und Arbeiten

Kurze Wege zwischen Wohnen, Arbeiten und Freizeit/Erledigungen werden von vielen Menschen gewünscht. Die Bereitschaft zum Pendeln nimmt, insbesondere in Phasen der Familienplanung, deutlich ab (vgl. Interviews 1, 3, 12, 16).

> *„Ich glaube, die Vereinbarkeit von Leben, Arbeiten und Wohnen ist ein extrem wichtiger Faktor. Diese multilokalen Beschäftigungsverhältnisse nerven die Leute immer stärker." (Interview 6)*

> *„Ich sehe die Nähe zwischen Leben, Wohnen und Arbeiten in diesem Dreiklang als extreme Chance und auch für die Rückholung von Produktion ist ein interessanter Aspekt, dies zu verwirklichen." (Interview 5)*

Der öffentliche Nahverkehr, der aus den Städten herausführt, ist in einigen Fällen nur unzureichend ausgebaut, wodurch das Pendeln sehr zeitaufwendig ist. Zudem werden durch die zunehmende Tätigkeitsverdichtung und dem gestiegenen Wunsch nach Selbstbestimmung und Work-Life-Balance kurze Wege benötigt, um eine flexible Zeitgestaltung zu ermöglichen (vgl. Interviews 17, 19).

> *„Aus persönlicher Sicht hat es einen Charme relativ wohnungsnah zu arbeiten, weil man flexibler von der Zeitgestaltung ist. Also sicherlich Vereinbarkeit „Familie und Beruf" ist so das Schlagwort, aber es geht eigentlich viel mehr, glaub ich, um Vereinbarkeit von notwendigen Erledigungen und Freizeitgewinn." (Interview 19)*

Durch kurze Wege zum Arbeitsort können zudem die Ausfallzeiten durch höhere Gewalt als auch das allgemeine Pendleraufkommen verringert werden (vgl. Interviews 1, 7, 11, 14). Nachtteilig wirkt sich durch die räumliche Nähe jedoch das Gefühl einer ständigen Erreichbarkeit aus (vgl. Interview 1).

Neue (serviceorientierte) Geschäftsmodelle

Geschäftsmodelle müssen stetig überdacht und an wandelnde Ansprüche und volatile Marktverhältnisse angepasst werden (vgl. Weinert et al. 2014, Interviews 5, 15). Durch den Trend der Individualisierung entstehen neuartige, serviceorientierte Geschäftsmodelle. Standardprodukte können durch kundenspezifische Individualisierungskomponenten bereits während der Herstellung oder im Nachhinein durch Hinzufügen neuer Funktionen (bspw. durch ein Software-Update) individualisiert werden (vgl. Interview 13).

> *„Es muss stadtverträglich sein und sollte möglichst offen und transparent sein. Das eine bezieht sich damit auch auf Anwohner, heißt aber auch, dass damit wieder ganz neue Formen der Kundenbindung oder Einbindung erstmal möglich werden. Durch die Wechselwirkungen kann man die Anforderungen besser abzeichnen." (Interview 8)*

Durch ergänzende Serviceleistungen können sich Unternehmen einen Wettbewerbsvorteil verschaffen, da der Wunsch nach individuellen Produkten und bedingt dadurch die Zahlungsbereitschaft für individuelle Produkte hoch ist (vgl. Interview 2). „Produktion zum Anfassen" als neue Marketingstrategie bietet dem Kunden ein Einkaufserlebnis und fördert die emotionale Bindung zum Produkt (vgl. Interviews 8, 12).

> *„Heutzutage hat man die Wahl: Nehme ich was Individualisiertes, lokal Hergestelltes, wo man den Hersteller kennt? [...] Mit dem Unikat, das ich kaufe, werde ich selbst zum Unikat, weil es mir eben wichtig ist. [...] oder ich kaufe etwas von der Stange, was günstig und industriell hergestellt ist und versorge mich lediglich mit einem Produkt." (Interview 2)*

Planungs- und baurechtliche Regulierungen

Der Staat hat die Möglichkeit mit Hilfe von Gesetzen und Verordnungen Rahmenbedingungen für wirtschaftliche Abläufe zu schaffen und in das öffentliche Leben regulierend einzugreifen. Die Regulierungsdichte ergibt sich durch die Anzahl dieser Gesetze und Verordnungen (vgl. Gausemeier/Klocke 2015).

Das Baurecht ist im Allgemeinen durch eine sehr hohe Regulierungsdichte geprägt (vgl. Interviews 6, 8, 10, 15, 16, 17, 20), was eine gerechte Abwägung baurechtliche Prozesse komplex und langwierig macht. Standardlösungen im Baurecht sind selten auf Spezialfälle anzuwenden. Dies gilt vor allem im unbeplanten Innenbereich nach §

34 BauGB, da hier ausschließlich individuell gelagerte Einzelfallentscheidungen getroffen werden. Derzeit wird eine Novelle der BauNVO diskutiert (Urbanes Gebiet und Anpassungen der höchstzulässigen baulichen Dichte), deren Ergebnisse der urbanen Produktion zugutekommen können (Kapitel 3.4.2).

> *„Meines Erachtens fehlt da ein Gebietstypus, der auf der einen Seite bestimmte Arten von gewerblicher Tätigkeit, aber auch Wohnen zulässt, der aber auch regelt, dass derjenige der da wohnen will bewusst dort wohnt und sich dann auch nicht über gewerbliche Nutzung beschweren kann. [...] Wobei die gewerbliche Nutzung auch einen gewissen Pegel oder eine gewisse Belastung nicht übersteigen darf." (Interview 11)*

> *„Erstmal halt ich es für sehr wichtig, dass der Diskurs belebt wird und dass diese starke Trennung zwischen Gewerbegebieten und Wohngebieten aufgehoben wird. [...] nur mittlerweile hat das eine starke planungsrechtliche Komponente durch die Typologie der Abstandflächen zwischen Industriegebiet, Gewerbegebiet, Mischgebiet, Wohngebiet usw." (Interview 11)*

Um partizipative, ganzheitliche Konzepte und Lösungen in der Stadtentwicklung zu schaffen, ist es von hoher Bedeutung, frühzeitig einen Zusammenschluss aller Beteiligten zu erreichen, um die Wünsche und Bedenken aller Parteien zu erkennen und im Planungsprozess berücksichtigen zu können (vgl. Interviews 4, 5, 11, 15). Hierbei ist von allen Beteiligten eine hohe Kompromissbereitschaft und Ausdauer gefragt (vgl. Interviews 15, 16). Zur Vermeidung von Nutzungskonflikten werden Bebauungspläne benötigt, die Konflikte entweder bereits auf der Ebene der Bauleitplanung lösen (bspw. durch Zonierungen oder flächenbezogene Schalleistungspegel) oder unmissverständliche Maßgaben für die nachgeordnete Ebene der Genehmigungsplanung vorschreiben. Obwohl durch Gewerbe und Industrie in der Stadt wichtige Steuereinnahmen entstehen, wird in bestehenden Strukturen oftmals eher eine Wohnnutzung durchgesetzt, da weniger Regulierungen und Vorschriften die Umsetzung vereinfachen (vgl. Interviews 4, 10).

Umweltbewusstsein hinsichtlich Ressourcen und Energieeffizienz

Das Umweltbewusstsein der Menschen setzt sich aus dem Umweltwissen, das die verfügbaren Informationen über den Zustand der Umwelt bündelt, sowie dem Umweltgewissen zusammen. Hierbei handelt es sich um die Wahrnehmung des Umweltzustandes und die Akzeptanz einer schützenswerten Umwelt, selbst unter möglicherweise höheren Kosten für Produkte (vgl. Gausemeier/Klocke 2015). Aktuell herrscht seit der zweiten Umweltbewegung der 1970er/80er Jahre wieder ein verstärktes (Verantwortungs-)Bewusstsein für die Umwelt in der Gesellschaft. Hier sind Lohas (Lifestyle of Health and Sustainability) zu nennen. Dieser Marketingbegriff meint Konsumenten, deren Kaufentscheidungen durch hohe ethische und ökologische Ansprüche bei gleichzeitig hoher Individualität mitbestimmt werden (vgl. Erbstößer 2016).

Regionale Produkte haben wieder einen höheren Stellenwert, da lange Transportwege nicht nur den Preis erhöhen, sondern auch umweltschädlich sind. Auch für den Herstellungsprozess internationaler Produkte wird mehr Verantwortung übernommen (vgl. Interview 3, 15, 17) und die Bedeutung von Recycling sowie die Nutzung von Abfällen (Abwärme nutzen, Symbiosen schaffen) hat zugenommen.

> *„[…] Regionale Produkte und Nachhaltigkeit […] wir übernehmen Verantwortung […] für die Herstellungsprozesse, so dass Menschen, Erde und Lebensraum gut behandelt werden.“ (Interview 17)*

Insgesamt gewinnen energieeffiziente als auch energieeffizient erzeugte Produkte im Zuge des gestiegenen Umweltbewusstseins, absehbarer Energie-Engpässe und aufgrund gesetzlicher Vorschriften zunehmend an Bedeutung (vgl. Gausemeier/Klocke 2015, Weinert et al. 2014).

Globaler Markt als Wettbewerbsumfeld

Durch die globalen Wirtschaftsgefüge entstehen für die Unternehmen ein enormer Wettbewerbs- und Preisdruck (vgl. Interviews 3, 20). Selbst kleine Unternehmen sind durch internationale Vorproduktbezüge (Bezug von Rohstoffen) häufig in diese globalen Wirtschaftsgefüge eingebunden. Um im globalen Wettbewerb zu bestehen, ist ein hoher Spezialisierungs- sowie Automatisierungsgrad notwendig (vgl. Interviews 9, 17) und es müssen zunehmend Aspekte der Nachhaltigkeit berücksichtigt werden. Die klassischen Zielgrößen Qualität, Kosten und Zeit werden um die Aspekte der ökologischen und sozialen Qualität erweitert (vgl. Dombrowski/Riechel 2014).

> *„Das heißt, es ist eigentlich ja so gut wie unmöglich, dass man hier eine Fertigung hat, die nicht weltweit Tausende von Wettbewerbern hat - und mit denen steht man in Konkurrenz. Die können vieles billiger machen, vielleicht auch für die urbane Kundschaft […]. Man kann ja die städtische Bevölkerung nicht zwingen, die Dinge aus der lokalen Fertigung zu kaufen.“ (Interview 3)*

> *„Jegliche urbane Produktion ist in weiträumige, Wertschöpfungskontexte eingebunden. Und das fängt an damit, dass die Rohstoffe so gut wie nie aus der Region kommen.“ (Interview 3)*

Neben dem Wettbewerbs- und Preisdruck herrscht ein harter Kampf um die besten Fachkräfte (auch: „War of Talents“), der aus dem allgemeinen Fachkräftemangel resultiert. Insbesondere kleine und mittelgroße Städte müssen für junge Menschen attraktiver werden und entsprechende (hochqualifizierte) Arbeitsangebote bereitstellen, um Fachkräfte zu sichern. Auch wenn die Stadt als Wohnort zunehmend an Beliebtheit erfährt, sind die Menschen durch neue Medien und Kommunikationstechnologien flexibler geworden (vgl. Interviews 1, 4), wodurch auch eine flexible Zu- und Abwanderung begünstigt wird. Um Fachkräfte in der Stadt zu binden, ist es daher wichtig ein attraktives soziales und kulturelles Umfeld zu schaffen und so die Abwanderung zu verhindern. Es entsteht ein Konkurrenzkampf zwischen den Städten um ihre Attraktivität, welche sich in wirtschaftlichem Wohlstand durch angesiedelte produzierende Unternehmen und Facharbeiter niederschlägt. Universitätsstädte bieten urban produzierenden Unternehmen die Möglichkeit, potentielle Fachkräfte bereits während des Studiums anzuwerben, weiterzubilden und in der Stadt zu binden (vgl. Interviews 8, 11, 12, 16, 17, 20). Ob ein Unternehmen urbane Produktion gewinnbringend betreiben kann (Kosten-Nutzen-Verhältnis), hängt jedoch stark von dem jeweiligen Produkt sowie von den Rahmenbedingungen ab, die durch die multiskalaren Ebenen (Kommune, Land, Bund, EU) bestimmt werden (vgl. Interviews 3, 6, 20).

4.6 Zusammenfassung

Kapitel 4 zeigt die Herleitung des Katalogs an Gestaltungsparametern urbaner Produktion. Mit einem Mixed-Method-Ansatz (vgl. Kapitel 4.2.1) werden zunächst mittels einer qualitativen Dokumentenanalyse erste Codes gesammelt. Diese werden im Forschungsstil der Grounded Theory zu 51 axiale Codes bzw. Parametern sowie vier selektiven Kodierungskategorien verdichtet. Um die Parameter weiter durch spezifisches Fachwissen anzureichern, werden diese durch qualitative Einzelfallanalysen in Form von leitfadengestützten Experteninterviews weiterverarbeitet. Es handelt sich anschließend um 20 axiale und 4 selektive Codes, die das Paradigma urbane Produktion beschreiben. In der dritten Iteration zeigen Ansätze des Text Minings, inwiefern der Katalog im aktuellen internationalen wissenschaftlichen Diskurs abgebildet wird. Deutlich werden hier die starke Zunahme sowie die Dynamik des Forschungsfelds.

Inhaltlich betrachtet spannen die vier Dimensionen ein sehr breites Spektrum an Gestaltungsparametern auf. Es wird deutlich, wie komplex das Paradigma urbane Produktion zu betrachten ist. Zum einen werden die Elemente der Industrie 4.0 aufgegriffen (bspw. Individualisierung, neue Arbeitsplatz- und Prozessgestaltung, innovative Fertigungsverfahren), zum anderen werden weitere räumliche Aspekte wie bspw. Integration in den Bestand, Betroffenheit von Anwohnern sowie Nähe zu Forschungs- und Bildungseinrichtungen beschrieben. Zuletzt sind es Leitbilder, wie bspw. das der kurzen Wege, ein hohes Umweltbewusstsein oder auch die Einbettung in den globalen Produktionskontext, die genannt werden. In den folgenden Schritten sollen diese Parameter nun weiter qualifiziert und auf Ihre Rolle für das Paradigma urbane Produktion hin überprüft werden.

Die erste Forschungsfrage „Welche Faktoren kennzeichnen den Paradigmenwechsel urbane Produktion im Kontext von Industrie 4.0?“ wurde in insgesamt drei Iterationen qualitativ sowie quantitativ hergeleitet und beantwortet. Der Katalog an Gestaltungsparametern umfasst 20 Faktoren auf insgesamt vier verschiedenen Betrachtungsebenen.

5 Identifikation der Wechselwirkungen urbaner Produktion

5.1 Einführung

Im folgenden Kapitel wird der Katalog von Gestaltungsparametern urbaner Produktion weiter qualifiziert. Es werden Wirkungszusammenhänge gemäß der Sensitivitätsanalyse nach Vester (1980) bewertet, wodurch sich mögliche Ansatzpunkte zur (Re-) Integration urbaner Produktion ergeben. Die Gestaltungsparameter werden hierzu auf Ihre Steuerungsfähigkeit bzw. Sensibilität überprüft. Mithilfe dieser Aussagen lassen sich in weiteren Schritten konkrete Handlungsfelder ableiten.

5.2 Grundlagen der Sensitivitätsanalyse

Um Zusammenhänge und Wechselwirkungen innerhalb komplexer Systeme besser abzuschätzen zu können, bedarf es eines spezifischen Werkzeugs (vgl. Alwert 2006). Ziel dabei ist es, sensible Steuergrößen im System zu identifizieren, mit denen es unter geringem Aufwand möglich ist, einen starken beziehungsweise positiven Effekt auf das System auszuüben (vgl. Michulitz 2005). Das Sensitivitätsmodell nach Frederic Vester (1980) verfolgt das Konzept des vernetzten Denkens, welches sich durch ganzheitliches, systematisches Denken in Systemzusammenhängen auszeichnet. Mithilfe dieses vernetzten Denkens können Strukturen, Zusammenhänge und Wechselwirkungen erfasst werden (vgl. Vester 2005). Das Modell ist ein in den Natur- und Ingenieurwissenschaften intensiv feldgetestetes Verfahren zur Analyse von komplexen Systemen (vgl. Michulitz 2005).

Im Folgenden wird der zuvor identifizierte und durch die Experten validierte Merkmalskatalog auf sensible Steuergrößen hin untersucht. Hierbei werden die gegenseitigen Wechselwirkungen der verschiedenen Merkmale urbaner Produktion sowie die Stärke ihres Einflusses auf das System bewertet.

Eine Sensitivitätsanalyse nach Vester (1980) eignet sich besonders dann, wenn Zusammenhänge und Wechselwirkungen von komplexen Systemen oder auch einzelne Variablen visualisiert werden sollen. Die Wirkung jeder einzelnen Variablen eines Systems auf jede andere Variable wird hierbei evaluiert und bewertet (vgl. Vester 1980).

Die Sensitivitätsanalyse ermöglicht einen umfassenden Blick auf das System und dient Rahmenbedingungen durch Vernetzung mit anderen Rahmenbedingungen als Stellschrauben für ein System zu identifizieren. Entsprechend wirkt sich die Veränderung einer Rahmenbedingung auf das gesamte System aus (vgl. Michulitz 2005). Schließlich ermöglicht die Sensitivitätsanalyse die Findung der sensiblen Steuergröße(n), welche elementar für die Diskussion des Paradigmas der urbanen Produktion sind. Die Sensitivitätsanalyse beruht auf drei Untersuchungsebenen (Abbildung 19).

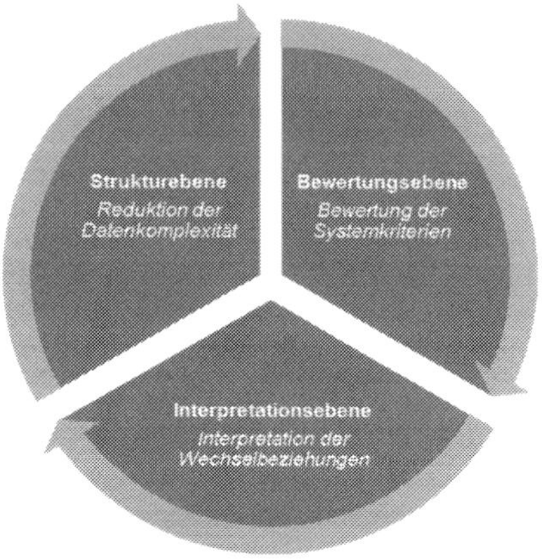

Abbildung 19: Die drei Ebenen der Sensitivitätsanalyse (eigene Darstellung)

Die erste dieser drei Ebenen stellt die Strukturebene dar. Grundlage ist hierbei die Reduktion der Komplexität der Daten auf eine überblickbare Anzahl von Einflussgrößen, die trotzdem alle einen relevanten Einfluss haben. In der zweiten Ebene, der Interpretationsebene geht es um die Interpretation der Wechselwirkungen und insbesondere um die Erkennung der unterschiedlichen Rollen der Einflussgrößen. Die Bewertung erfolgt mithilfe von Interpretations- und Simulationsmodellen. Die dritte Säule des Verfahrens ist die Bewertungsebene, bei der das Systemverhalten in Hinblick auf eine Maximierung der Lebensfähigkeit des Systems bewertet wird. Dazu werden mithilfe von speziellen Bewertungskriterien bspw. die Selbstregulation oder auch Flexibilität eines Systems bewertet (vgl. Vester 2005).

Durchführung

Für die Erstellung eines aussagekräftigen Modells werden nach der Systemdefinition vorhandene Daten auf die wesentlichen systemrelevanten Schlüsselkomponenten reduziert. In der Regel wird dabei das System mit 20 bis 40 Variablen beschrieben. Die Herausforderung besteht darin, relevante Variablen zu erfassen, die als Schlüsseldaten und Einflussfaktoren das Systemverhalten beeinflussen. Hierbei handelt es sich um veränderliche (=variable) und nicht konstante Größen beziehungsweise Knotenpunkte des Systems, aus deren Wechselwirkungen des Systems ermittelt wird. Variablen können dabei sowohl objektive Fakten als auch reine Erfahrungswerte darstellen und sowohl quantitative als auch qualitativer Art sein (vgl. Vester 2011).

Der Name einer Variablen stellt eine Systemkomponente dar, die durch weitere Indikatoren beschrieben werden kann. Indikatoren können hier der näheren Beschreibung des Gesamtcharakters der Variablen dienen. Sie sind im Gegensatz zu den meist qualitativen Hauptvariablen eher quantifizierbar. Die Erhebung der Variablen erfolgt durch Leitfadeninterviews, wobei die Herausforderung darin besteht, den Variablensatz auf das Wesentliche zu reduzieren, um seine Systemrelevanz zu gewährleisten (vgl. ebd.).

Nach der Erstellung des Variablensatzes wird dieser auf Relevanz überprüft. Ziel ist es, mit so wenig Variablen wie möglich das System so treffend wie möglich zu beschreiben. Daher ist es wichtig, das Wesentliche eines Systems in der richtigen Gewichtung zu erfassen sowie die Wechselwirkungen zwischen den einzelnen Variablen darzustellen. Als Werkzeug eignet sich der von Vester (1980) entwickelte Papiercomputer in Form einer Einflussmatrix (Cross-Impact-Matrix). Mithilfe dieser Einflussmatrix können Abhängigkeiten und Einflüsse zwischen Variablen übersichtlich dargestellt werden, indem die Variablen einerseits von oben nach unten (Einwirkung von ...) und andererseits von links nach rechts (Einwirkung auf ...) aufgeführt werden (Abbildung 20).

auf Einfluss von	Variable 1	Variable 2	Variable n	:	AS	P
Variable 1						
Variable 2						
Variable n						
...						
PS						
Q						

Abbildung 20: Cross-Impact Matrix (Quelle: eigene Darstellung nach Vester 2011)

Hierzu wird eine von mehreren parallelen Arbeitsgruppen (d. h. von Akteuren des Systems) durchgeführte Abschätzung der Einflussstärken von Hand eingetragen. Vester empfiehlt, mehrere Arbeitsgruppen zu verwenden, um unterschiedliche Interpretationen der Variablen zu erheben. In diesem Fall wird auf Basis der einzelnen Einflussmatrizen durch Abgleich eine Konsensmatrix zusammengetragen (Vester 2011).

> *„Die Fragestellung lautet immer: Wenn ich Element A verändere, wie stark verändert sich – ganz gleich in welcher Richtung – durch direkte Einwirkung von A das Element B? Verändere ich A nur wenig und B sich daraufhin stark, so ist eine 3 angebracht [...]. Muss ich A stark verändern, um bei B eine etwa gleich starke Veränderung zu erzielen, trägt man eine 2 ein [...]. Ändert sich auf eine starke Veränderung von A hin Element B nur schwach, so gibt es eine 1 [...]. Bei gar keiner, sehr schwacher oder mit großer Zeitverzögerung zustande kommender Wirkung wird eine 0 vergeben [...]“ (ebd.).*

Die Stärke der paarweisen Wirkungen zwischen den einzelnen Variablen kann dabei Werte zwischen 0 und 3 annehmen. Bei einem Wert von 0 hat eine Variable A keinen, beziehungsweise sehr schwache Wirkung auf eine andere Variable B. Verändert sich Variable A stark und eine Variable B daraufhin nur schwach, so würde man den Wert 1 geben. Muss man Variable A stark ändern, um bei B eine etwa gleich starke Veränderung zu erzielen, so vergibt man den Wert 2. Einen Wert von 3 vergibt man, wenn Variable A nur ein wenig verändert wird und sich Variable B daraufhin stark verändert.

Die Methode ist sehr einfach anwendbar, da durch die Komplexität des Gesamtsystems die Betrachtung immer genau auf die direkte Beziehung zwischen zwei Einflussfaktoren konzentriert wird. Nur direkte Einflüsse der Variablen werden in der Wirkungsmatrix dargestellt. Indirekte Einflüsse einer Variablen auf eine andere müssen über den tatsächlichen Wirkungspfad eingetragen werden (ebd.).

Für die Matrix seien n Einflussfaktoren mit $n \in N$ sowie $n > 0$ gegeben. Dann sei die Einflussstärke definiert durch $ES_{ij} \in N \; mit \; i \leq n \, ; \, j \leq n$ und $ES = \{ES_{ij} | i \leq n \wedge j \leq n\}$. Weiterhin sei die Aktivsumme eines Einflussfaktores gegeben durch $AS_i = \sum_{j=1}^{n} ES_{ij}$ und die Passivsumme durch $PS_j = \sum_{i=1}^{n} ES_{ij}$.

In der Summe ergibt sich daraus eine komplexe Darstellung von wechselseitigen Zusammenhängen, die für vielseitige Analysen verwendet werden kann: Neben Aussagen zur Steuerbarkeit des Systems können auch Aussagen zur zeitlichen Verzögerung bei Veränderungen getroffen werden (vgl. Vester 2011).

Auswertung

Die zuvor beschriebene Aktivsumme einer Variablen stellt dar, wie stark diese auf den Rest des Systems bzw. auf die anderen Variablen einen Einfluss hat. Errechnet wird der Wert durch die Summe der Werte einer Zeile ($AS_i = \sum_{j=1}^{n} ES_{ij}$). Hat eine Variable einen hohen Wert in der Aktivsumme, so bedeutet dies, dass eine Änderung dieser Variable einen hohen Einfluss auf die anderen Variablen hat. Die Passivsumme hingegen gibt Aufschluss über die Abhängigkeit einer Variablen von den übrigen Variablen ($PS_j = \sum_{i=1}^{n} ES_{ij}$). Diese ergibt sich aus der Summe der Werte einer Spalte. Eine hohe Passivsumme bedeutet, dass, sobald sich im System etwas ändert, sich diese Variable stark verändert. Weitere Möglichkeiten zur Auswertung stellen das Bilden von Q-Werten und P-Werten dar (vgl. Tabelle 5).

Q-Werte ergeben sich aus dem Quotienten von Aktiv- und Passivsumme. Mithilfe der Q-Werte können die Variablen in aktiv bis reaktiv eingeteilt werden. Ein hoher Q-Wert besagt beispielsweise, dass eine Variable stark auf andere Variablen wirkt, gleichzeitig jedoch wenig von anderen Variablen beeinflusst wird. Ein Q-Wert unter 1,00 bedeutet, dass die Variable mehr reaktiv als aktiv ist. Ein Wert über 1,00 zeigt an, dass eine Variable eher aktiv als reaktiv ist. P-Werte ergeben sich aus dem Produkt aus Aktiv-

und Passivsumme. Variablen mit hohem P-Wert zeichnen sich durch eine große Wirkung auf andere Variablen, jedoch auch eine hohe Beeinflussung durch andere Variablen aus. Die Skala der P-Werte bewegt sich zwischen kritisch und puffernd. Die Trennlinie zwischen kritisch und puffernd liegt bei $(n-1)^2$. N ist hierbei die Anzahl der Variablen des Systemmodells (Tabelle 11).

Aktiv-Reaktiv	Q-Werte	Kritisch-Puffernd	P-Werte
Hochaktiv:	über 2,50	Hochkritisch:	Über 2,50 $(n-1)^2$
Aktiv:	1,68-2,50	Kritisch:	1,71-2,50 $(n-1)^2$
Leicht aktiv:	1,34-1,67	Leicht kritisch:	1,21-1,70 $(n-1)^2$
Neutralbereich:	0,78-1,33	Neutralbereich:	0,81-1,20 $(n-1)^2$
Leicht reaktiv:	0,61-0,75	Leicht puffernd:	0,51-0,80 $(n-1)^2$
Reaktiv:	0,41-0,60	Puffernd:	0,16-0,50 $(n-1)^2$
Stark reaktiv:	unter 0,41	Stark puffernd:	Unter 0,16 $(n-1)^2$
Neutrallinie = 1,00		Neutrallinie = 1,00 $(n-1)^2$	

Tabelle 11: Unterteilung der Skalen nach Variableneinflussstärke (Quelle: eigene Darstellung nach Vester 2011)

Die Einflussmatrix lässt sich im folgenden Schritt in eine Rollenverteilung überführen, in der die zuvor geschilderten Kennzahlen graphisch visualisiert werden. Aus Aktiv- und Passivsumme ergibt sich ein Wertepaar für jede Variable, welche sich in das Koordinatensystem eintragen lässt (Abbildung 21).

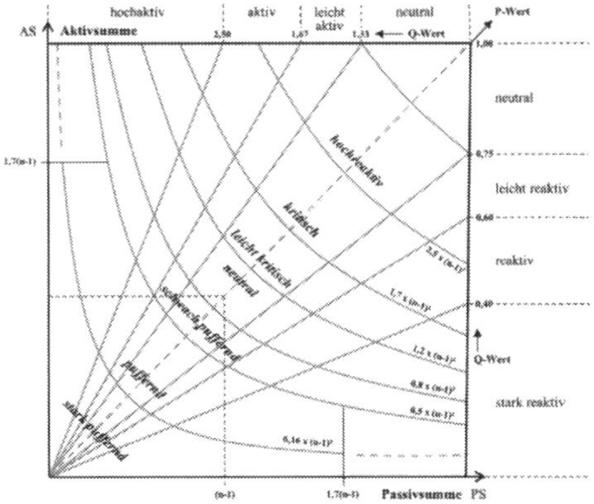

Abbildung 21: Rollenverteilung der Variablen im System (Quelle: Vossen 2012 nach Vester 2011)

Die Passivsumme liegt auf der Abszisse und die Aktivsumme auf der Ordinate. Dementsprechend bestimmt das Wertepaar der Aktivsumme und Passivsumme die Positionen der Variablen in der Rollenverteilung. Die Koordinaten eines Einflussfaktors (EF) errechnen sich durch die Formel $EF_i(x, y) = \left(\frac{PS_i}{AS_{max}}, \frac{AS_i}{AS_{max}}\right)$ mit $AS_{max} = 3 \times n$, also die maximal denkbare Aktiv- bzw. Passivsumme.

Aktive Variablen wirken eher stärker auf das System, werden vom System jedoch selbst nicht gleichermaßen stark beeinflusst. Der Quotient aus Aktiv- und Passivsumme ist hierbei maximal (vgl. Michulitz 2005). Dies sind unabhängige Größen, welche im System eher Ursache als Wirkung sind und vielmehr auf direkte als auf indirekte Veränderungen reagieren (vgl. Weick/Hauck 1995). Aktive Variablen sind häufig Steuerungsgrößen, da über Veränderungen an diesen Faktoren viele andere Einflussfaktoren im System beeinflusst werden. Finden sich viele Variablen in diesem Quadranten wieder, so ist das System als aktiv zu interpretieren und gezielte Veränderungen können gut umgesetzt werden (vgl. Alwert 2006). Das Maß von sensiblen Steuerungsgrößen (SeS) errechnet sich durch die Formel: $SeS_i = \frac{AS_i}{PS_i}$.

Kritische Variablen sind vielfältig im System vernetzt. Diese wirken selbst stark auf andere Variablen, sind jedoch auch von diesen leicht beeinflussbar. Das Produkt aus Aktiv- und Passivwert ist daher maximal. Vester (2011) betont die Dynamik der kritischen Variablen und sieht diese als Beschleuniger und Katalysatoren, um in festgefahrenen Situationen Veränderungen zu bewirken. Jedoch sollte mit kritischen Variablen vorsichtig umgangen werden, da diese sich unkontrolliert „aufschaukeln“ und verändern können (vgl. Vester 2011). Liegen viele Variablen in diesem Quadranten, so ist es riskant, das System in Bezug auf Veränderungen zu bewerten, und es sollten vorzugsweise Maßnahmen zur Beruhigung veranlasst werden (vgl. Alwert 2006).

Die reaktiven Variablen werden vom System stark beeinflusst, beeinflussen selbst jedoch nur schwach andere Variablen. Die Quotienten aus Aktiv- und Passivwert sind minimal. Finden Änderungen im System statt, so wirken diese sich vor allem bei reaktiven Variablen aus, ohne dass diese auf andere Variablen rückwirken. Die Indikatorfähigkeit von reaktiven Variablen für Systemveränderungen ist daher deutlich hervorzuheben. Es handelt sich vielmehr um abhängige Größen, die im System eher Wirkung als Ursache sind (vgl. Weick 1995, Vester 2011). Viele Variablen in diesem Quadranten sprechen für ein passives und schwer direkt zu kontrollierendes System (vgl. Alwert 2006).

Die Eigenschaft puffernder Variablen liegt vor allem in ihrer Trägheit. Vester spricht bei diesem Quadranten von einem „Bereich unnützer Eingriffe und Kontrollen“ (Vester 2011). Puffernde Variablen beeinflussen andere Variablen nur gering und werden auch nur gering beeinflusst. Das Produkt aus Aktiv- und Passivwert ist minimal. Diese Variablen wirken aufgrund mangelnder Dynamik stabilisierend im Gesamtsystem. Auffällig viele Variablen in diesem Quadranten zeigen ein eher träges und undynamisches System auf (vgl. Alwert 2006).

Finden sich Konzentrationen von Variablen in der Mitte der Rollenverteilung wieder, so sind diese als neutral zu bewerten. Der Neutralbereich kann teils aktive, reaktive, puffernde und kritische Variablen umfassen. Mit den dort liegenden Variablen lässt sich das System nur schlecht steuern, jedoch fungieren diese gut für die Selbstregulation (vgl. Vester 2011).

Kritische Würdigung

Die Sensitivitätsanalyse eignet sich als systemisches Werkzeug, um Wechselwirkungen und Abhängigkeiten von Variablen deutlich zu identifizieren und zu analysieren. Die Identifikation der sensiblen Steuergrößen erfolgt durch die Diskussion der Systemteilnehmer über Wirkungen der einzelnen Variablen auf die anderen Variablen.

Kritisch anzumerken ist, dass bei der Erstellung des Wirkungsnetzes nur paarweise direkte Wirkungen betrachtet werden, obgleich alle Variablen in ein komplexes Netz von wechselseitigen Einflüssen und Abhängigkeiten eingebunden sind. Gomez und Probst kritisieren die Nichtberücksichtigung von Netzwerkeffekten bei der Erstellung der Einflussmatrix, die zu Betrachtungsfehlern führt. Die Ergebnisse der Sensitivitätsanalyse seien daher stets mit Vorbehalt zu betrachten. Dennoch bietet die Methode anschauliche, leicht interpretierbare Ergebnisse und Anhaltspunkte dafür, welche Größen weiteren Analysen zu unterziehen sind (vgl. Vossen 2012).

5.3 Einflussgewichtung der Gestaltungsparameter

Mit der Theorie nach Vester (1980) lassen sich Wirkungszusammenhänge analysieren. In diesem Schritt der Arbeit wurden die in Kapitel 4.3.2 genannten Experten mittels der Sensitivitätsanalyse zur Ermittlung sensibler Steuerungsgrößen des Paradigmas bzw. hier des Systems urbaner Produktion befragt. Die Einflussmatrizen wurden den Experten online zur Verfügung gestellt – der Rücklauf betrug hier ca. 70%. Nachdem die Experten die Matrizen individuell ausgefüllt haben, wurde eine Konsensmatrix auf Basis des arithmetischen Mittels der Ergebnisse erstellt.

$$\bar{x}_{\mathrm{arithm}} := \frac{1}{n}\sum_{i=1}^{n} x_i = \frac{x_1 + x_2 + \cdots + x_n}{n}$$

Durch die Bildung von arithmetischen Mittelwerten wird die Häufigkeit von extremen Zahlenwerten in der Einzelbewertung vermieden (vgl. Michulitz 2005). Die Konsensmatrix stellt die Grundlage für das weitere Vorgehen der Sensitivitätsanalyse dar (Abbildung 22).

Ebene	Nr.	Wirkung von ↓ auf →	1	2	3	4	5	6	7	8	9	10	11	12	13	14	15	16	17	18	19	20	AS	P
Mikroebene	1	Produktion kleiner Losgrößen durch innovative Fertigungsverfahren	x	2,18	1,45	1,82	2,27	2,36	1,45	1,45	1,00	1,45	2,00	1,09	1,27	2,45	2,09	1,36	2,27	0,91	1,64	1,45	32,00	793,31
	2	Individuelle Produktion unter hohem Kundeneinbezug	2,73	x	1,36	0,91	1,60	0,60	0,80	0,80	1,60	0,80	2,40	0,50	0.40	2,40	1,20	0,80	2,80	0.40	1,50	1,70	25,30	443,93
	3	Schadstoffarme und emissionsfreie Produktion	0,60	1,30	x	1,80	1,80	0.40	1,30	2,90	0,60	1,80	1,10	0,30	0,90	1,70	1,90	1,00	1,30	2,10	2,50	1,10	26,40	685,20
	4	Neue Arbeitsplatz und Prozessgestaltung	0,64	0.64	1,36	x	1,73	1,55	2,55	2,45	2,09	2,45	1,27	0,73	0,73	1,00	1,73	1,73	0,82	2,18	0,73	0.36	26,73	816,42
	5	Flächenbedarf der Produktion	2,55	1,27	1,55	1,36	x	1,82	1,55	1,27	1,00	1,45	1,18	0,73	1,45	2,73	1,82	1,09	1,82	1,09	1,45	1,36	26,55	826,22
Mesoebene	6	Integration im Bestand	0,82	0.30	0,55	2,46	1,64	x	1,73	1,27	0,91	1,30	0,90	0,60	0,50	0,80	0,70	2,00	0,70	1,20	0,50	0.40	19,28	399,92
	7	Flächenverfügbarkeit und -kosten	1,60	0.44	0.20	2,40	1,78	1,69	x	0.44	1,67	1,78	1,78	0,56	0.33	0,56	1,11	2,00	0.33	1,56	0,56	0,89	21,87	564,05
	8	Betroffenheit der Anwohner und Flächennutzungskonflikte	0,45	0.20	1,82	2,64	0,70	1,30	1,80	x	1,50	1,90	1,50	1,10	0.20	0,50	0,90	2,40	0,50	2,20	1,00	0.10	22,71	641,19
	9	Strukturwandel und Inwertsetzung von Flächen	1,09	1,10	1,45	1,60	1,10	0,70	0,90	2,00	x	0,80	2,90	1,30	0,60	1,10	1,10	0,80	1,70	0,90	1,80	0,80	23,65	539,64
	10	Logistik und Verkehr	0,70	0.44	0,80	2,50	0,78	0,78	2,22	2,44	1,22	x	1,00	0,89	0,67	0.33	0,89	2,33	0.44	2,22	1,89	0.22	22,78	598,46
Makroebene	11	Arbeitskräfteangebot	1,20	0,67	1,70	1.00	1,11	0,78	1,22	2,00	1,22	1,00	x	1,00	0,67	0.33	2,22	0,67	0,78	0,67	1,56	1,11	20,90	642,07
	12	Nähe zu Bildungs und F&E Einrichtungen, Technologiezentren und Fablabs	1,00	0,67	0,60	0,30	1,44	0.22	0,11	1,11	1,67	0,89	1,44	x	1,56	1,33	0.22	0,67	1,44	0.00	0.44	1,22	16,34	278,78
	13	Neue Wertschöpfungsmodelle und Produktionsnetzwerke	0,82	0.20	1,00	0.45	2,30	0.30	0.40	0,50	0,70	0,80	1,00	2,90	x	2,10	0.40	1,50	1,80	0.30	0,70	1,00	19,27	271,30
	14	Ver- und Entsorgung sowie Stoffströme	1,91	1,20	1,64	1,64	2,50	2,00	1,10	0,90	0,80	1,40	1,70	0,90	1,00	x	1,50	1,10	2,10	1,00	1,50	2,00	27,68	715,96
	15	Aktive Gewerbeflächen- und Planungspolitik	1,50	0.44	2,10	1,80	1,56	1,56	0,78	1,78	1,00	0,78	2,56	0.22	0.00	1,44	x	0,78	1,11	1,22	1,89	0,78	23,29	564,44
Metaebene	16	Kurze Wege zwischen Wohnen und Arbeiten	0,50	0,11	1,10	2,50	0,78	0,89	2,67	2,00	2,11	2,56	1,67	0,78	1,22	0,78	1,22	x	0.44	2,00	1,56	0,78	25,66	653,75
	17	Neue (serviceorientierte) Geschäftsmodelle	1,70	2,44	1,80	1,00	2,11	1,44	0,67	0,63	0,67	0,89	1,56	0,67	0,56	2,22	1,00	0,78	x	0.44	1,11	1,67	23,35	569,11
	18	Planungs- und baurechtliche Regulierungen	0,90	0,22	1,30	2,50	0,78	1,22	2,56	2,33	1,33	1,78	1,67	0,67	0,89	0,56	1,33	2,67	0,56	x	1,22	1,00	25,48	563,44
	19	Umweltbewusstsein hinsichtlich Ressourcen und Energieeffizienz	2,00	2,11	2,90	1,30	1,44	0,56	1,00	1,44	1,33	1,56	2,00	0.33	0.33	1,44	2,00	1,11	1,56	1,22	x	1,22	26,37	664,69
	20	Globaler Markt als Wettbewerbsumfeld	2,09	1,60	1,27	0,64	1,60	0.40	1,00	0,60	0.40	0,80	1,10	1,80	0,80	1,90	0,90	0,70	1,80	0,60	1,20	x	21,00	402,58
		PS	24,79	17,56	25,96	30,51	29,01	20,76	25,79	28,24	22,82	25,19	30,72	17,05	14,06	25,68	24,24	25,46	24,36	22,12	24,74	19,17		
		Q	1,29	1,44	1,02	0,88	0,98	0,93	0,85	0,80	1,04	0,87	0,68	0,96	1,37	1,09	0,96	1,01	0,96	1,15	1,09	1,10		

Abbildung 22: Konsensmatrix der Wirkungen von Gestaltungsparametern urbaner Produktion (Quelle: eigene Berechnung und Darstellung)

Die Konsensmatrix verdeutlicht neben den Wechselwirkungen der einzelnen Variablen bzw. Gestaltungsparametern auch Angaben zur Aktivsumme (AS), Passivsumme (PS), den Q-Wert sowie den P-Wert. Wie im vorherigen Kapitel geschildert, zeigt die Aktivsumme die Stärke der Wirkung der jeweiligen Variablen auf die anderen Variablen. Die Passivsumme hingegen verdeutlicht die Stärke der Wirkung von allen Variablen auf die jeweilige Variable. Der Quotient aus Aktiv- und Passivsumme (Q-Wert) gibt den aktiven oder reaktiven Charakter einer Variablen an. Variablen mit einem hohen Q-Wert wirken stark auf das System, während diese kaum von anderen beeinflusst werden (aktive Variablen). Bei geringem Q-Wert wirken diese nur schwach auf das System, allerdings werden diese stark von anderen Variablen beeinflusst. (reaktive Variablen). Zuletzt kann das Produkt aus Aktiv- und Passivsumme (P-Wert) betrachtet werden. Kritische Variablen mit einem hohen Wert wirken stark auf andere Variablen, werden jedoch auch selbst stark von diesen beeinflusst. Weisen Variablen einen kleinen P-Wert vor, so sind diese als puffernd zu bezeichnen und weisen nur eine geringe Wirkung auf das System auf (vgl. Vester 2011).

Zunächst lässt sich aus der Konsensmatrix mittels der normalisierten Aktivsummen das Einflussgewicht (EG) einzelner Faktoren bestimmen. Hierzu gilt: $EG_i = \frac{AS_i}{\sum_{i=1}^{n} AS_i}$. Faktoren mit einem hohen Einflussgewicht wirken stark auf das System und sind daher besonders zu beachten (Abbildung 23).

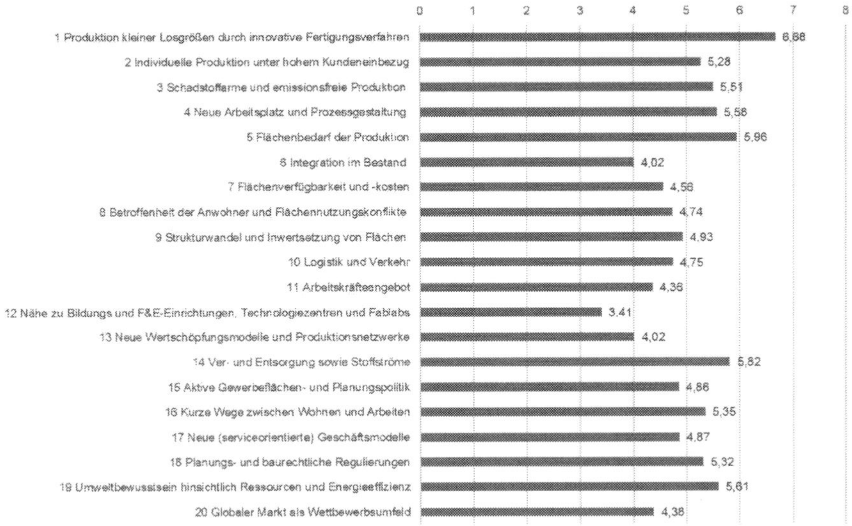

Abbildung 23: Einflussgewichtung der einzelnen Gestaltungsparameter
(Quelle: eigene Berechnung und Darstellung)

Deutlich wird, dass der erste Faktor „Produktion kleiner Losgrößen durch innovative Fertigungsverfahren“ ein sehr hohes Einflussgewicht aufweist und somit eine besondere Bedeutung für das Gesamtsystem bzw. das Paradigma urbane Produktion aufweist. Des Weiteren stellen die Parameter „Flächenbedarf der Produktion“, „Ver- und Entsorgung sowie Stoffströme“ und „Umweltbewusstsein hinsichtlich Ressourcen- und Energieeffizienz“ wesentliche Einflussgewichte bei der Diskussion urbaner Produktion dar.

Bei einer zusammenfassenden, aggregierten Betrachtung wird deutlich, dass die Gestaltungsparameter mit leicht höherem Gewicht auf der Mikro- sowie der Metaebene diskutiert werden (Abbildung 24). Hierzu wurden die Einflussgewichtungen der einzelnen Faktoren den Dimensionen entsprechend summiert. Konkret thematisiert dies zum einen die tatsächliche Realisierung in der Fabrik am Standort auf der Mikroebene (29%), zum anderen werden generelle Entwicklungen, Leitbilder und Regulierungen auf der Metaebene erwogen (26%).

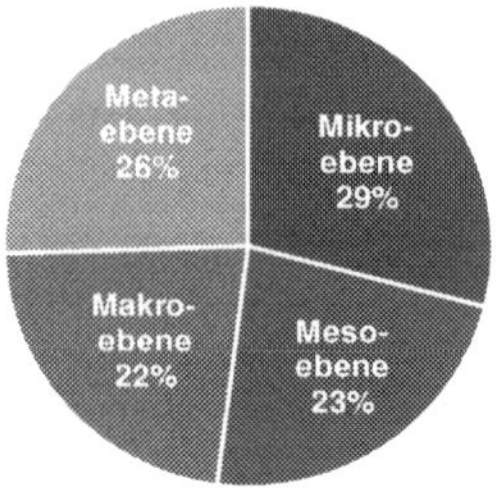

Abbildung 24: Einflussgewicht nach Betrachtungsebenen urbaner Produktion (Quelle: eigene Berechnung und Darstellung)

Das Gesamtsystem ist mit insgesamt 55% von Gestaltungsparametern der Mikro- sowie Metaebene abhängig. Die Meso- und Makroebene werden mit ähnlichen Anteilen, wenn auch auf etwas geringerem Niveau diskutiert. Ziel der weiteren Auswertung ist es nun, die genaueren Wechselwirkungen zwischen den einzelnen Parametern aufzuweisen und sensible Steuerungsgrößen zu identifizieren.

5.4 Rollenverteilung der Gestaltungsparameter

Abbildung 25 zeigt die Rollenverteilung der Gestaltungsparameter urbaner Produktion als Sensitivitätsdiagramm. Die Abbildung veranschaulicht sehr deutlich, dass das System überwiegend kritische Faktoren besitzt, da sich die Verteilung der Variablen vor allem auf den oberen, rechten Bereich des Quadranten bezieht. Aufgrund dieser Vielzahl an kritischen Faktoren sowie zugleich nur zwei Faktoren im puffernden Bereich („Nähe zu Bildungs- und F&E-Einrichtungen, Technologiezentren und Fablabs“ und „Neue Wertschöpfungsmodelle und Produktionsnetzwerke“) ist das System einer hohen Dynamik ausgesetzt.

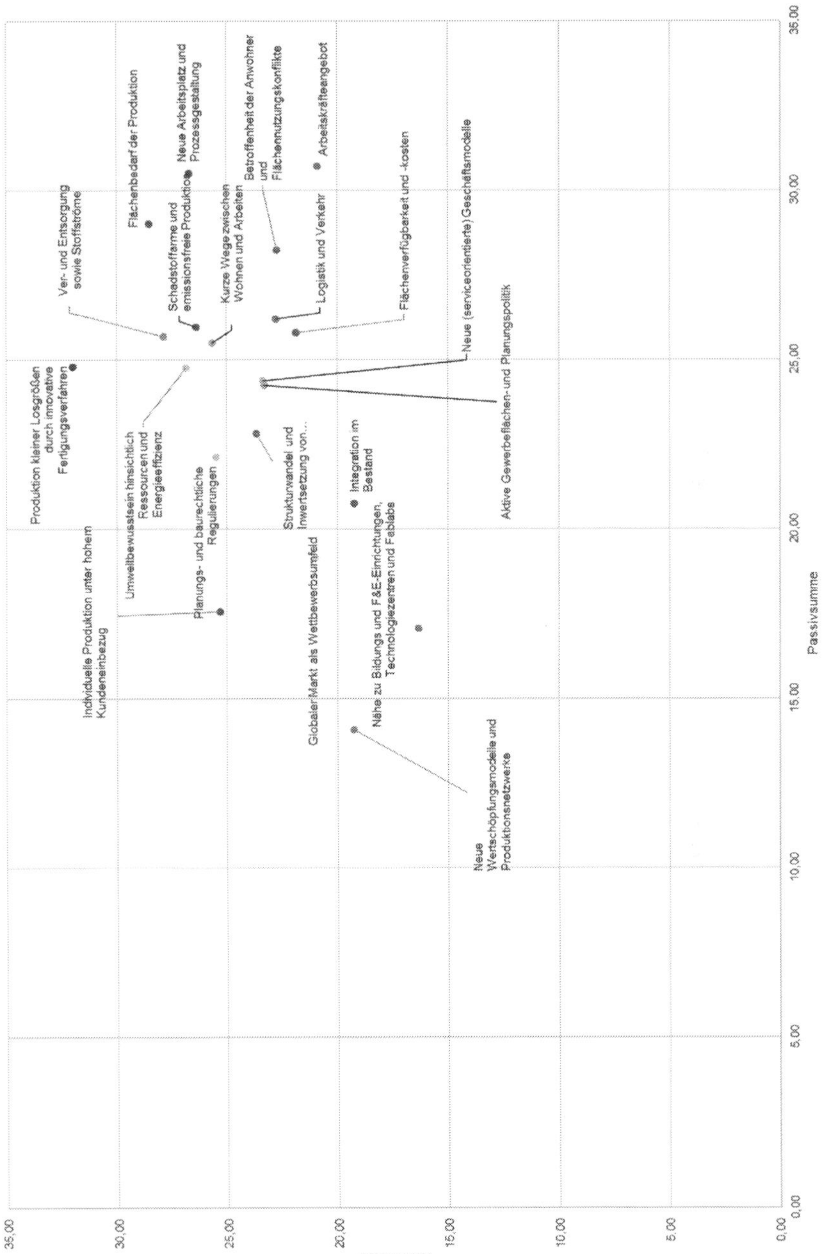

Abbildung 25: Rollenverteilung – Sensitivitätsdiagramm (Quelle: eigene Berechnung und Darstellung)

Im Folgenden soll jedoch auf bestimmte Faktoren mit besonderen Ausprägungen eingegangen werden. Abbildung 26 hilft die Gestaltungsparametern gemäß ihrer Q- und P-Werte entsprechend zuzuordnen.

Aktiv-Reaktiv	
Hochaktiv	> 2,50
Aktiv	> 1,68
Leicht aktiv	> 1,34
Neutralbereich	> 0,76
Leicht reaktiv	> 0,61
Reaktiv	> 0,41
Stark reaktiv	< 0,41

Kritisch-Puffernd	
Hochkritisch	> 902,50
Kritisch	> 617,31
Leicht kritisch	> 436,81
Neutralbereich	> 292,41
Leicht puffernd	> 184,11
Puffernd	> 57,76
Stark puffernd	< 57,76

Abbildung 26: Zuordnung von Q- und P-Wert (Quelle: eigene Darstellung in Anlehnung an Tabelle 11)

Die Gestaltungsparameter „Individuelle Produktion unter hohem Kundeneinbezug“ sowie „Neue Wertschöpfungsmodelle und Produktionsnetzwerke“ weisen die höchsten Q-Werte auf und stellen somit leicht aktive Variablen dar (Abbildung 27). Diese wirken stärker auf das System und andere Variablen, als dass sie von diesen selbst gleichermaßen beeinflusst werden (Abbildung 22). Der Faktor „Individuelle Produktion unter hohem Kundeneinbezug“ beeinflusst besonders stark den Parameter „Produktion kleiner Losgrößen durch innovative Fertigungsverfahren“ sowie „Neue (serviceorientierte) Geschäftsmodelle“ (Wert: 3), was inhaltlich schlüssig zu begründen ist. Eine hohe kundenorientierte Produktion setzt kleine, individualisierte Losgrößen voraus, welche nur mit innovativen Fertigungsverfahren herzustellen sind. Der Servicefaktor, der die individualisierten Produkte zunehmend begleitet, bedingt schließlich die Entwicklung neuer Geschäftsmodelle (Kapitel 4.5). Änderungen am Gestaltungsparameter „Neue Wertschöpfungsmodelle und Produktionsnetzwerke“ haben starke Wirkungen auf den Parameter „Nähe zu Bildungs- und F&E-Einrichtungen, Technologiezentren und Fablabs“ (Abbildung 22). Begründungen hierfür liegen darin, Ressourcen in der Stadt gemeinsam zu nutzen und Synergien zwischen Akteuren aus Wirtschaft, Wissenschaft sowie Kommune zu etablieren. Durch die Entwicklung neuer Produktionsnetzwerke und Wertschöpfungsmodelle kann diese urbane Nähe neu entwickelt werden.

Aktiv-Reaktiv				
			Q-Werte	
Mikro	2	Individuelle Produktion unter hohem Kundeneinbezug	1,4	Leicht aktiv
Makro	13	Neue Wertschöpfungsmodelle und Produktionsnetzwerke	1,4	Leicht aktiv
Mikro	1	Produktion kleiner Losgrößen durch innovative Fertigungsverfahren	1,3	Neutral
Meta	18	Planungs- und baurechtliche Regulierungen	1,2	Neutral
Meta	20	Globaler Markt als Wettbewerbsumfeld	1,1	Neutral
Meta	19	Umweltbewusstsein hinsichtlich Ressourcen und Energieeffizienz	1,1	Neutral
Makro	14	Ver- und Entsorgung sowie Stoffströme	1,1	Neutral
Meso	9	Strukturwandel und Inwertsetzung von Flächen	1	Neutral
Mikro	3	Schadstoffarme und emissionsfreie Produktion	1	Neutral
Meta	16	Kurze Wege zwischen Wohnen und Arbeiten	1	Neutral
Mikro	5	Flächenbedarf der Produktion	1	Neutral
Makro	15	Aktive Gewerbeflächen- und Planungspolitik	1	Neutral
Makro	12	Nähe zu Bildungs und F&E-Einrichtungen, Technologiezentren und Fablabs	1	Neutral
Meta	17	Neue (serviceorientierte) Geschäftsmodelle	1	Neutral
Meso	6	Integration im Bestand	0,9	Neutral
Mikro	4	Neue Arbeitsplatz und Prozessgestaltung	0,9	Neutral
Meso	10	Logistik und Verkehr	0,9	Neutral
Meso	7	Flächenverfügbarkeit und -kosten	0,8	Neutral
Meso	8	Betroffenheit der Anwohner und Flächennutzungskonflikte	0,8	Neutral
Makro	11	Arbeitskräfteangebot	0,7	Leicht reaktiv

Abbildung 27: Aktiv-Reaktiver Einflussindex (Quelle: eigene Berechnung und Darstellung)

Änderungen an den zuvor beschriebenen Gestaltungsparametern lösen Wechselwirkungen im gesamten System aus und sind daher als mögliche Steuerungsgrößen zu identifizieren (Kapitel 5.2). Während die Einflussgewichtung bei dem Parameter „Individuelle Produktion unter hohem Kundeneinbezug" zusätzlich einen überdurchschnittlichen Wert von 5,28 aufweist (∅ 5,00), bedeutet das Einflussgewicht des Faktors „Neue Wertschöpfungsmodelle und Produktionsnetzwerke" mit 4,87 einen leicht unterdurchschnittlichen Wert (Abbildung 23). Es ist daher zu erwarten, dass die vom zuerst genannten Gestaltungsparameter ausgehenden Effekte im Vergleich etwas stärker auf das System sind.

Bei abschließender Betrachtung von Abbildung 27 wird deutlich, dass sich insgesamt 17 Gestaltungsparameter durch einen neutralen Einflussindex kennzeichnen. Der Faktor „Arbeitsangebot" hingegen weist den geringsten Q-Wert auf und stellt somit eine leicht reaktive Variable dar. Dieser wirkt nur sehr gering auf andere, wird jedoch stark durch die anderen Faktoren im System beeinflusst, vor allem durch die Faktoren „Strukturwandel und Inwertsetzung von Flächen" sowie „Aktive Gewerbeflächen- und Planungspolitik" (Abbildung 22). Inhaltlich lässt sich dieses Wirkungsgefüge dadurch begründen, dass der Gesamtkatalog an Gestaltungsparametern urbaner Produktion schließlich auch die Attraktivität von Arbeitsplätzen abbildet und dies sich auf die Arbeitskräfte auswirkt.

Im nächsten Schritt wird der kritisch-puffernde Einflussindex genauer betrachtet (Abbildung 28). Auffällig ist hier eine deutlich heterogene Streuung der Gestaltungsparameter: Insgesamt zählen 16 Faktoren als kritisch, davon sieben als leicht kritisch. Die Parameter mit den höchsten P-Werten sind „Flächenbedarf der Produktion", „Neue

Arbeitsplatz- und Prozessgestaltung“ sowie „Produktion kleiner Losgrößen durch innovative Fertigungsverfahren“.

Kritisch-Puffernd				
			P-Werte	
Mikro	5	Flächenbedarf der Produktion	828	Kritisch
Mikro	4	Neue Arbeitsplatz und Prozessgestaltung	815	Kritisch
Mikro	1	Produktion kleiner Losgrößen durch innovative Fertigungsverfahren	793	Kritisch
Makro	14	Ver- und Entsorgung sowie Stoffströme	716	Kritisch
Mikro	3	Schadstoffarme und emissionsfreie Produktion	685	Kritisch
Meta	19	Umweltbewusstsein hinsichtlich Ressourcen und Energieeffizienz	665	Kritisch
Meta	16	Kurze Wege zwischen Wohnen und Arbeiten	654	Kritisch
Makro	11	Arbeitskräfteangebot	642	Kritisch
Meso	8	Betroffenheit der Anwohner und Flächennutzungskonflikte	641	Kritisch
Meso	10	Logistik und Verkehr	596	Leicht kritisch
Meta	17	Neue (serviceorientierte) Geschäftsmodelle	569	Leicht kritisch
Makro	15	Aktive Gewerbeflächen- und Planungspolitik	564	Leicht kritisch
Meso	7	Flächenverfügbarkeit und -kosten	564	Leicht kritisch
Meta	18	Planungs- und baurechtliche Regulierungen	563	Leicht kritisch
Meso	9	Strukturwandel und Inwertsetzung von Flächen	540	Leicht kritisch
Mikro	2	Individuelle Produktion unter hohem Kundeneinbezug	444	Leicht kritisch
Meta	20	Globaler Markt als Wettbewerbsumfeld	403	Neutral
Meso	6	Integration im Bestand	400	Neutral
Makro	12	Nähe zu Bildungs und F&E-Einrichtungen, Technologiezentren und Fablabs	279	leicht puffernd
Makro	13	Neue Wertschöpfungsmodelle und Produktionsnetzwerke	271	leicht puffernd

Abbildung 28: Kritisch-Puffernder Einflussindex (Quelle: eigene Berechnung und Darstellung)

Der „Flächenbedarf der Produktion“ ist mit den anderen Faktoren im System eng vernetzt und wirkt sehr stark auf die „Produktion kleiner Losgrößen durch innovative Fertigungsverfahren“ und die „Ver- und Entsorgung sowie Stoffströme“ (Abbildung 22). Die Zusammenhänge zwischen diesen Faktoren wurden mit dem Wert 3 bewertet. Änderungen im System, zum Beispiel in der „Ver- und Entsorgung sowie Stoffströme“, spiegeln sich sofort in der „Flächenbedarf der Produktion“ wider. Mit einem Wert von 5,96% hat dieser Gestaltungsparameter das zweithöchste Einflussgewicht (Abbildung 23).

Die „Neue Arbeitsplatz- und Prozessgestaltung“ stellt ebenfalls einen kritischen Gestaltungsparameter dar. Dieser ist sehr stark mit anderen Parametern vernetzt bzw. wird gleich von vier weiteren Parametern stark beeinflusst (Abbildung 22). Änderungen auf der Mesoebene, hier die „Betroffenheit der Anwohner und Flächennutzungskonflikte“ sowie „Logistik und Verkehr“ sowie Veränderungen auf der Metaebene, hier „Kurze Wege zwischen Wohnen und Arbeiten“ sowie „Planungs- und baurechtliche Regulierungen“ habe große Einwirkungen auf die „Neue Arbeitsplatz- und Prozessgestaltung“ urbaner Produktion. Es wird somit eine sehr starke Abhängigkeit dieses Gestaltungsparameters von den übrigen Parametern deutlich, was entsprechend bei der Ansiedlung urbaner Produktion zu berücksichtigen ist. Dies ist besonders kritisch, da die Einflussgewichtung mit einem Wert von 5,58% auch überdurchschnittlich ist (Abbildung 23).

Die „Produktion kleiner Losgrößen durch innovative Fertigungsverfahren“ stellt ebenfalls einen kritischen Gestaltungsparameter dar (Abbildung 22). Dieser wird vor allem durch die Parameter „Individuelle Produktion unter hohem Kundeneinbezug“ sowie „Flächenbedarf der Produktion“ beeinflusst, was sich inhaltlich durch direkte Wechselwirkungen begründen lässt. Sobald der Kunde Ansprüche an die Produktgestaltung stellt, hat dies unmittelbare Auswirkungen auf die Losgröße sowie die zur Verfügung stehenden Fertigungsverfahren. Dementsprechend steht auch der „Flächenbedarf der Produktion“ in Wechselwirkungen mit möglichen Fertigungsverfahren. Zuletzt handelt es sich bei dem Parameter „Produktion kleiner Losgrößen durch innovative Fertigungsverfahren“ um einen besonders kritischen Faktor, da die Einflussgewichtung mit einem Wert von 6,68% am höchsten ist. Änderungen im System haben hier starke Wechselwirkungen zur Folge.

5.5 Zusammenfassung

Eine sensible Steuergröße zeichnet sich durch die Eigenschaften einer aktiven Variablen dadurch aus, dass sie stark auf andere Variablen wirkt, ohne selbst stark beeinflusst zu werden. Schon eine kleine Intervention an dieser Komponente kann nachhaltige Auswirkungen auf das System haben, sowohl mit gewollten als auch mit ungewollten Wechselwirkungen. In der vorliegenden Arbeit handelt es sich bei den Faktoren „Individuelle Produktion unter hohem Kundeneinbezug“ sowie „Neue Wertschöpfungsmodelle und Produktionsnetzwerke“ um aktive Variablen und somit sensible Steuerungsgrößen, da diese die höchsten Q-Werte aufweisen. Änderungen an diesen Faktoren wirken sich auf andere Gestaltungsparameter aus. Anders weist beispielweise der inhaltlich enge Parameter „Produktion kleiner Losgrößen durch innovative Fertigungsverfahren“ ebenfalls einen hohen Q-Wert auf, allerdings zugleich einen ebenfalls sehr hohen P-Wert. Aufgrund dieser kritischen zweiten Eigenschaft kommt dieser Parameter nicht als sensible Steuerungsgröße in Frage.

Die Variablen „Individuelle Produktion unter hohem Kundeneinbezug“ sowie „Neue Wertschöpfungsmodelle und Produktionsnetzwerke“ sind nach Vester (1980) somit bevorzugte Einflussfaktoren bei Systeminterventionen. Sie fungieren im inhaltlichen Kontext der Arbeit als Stellschraube bei der Reintegration von Produktion in den urbanen Raum und sind somit besonders bevorzugt zu betrachten. Eingriffe auf die beiden Parameter haben nachhaltige Auswirkungen auf die gesamte Gestaltung der urbanen Produktion

Zuletzt gilt die Anmerkung, dass mit der Sensitivitätsanalyse Aussagen über Steuerungsfähigkeit der Variablen ermöglicht werden und darüber, welche Größen weiteren Analysen zu unterziehen sind. Selbst Variablen, die geringe P- oder Q-Werte aufweisen, sind für das Paradigma urbane Produktion selbstverständlich nicht irrelevant.

Die zweite Forschungsfrage „Wie gestalten sich urbane Standorte zur Ansiedlung urbaner Produktion im Kontext von Industrie 4.0?“ wurde mittels der Sensitivitätsanalyse nach Vester beantwortet. Es werden die Gestaltungsparameter „Individuelle Produktion unter hohem Kundeneinbezug“ sowie „Neue Wertschöpfungsmodelle und Produktionsnetzwerke“ als sensible Steuerungsgrößen genannt.

6 Wirtschaftsräumliche Szenarien urbaner Produktion

6.1 Einführung

Bisher wurden die grundlegenden Gestaltungsparameter sowie die zugehörigen Wirkungsgefüge urbaner Produktion detailliert erörtert. Bevor nun prototypische Szenarien aufgespannt werden, bedarf es zunächst einer Aktualisierung der in Kapitel 3.5 genannten Definition urbaner Produktion. Auf Basis des gewonnenen Erkenntnisstandes und der Expertenaussagen ergibt sich Folgendes:

- **Urbane Produktion** ist die Herstellung von materiellen Produkten sowie produktbegleitenden Dienstleistungen in Räumen mit einer funktionalen Dichte und einer Mischung unterschiedlicher Nutzungen. Die klassische urbane Produktion umfasst Bestandsunternehmen, welche historisch im städtischen Raum verstandortet sind. Diese Produktion kann auch höhere Losgrößen sowie weniger individualisierte Produkte umfassen. Hier können moderne Technologien neue Möglichkeiten für eine bessere Verträglichkeit von Produktion mit weiteren Funktionen des urbanen Raumes (bspw. Wohnen) schaffen. Die moderne urbane Produktion hingegen umfasst die Integration von Betrieben (Neuansiedlungen) in verdichteten Räumen, welche individuelle (Losgröße 1), lokale Produkte unter hohem Wisseneinsatz herstellen. Der Einsatz innovativer Technologien und Werkstoffe spielt hier zur hocheffizienten, emissionsfreien, wohnverträglichen Produktion eine wesentliche Rolle.

Wie die Definition zeigt, umfasst urbane Produktion nicht ausschließlich moderne, Industrie 4.0 getriebene Unternehmen. In einer gewachsenen Stadt gibt es häufig auch eine Vielzahl großer und mittelständischer Unternehmen, die am Standort seit vielen Jahren Bestand haben und ihre Produkte nach wie vor in der Stadt fertigen (s.o. klassische urbane Produktion). Oftmals entsprechen diese gewachsenen Produktionen nicht den hier diskutierten Ansprüchen moderner urbaner Produktion (s.o.) (bspw. hinsichtlich Emissionen, Flächenintensität). Eine Definition urbaner Produktion wäre unvollständig, wenn diese hier nicht berücksichtigt werden würden. Die weiteren Ausführungen der Arbeit beziehen sich jedoch auf die moderne urbane Produktion.

Im folgenden Kapitel werden nun auf Basis der erhobenen Empirie (Literaturanalyse, Experteninterviews, KDD-Ergebnisse, Sensitivitätsanalyse) prototypische Szenarien bzw. Betriebstypen urbaner Produktion beschrieben (Abbildung 29).

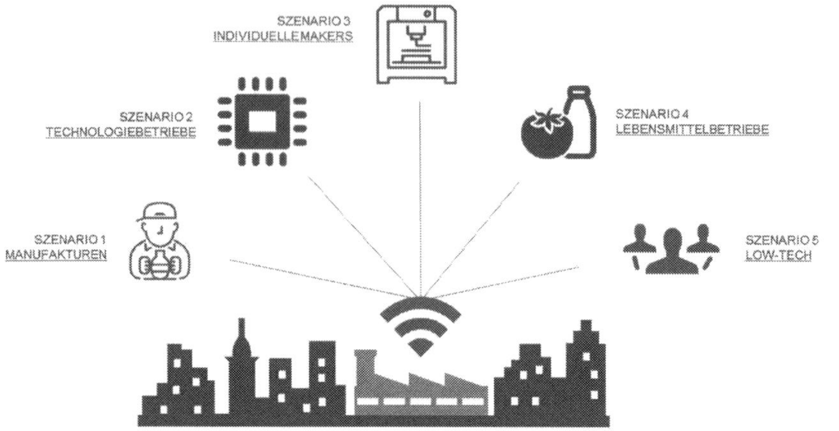

Abbildung 29: Fünf prototypische Szenarien urbaner Produktion (Quelle: eigene Darstellung)

Diese werden mit vereinzelten Good Practice Beispielen genauer veranschaulicht sowie anhand der identifizierten Gestaltungsparameter bezüglich des Paradigmas der urbanen Produktion reflektiert. Zusätzlich werden Elemente der Smart Factory hier gespiegelt, um sich der Raumwirksamkeit von Industrie 4.0 weiter anzunähern.

6.2 Szenario 1: Manufakturen

Es handelt sich um Betriebe, bei denen die handwerkliche, manuelle Produktion im Fokus steht. Es werden individuelle, designorientierte Produkte in kleinen Produktserien unter starkem Einbezug des Endkunden hergestellt. In den Städten handelt es sich bei dieser Branche größtenteils um hochspezialisierte Kleinunternehmen, die eine bestimmte Nische bedienen. Zudem ist das Handwerk meist endkundenorientiert, weshalb die Stadtlage und somit die räumliche Nähe zum Absatzmarkt bevorzugt wird. Durch ein steigendes Qualitäts- und Umweltbewusstsein der Kunden sowie einem größeren Interesse an regionalen Produkten, erfahren Manufakturen in der Stadt steigende Beliebtheit. Beispiele für Manufakturen können Fahrradmanufakturen, Schneiderwerkstätten, Design-Möbelmanufakturen oder Taschenmanufakturen sein. Gemäß der Empirie können genauere Branchenkategorien gemäß der WZ-Klassifizierung[4] angegeben werden:

[4] Die Klassifikation der Wirtschaftszweige, Ausgabe 2008 (WZ 2008), dient dazu, die wirtschaftlichen Tätigkeiten statistischer Einheiten in allen amtlichen Statistiken einheitlich zu erfassen. Aufgabe der

- WZ13: Herstellung von Textilien
- WZ14: Herstellung von Bekleidung
- WZ15: Herstellung von Leder, Lederwaren und Schuhen
- WZ16: Herstellung von Holz-, Flecht-, Korb- und Korkwaren
- WZ17: Herstellung von Papier, Pappe und Waren daraus
- WZ18: Herstellung von Druckerzeugnissen
- WZ23: Herstellung von Glas und Glaswaren, Keramik
- WZ31: Herstellung von Möbeln
- WZ32: Herstellung von sonstigen Waren (bspw. Musikinstrumente)
- WZ72: Forschung und Entwicklung

Gestaltungsparameter urbaner Produktion

Tabelle 12 verdeutlicht die Gestaltungsparameter, die im Kontext dieses Szenarios besonders deutlich diskutiert werden. Hervorzuheben ist hier der hohe Individualitätsgrad der Produkte unter hohem Kundeneinbezug.

	1	2	3	4	5	6	7	8	9	10	11	12	13	14	15	16	17	18	19	20
Szenario urbaner Produktion	Produktion kleiner Losgrößen durch innovative Fertigungsverfahren	Individuelle Produktion unter hohem Kundeneinbezug	Schadstoffarme und emissionsfreie Produktion	Neue Arbeitsplatz und Prozessgestaltung	Flächenbedarf der Produktion	Flächenverfügbarkeit und -kosten	Integration im Bestand	Betroffenheit der Anwohner und Flächennutzungskonflikte	Strukturwandel und Revitalisierung von Flächen	Logistik und Verkehr	Arbeitskräfteangebot	Nähe zu Bildungs und F&E-Einrichtungen, Technologiezentren und Fablabs	Neue Wertschöpfungsmodelle und Produktionsnetzwerke	Ver- und Entsorgung sowie Stoffströme	Aktive Gewerbeflächen- und Planungspolitik	Kurze Wege zwischen Wohnen und Arbeiten	Neue (serviceorientierte) Geschäftsmodelle	Planungs- und baurechtliche Regulierungen	Umweltbewusstsein hinsichtlich Ressourcen und Energieeffizienz	Globaler Markt als Wettbewerbsumfeld
Manufakturen	x	x		x			x		x				x		x	x	x		x	x

Tabelle 12: Stark diskutierte Gestaltungsparameter des Szenarios „Manufakturen“ (Quelle: eigene Darstellung)

Bei genauer Betrachtung der Ausprägung von Elementen der Smart Factory fällt auf, dass der Anteil manueller Arbeit bei Manufakturen recht hoch ist, wodurch der Digitalisierungsgrad bzw. der Grad an Industrie 4.0 Technologien oftmals dementsprechend niedrig ist. Der Anteil innovativer Verfahren mittels additiver Fertigung oder auch durch Einsatz von Multibearbeitungsmaschinen nimmt hier jedoch deutlich zu (Tabelle 13).

Statistik ist es, Informationen in übersichtlicher, d. h. im Allgemeinen in zusammengefasster Form, darzustellen (vgl. DeStatis 2008).

Szenario urbaner Produktion	Elemente der Smart Factory			
	CPS	Additive Fertigungs-verfahren	Multibearbeitungs-maschinen	Kooperative Robotik und Mensch Maschine Interaktion
Manufakturen		x	x	

Tabelle 13: Ausprägung von Elementen der Smart Factory im Szenario „Manufakturen“ (Quelle: eigene Darstellung)

Aufgrund der o.g. starken Kundeneinbindung sind Manufakturen oftmals in Räumen hoher funktionaler Dichte bzw. Innenstädten zu finden (Tabelle 14). Der Schaufenster-Charakter der sogenannten Storefactory, die ganz bewusst vor Ort im Geschäft nach Kundenwünschen produziert, ist hier maßgebend (vgl. Brake 2012). Manufakturen werden oftmals als eine Möglichkeit zur Inwertsetzung von untergenutzten Flächen verstanden.

Szenario urbaner Produktion	Produktbeispiele	Produktion im urbanen Raum mit hoher Dichte (hohe funktionale Durchmischung, bspw. Innenstadt)	Produktion im urbanen Raum mit geringer Dichte (geringe funktionale Durchmischung, bspw. Stadtrand, Gewerbe-/Industriegebiet)
Manufakturen	High-End-Nischenprodukte, Bekleidung, Taschen, Möbel, Fahrräder	+	-

Tabelle 14: Räumliche Verortung des Szenarios „Manufakturen“ (+ geeignet, O bedingt geeignet, - weniger geeignet) (Quelle: eigene Darstellung)

Good Practice: Rickshaw Bagworks (San Francisco, USA)

Rickshaw Bagworks entwirft und produziert an den Kunden angepasste Umhängetaschen, Rucksäcke, Portemonnaies, Tragetaschen, Computerhüllen und andere Accessoires in seinen eigenen Nähfabriken in San Francisco. Rickshaw wurde 2007 von Mark Dwight gegründet, welcher gleichzeitig Geschäftsführer und Kreativchef ist. Inzwischen arbeiten dort 30 Mitarbeiter in einem kleinen Lager in Dogpatch (San Francisco). Beim Design wird auf ein nachhaltiges und langlebiges Produktleben mittels hochqualitativer Materialien geachtet. Im vorderen Bereich der Produktionshalle gibt es ein kleines Geschäft, in dem der Kunde die gesamte Kollektion betrachten kann und gleichzeitig auch die Maßanfertigung und den gesamten Produktionsprozess mitverfolgen kann. An der Kundenwand hängen über 100 Stoffproben, aus denen der Käufer wählen kann. Besonders ist außerdem der eigens entwickelte „Performance Tweed“, welcher extra für Rickshaw gewalzt wurde. Dieser Stoff besteht aus recycelten PET-Flaschen und ist wasserabweisend, beständig und mit einer wasser- und fleckenabweisenden Beschichtung überzogen, die sich „Eco-Shield“ nennt (vgl. Rickshaw 2016).

6.3 Szenario 2: Technologiebetriebe

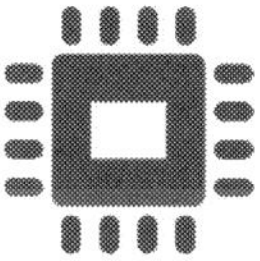

Dieses Szenario umfasst Forschung- und entwicklungsgetriebene Betriebe, bei denen innovative Technologien im Fokus stehen. Möglichkeiten der Digitalisierung (Informations- und Kommunikationstechnologien ‚IKT‘ im Kontext der Industrie 4.0) sowie der Einsatz neuartiger Fertigungsverfahren (bspw. additive Verfahren, Lasercutting) werden genutzt. Die Einbindung vom Kunden in die Produktentwicklung wird zunehmend essentieller, vor allem im Business to Business (B2B) Bereich. Betriebe dieser Branche bevorzugen Standorte in der Stadt, um Zugriff auf die entsprechende Infrastruktur sowie vorhandenes Know-How zu haben. Forschung und Entwicklung kann insbesondere von der Clusterung wissensintensiver Unternehmen und Forschungseinrichtungen in der Stadt und ihrem Umfeld profitieren. Durch die Zusammenarbeit können Synergieeffekte und Effekte des Wissens-Spill-Over entstehen. Einige produzierende Unternehmen der IKT Branche fertigen geringe Stückzahlen mit hoher Individualität. IKT-Betriebe sind sehr wissensintensiv und oftmals zugleich Zulieferer von wissensintensiven Produkten. Es kann sich dabei bspw. um Maschinenbau- oder Medizintechnik-Unternehmen handeln, genauer:

- WZ26: Herstellung von Datenverarbeitungsgeräten, elektronischen und optischen Erzeugnissen
- WZ27: Herstellung von elektrischen Ausrüstungen
- WZ28: Maschinenbau
- WZ29: Herstellung von Kraftwagen und Kraftwagenteilen
- WZ61: Telekommunikation
- WZ72: Forschung und Entwicklung
- WZ74: Sonstige freiberufliche, wissenschaftliche und technische Tätigkeiten
- WZ32: Herstellung von sonstigen Waren (bspw. Medizintechnik)

Gestaltungsparameter urbaner Produktion

Neben den Gestaltungsparametern, die bereits bei „Manufakturen“ diskutiert wurden, werden hier vor allem Aspekte der Wissensintensität ergänzt. So spielt das Angebot hochqualifizierter Arbeitskräfte ebenso eine Rolle, wie die Nähe zu Forschungseinrichtungen und Fablabs. Innovative Technologiebetriebe nutzen zudem verstärkt neue Wertschöpfungsketten und lokale Produktionsnetzwerke (Tabelle 15).

Szenario urbaner Produktion	1 Produktion kleiner Losgrößen durch innovative Fertigungsverfahren	2 Individuelle Produktion unter hohem Kundeneinbezug	3 Schadstoffarme und emissionsfreie Produktion	4 Neue Arbeitsplatz und Prozessgestaltung	5 Flächenbedarf der Produktion	6 Flächenverfügbarkeit und -kosten	7 Integration im Bestand	8 Betroffenheit der Anwohner und Flächennutzungskonflikte	9 Strukturwandel und Revitalisierung von Flächen	10 Logistik und Verkehr	11 Arbeitskräfteangebot	12 Nähe zu Bildungs und F&E-Einrichtungen, Technologiezentren und Fablabs	13 Neue Wertschöpfungsmodelle und Produktionsnetzwerke	14 Ver- und Entsorgung sowie Stoffströme	15 Aktive Gewerbeflächen- und Planungspolitik	16 Kurze Wege zwischen Wohnen und Arbeiten	17 Neue (serviceorientierte) Geschäftsmodelle	18 Planungs- und baurechtliche Regulierungen	19 Umweltbewusstsein hinsichtlich Ressourcen und Energieeffizienz	20 Globaler Markt als Wettbewerbsumfeld
Technologiebetriebe	x	x		x	x				x	x	x	x	x	x		x		x		x

Tabelle 15: Stark diskutierte Gestaltungsparameter des Szenarios „Technologiebetriebe" (Quelle: eigene Darstellung)

Bei Betrachtung der Elemente der Smart Factory wird eine volle Ausprägung seitens der Experten diskutiert (Tabelle 16). Die Produktion wird durch Industrie 4.0 stadtverträglich, dabei hat die Vernetzung und Flexibilisierung mittels CPS sowie innovativen Fertigungsverfahren einen hohen Stellenwert. Auch kooperative Robotik sowie Mensch-Maschine-Interaktion trägt hier zur Flexibilisierung der Produktionsorganisation bei (vgl. Kapitel 3.3.4).

Szenario urbaner Produktion	Elemente der Smart Factory			
	CPS	Additive Fertigungs-verfahren	Multibearbeitungs-maschinen	Kooperative Robotik und Mensch Maschine Interaktion
Technologiebetriebe	x	x	x	x

Tabelle 16: Ausprägung von Elementen der Smart Factory im Szenario „Technologiebetriebe" (Quelle: eigene Darstellung)

Aufgrund der genannten Technologien werden diese Betriebe als integrierbar in Räumen hoher Dichte angesehen. Häufig werden jedoch auch Aspekte der Logistik sowie multimodale Anbindungen diskutiert, weshalb auch eine Produktion in weniger stark verdichteten urbanen Räumen (bspw. Randlagen) gesehen wird (Tabelle 21).

Szenario urbaner Produktion	Produktbeispiele	Produktion im urbanen Raum mit hoher Dichte (hohe funktionale Durchmischung, bspw. Innenstadt)	Produktion im urbanen Raum mit geringer Dichte (geringe funktionale Durchmischung, bspw. Stadtrand, Gewerbe-/Industriegebiet)
Technologiebetriebe	Medizintechnik, Maschinenbau, Kleinserien	+	+

Tabelle 17: Räumliche Verortung des Szenarios „Technologiebetriebe"
(+ geeignet, O bedingt geeignet, - weniger geeignet)
(Quelle: eigene Darstellung)

Good Practice: Wittenstein AG, Fellbach (Deutschland)

Die urbane Produktion der Wittenstein AG in Fellbach ist wohlmöglich das meist genannte Good Practice im Kontext. Das prominente Beispiel liegt in direkter Nachbarschaft zu einer Passivhaussiedlung und es zeigt, wie sich Industrie 4.0 Technologien auf Urbanität bzw. Nähe zwischen Wohnen und Arbeiten, d.h. die Jobattraktivität für Hochqualifizierte auswirken können (vgl. Kunzmann 2014).

Zu dem innovativen Gesamtkonzept gehören optimierte Prozesse, das Gebäude selbst und die Energieversorgung. Konkret bedeutet dies die Sammlung von Regenwasser für das Betreiben der Sanitäranlagen und das Generieren von Elektrizität mithilfe von Solar Panels. Die überschüssige Energie der Produktionsmaschinerie wird in die Stromnetze der Bürogebäude geleitet, um die Büros zu heizen. Durch spezielle Klimaanlagen und Luftentfeuchtung im Zusammenspiel mit Luftverteilungsanlagen kann der Ressourcenverbrauch während der Produktion minimiert werden. Von dieser Belüftungstechnik, die die Raumtemperatur konstant hält, profitieren insofern auch die Mitarbeiter, als ihre Gesundheit geschützt wird. Im neuen „Class 2 measuring room" können virtuell vorgefertigte Produktionsteile eliminiert werden, falls sie den Standards und Präzisionsansprüchen von Wittenstein nicht genügen (vgl. Wittenstein AG 2014).

In der Produktion der Zukunft werden bei Wittenstein u.a. Zahnräder gefertigt. Die Steuerung der Intralogistik, d.h. der physische Warentransport zwischen verschiedenen Liefer- und Abholflächen, erfolgte bisher mit einem so genannten „Milkrun". Dabei ist ein Logistikmitarbeiter im Stundentakt mit einem Elektrozug durch die Fabrik gefahren, um zu sehen, welche Fertigungsaufträge, in welchem Zustand, an welchem Ort abgeholt werden konnten. Durch digitale Vernetzung ist es nun möglich, das Material bedarfsorientiert zu liefern. In einem ersten Schritt wurden dazu die reale Welt (Auftragspapiere, Werkstückträger usw.) mit Barcodes gescannt und somit maschinell erfassbar gemacht. Alle Mitarbeiter erhielten Scanner und Tablets, um so Daten digital zu erfassen und ein Abbild aller Materialen in der Produktion zu bekommen. Der „Milkrun"-Fahrer erhält somit auf seinem Tablet eine optimierte, ressourceneffizientere Route mit optimierter Fahrtzeit und einer Information über den erforderlichen Materialfluss sowie der Menge der Fahraufträge. Die Wegstrecken zur Teilversorgung konnten somit bereits um bis zu 50% reduziert werden. Das Be- und Entladen von LKWs findet im Gebäudeinneren statt, um Emissionen zu vermeiden. Energie wird über mit Biogas betriebenen Mikroturbinen erzeugt, geheizt wird mit Abwärme, die in der Produktion anfällt (vgl. Wittenstein AG 2014).

Good Practice: Volkswagen Gläserne Manufaktur, Dresden (Deutschland)

Von 2001 bis 2016 wurde der VW Phaeton in Dresden auf 50.000 m² angefertigt. Die Gläserne Manufaktur soll die Werte der traditionellen Manufaktur mit denen des innovativen Automobilbaus verknüpfen und durch eine offene, transparente Architektur zu einem kommunikativen Ereignis werden. Der Schaufenstercharakter bzw. das Konzept der Storefactory wird hier besonders hervorgehoben (vgl. Brake 2012). Die Fabrik wurde auf einer ehemaligen Konversionsfläche errichtet. Die Gläserne Manufaktur hat sich mittlerweile zu einer Landmarke etabliert (vgl. Interview 12).

VW hat bei der Gläsernen Manufaktur auch auf die Umweltbelange geachtet. Beispielsweise ist das Gebäude nicht tief gebaut und Versickerungsareale sorgen für einen ausgeglichenen Grundwasserhaushalt. Die Außenfläche ist mit Grünflächen und Teichen ausgestattet und das Gebäude ist umrundet von Lautsprechern, die Singvogelstimmen verbreiten, um Artgenossen von den Glasfassaden fern zu halten. Um das Verkehrsproblem in der Stadt zu umgehen, hat VW ein Logistikkonzept entwickelt, das Beeinträchtigungen im innerstädtischen Verkehr umgeht und die Belastungen der Umwelt durch Abgase gering hält. So wurden bislang die vorgefertigten Autoteile per Straße und Schiene in das Logistikzentrum nach Friedrichsstadt gebracht, der Weitertransport erfolgte dann durch vorhandene Straßenbahnnetze durch hin und her pendelnde Güterstraßenbahnen. Diese fassten bis zu 60 Tonnen und entlasten so den Stadtverkehr mit jeder Fahrt um drei LKW-Lieferungen. Außerdem ist die gläserne Manufaktur seit 2007 EMAS zertifiziert (vgl. Volkswagen AG 2017).

In der Gläsernen Manufaktur wurden bis zuletzt maximal 150 Fahrzeuge am Tag gefertigt. Die gefertigten Fahrzeuge waren zudem sehr hochpreisig. Die Erlebbarkeit und Emotionalität der Produktion steht hier im Vordergrund – so waren beispielsweise Teile der Montage mit „Unterstützung“ des Kunden möglich (vgl. Interview 12). Seit Frühjahr 2016 nutzt VW die Gläserne Manufaktur zur Darstellung von E-Mobilitätskonzepten.

6.4 Szenario 3: Individuelle Makers

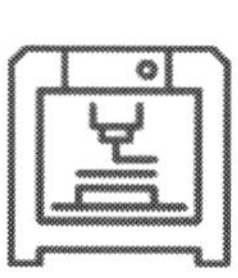

„Makers“ sind Gewerbetreibende und Selbstständige, die ohne betriebliche Strukturen (hier Abgrenzung zu Manufakturen) Dinge des täglichen Bedarfs oder individuelle Nischenprodukte im Sinne der „Do it Yourself – DIY“ bzw. „Maker-Bewegung“ zu Hause oder in gemeinschaftlichen Werkstätten, bspw. Techshops, Fablabs oder Co-Working-Spaces, produzieren. Schmidt et al. (2016) nennt dies “Open Creative Labs” als einen übergeordneten Begriff zur Erfassung der Vielfalt an Formen offener, kreativer, kollaborativer und gemeinschaftsorientierter Orte. Rapid Prototyping im Sinne eines schnellen Prototypenbaus spielt hier eine deutliche Rolle – zugleich kennzeichnet dies einen hohen Innovationsgrad (vgl. Interview 23). „Makers" produzieren beispielsweise selbstgenähte Taschen und Bekleidung, außerdem auch technologieintensivere Produkte. Genauer können das folgende Klassifizierungen sein:

- WZ14: Herstellung von Bekleidung
- WZ16: Herstellung von Holz-, Flecht-, Korb- und Korkwaren (ohne Möbel)
- WZ31: Herstellung von Möbeln
- WZ32: Herstellung von sonstigen Waren (bspw. Musikinstrumente)
- WZ72: Forschung und Entwicklung

Gestaltungsparameter urbaner Produktion

Bei der Betrachtung der Gestaltungsparameter werden deutliche Überschneidungen zu den Manufakturen deutlich. Hervorzuheben ist hier jedoch zusätzlich die Nähe zwischen Produktion und Wohnort sowie die Integration in den Bestand, da oftmals die Arbeitsstätte unmittelbar mit dem Wohnraum verknüpft ist. Die Nutzung von Produktionsnetzwerken sowie gemeinsamen Ressourcen ist hier ebenfalls hervorzuheben (Tabelle 18).

	1	2	3	4	5	6	7	8	9	10	11	12	13	14	15	16	17	18	19	20
Szenario urbaner Produktion	Produktion kleiner Losgrößen durch innovative Fertigungsverfahren	Individuelle Produktion unter hohem Kundeneinbezug	Schadstoffarme und emissionsfreie Produktion	Neue Arbeitsplatz und Prozessgestaltung	Flächenbedarf der Produktion	Flächenverfügbarkeit und -kosten	Integration im Bestand	Betroffenheit der Anwohner und Flächennutzungskonflikte	Strukturwandel und Revitalisierung von Flächen	Logistik und Verkehr	Arbeitskräfteangebot	Nähe zu Bildungs und F&E-Einrichtungen, Technologiezentren und Fablabs	Neue Wertschöpfungsmodelle und Produktionsnetzwerke	Ver- und Entsorgung sowie Stoffströme	Aktive Gewerbeflächen- und Planungspolitik	Kurze Wege zwischen Wohnen und Arbeiten	Neue (serviceorientierte) Geschäftsmodelle	Planungs- und baurechtliche Regulierungen	Umweltbewusstsein hinsichtlich Ressourcen und Energieeffizienz	Globaler Markt als Wettbewerbsumfeld
Individuelle Makers	x	x		x			x					x	x			x	x		x	

Tabelle 18: Stark diskutierte Gestaltungsparameter des Szenarios „Individuelle Makers" (Quelle: eigene Darstellung)

Elemente der Industrie 4.0 bzw. der Smart Factory sind vor allem im Bereich innovativer Fertigungsverfahren ausgeprägt. Additive Fertigung sowie der Einsatz von Multibearbeitungsmaschinen, die verschiedene Arbeitsschritte in einer Maschine vereint (Kapitel 3.3.3), spielen hier eine wesentliche Rolle (Tabelle 19).

Szenario urbaner Produktion	Elemente der Smart Factory			
	CPS	Additive Fertigungs-verfahren	Multibearbeitungs-maschinen	Kooperative Robotik und Mensch Maschine Interaktion
Individuelle Makers		x	x	

Tabelle 19: Ausprägung von Elementen der Smart Factory im Szenario „Individuelle Makers" (Quelle: eigene Darstellung)

Makers agieren im hochverdichteten, funktionsgemischten urbanen Raum, da sich hier die Kreativwirtschaft lebt. Da die hergestellten Produkte einen hohen individuellen und auch ideellen Wert haben, findet der Absatz vorrangig lokal statt (vgl. Boeing 2015) (Tabelle 20).

Szenario urbaner Produktion	Produktbeispiele	**Produktion im urbanen Raum mit hoher Dichte** (hohe funktionale Durchmischung, bspw. Innenstadt)	**Produktion im urbanen Raum mit geringer Dichte** (geringe funktionale Durchmischung, bspw. Stadtrand, Gewerbe-/Industriegebiet)
Individuelle Makers	Prototypen, Produktentwicklung, Ersatzteile, Einzelstücke	+	-

Tabelle 20: Räumliche Verortung des Szenarios „Individuelle Makers"
(+ geeignet, O bedingt geeignet, - weniger geeignet)
(Quelle: eigene Darstellung)

Good Practice: TechShop u.a. San Francisco (USA)

Der erste TechShop wurde von Jim Newton und Ridge McGhee 2006 in Kalifornien gegründet, um Anwohnern den Zugang zu Werkstätten und Werkzeugen innerhalb von Städten zu ermöglichen. Dabei handelt es sich um Räume bzw. Fablabs, die man zur Fabrikation, Prototypenerstellung oder auch als Lerncenter für seine eigenen Projekte nutzen kann. Nutzer erhalten Zugang zu professionellem Equipment sowie verständliche Instruktionen und Experten, die helfen einen sicheren und produktiven Umgang im TechShop zu haben. TechShop Einrichtungen gibt es bspw. in Kalifornien, Arizona, Michigan, Texas und Virginia – auch die Zahl der europäischen Standorte nimmt zu. Jede dieser Einrichtung stellt Laserschneider, Plastik-und Elektroniklabore, Maschinen, Holz, Textilien, Schweißtische und Wasserstrahlschneider zur Verfügung. Mitglieder können außerdem auf Software (2D und 3D) zurückgreifen. Es gibt große Projekträume, in denen an großen Arbeitstischen zusammengearbeitet werden kann. TechShop bietet außerdem erfahrungsbasierte Events an, die speziell entwickelt wurden, um Kollaboration in Teams zu fördern (vgl. Techshop 2015).

6.5 Szenario 4: Lebensmittelbetriebe

Diese Betriebe umfassen den Anbau, die Verarbeitung und den Verkauf von Nahrungsmitteln, Getränken, Futtermitteln und Genussmitteln. Betriebe, die die Lebensmittelproduktion fokussieren, wie landwirtschaftlich produzierende Unternehmen in städtischen Räumen, fallen unter den Begriff „Urbane Landwirtschaft“ bzw. „Urban Farming“. Hierbei handelt es sich eher um die Produktion geringer Mengen für einen kleinen, lokalen Absatzmarkt. Aspekte der Regionalität und Nachhaltigkeit stehen hier im Fokus. Beispiele für urbane Lebensmittelbetriebe können Schokoladen-, Gebäck- und Konfitürenproduktion sowie (Micro-) Brauereien und sonstige Getränkeherstellung sein. Als WZ-Kategorien können die Folgenden genannt werden:

- WZ01: Landwirtschaft, Jagd und damit verbundene Tätigkeiten
- WZ10: Herstellung von Nahrungs- und Futtermitteln
- WZ11: Getränkeherstellung
- WZ12: Tabakverarbeitung
- WZ72: Forschung und Entwicklung

Gestaltungsparameter urbaner Produktion

Bei der Diskussion um Lebensmittelbetriebe werden sehr deutlich die Problematik der Emissionen hervorgehoben, bspw. Geruchsemissionen bei Schokoladenproduktionen oder Bierbrauereien sowie mögliche Lärmemissionen durch An- und Ablieferungen. Dementsprechend sind die Betroffenheit von Anwohnern und auch Flächennutzungskonflikte an dieser Stelle besonders prekär (Tabelle 21).

	1	2	3	4	5	6	7	8	9	10	11	12	13	14	15	16	17	18	19	20
Szenario urbaner Produktion	Produktion kleiner Losgrößen durch innovative Fertigungsverfahren	Individuelle Produktion unter hohem Kundeneinbezug	Schadstoffarme und emissionsfreie Produktion	Neue Arbeitsplatz und Prozessgestaltung	Flächenbedarf der Produktion	Flächenverfügbarkeit und -kosten	Integration im Bestand	Betroffenheit der Anwohner und Flächennutzungskonflikte	Strukturwandel und Revitalisierung von Flächen	Logistik und Verkehr	Arbeitskräfteangebot	Nähe zu Bildungs und F&E-Einrichtungen, Technologiezentren und Fablabs	Neue Wertschöpfungsmodelle und Produktionsnetzwerke	Ver- und Entsorgung sowie Stoffströme	Aktive Gewerbeflächen- und Planungspolitik	Kurze Wege zwischen Wohnen und Arbeiten	Neue (serviceorientierte) Geschäftsmodelle	Planungs- und baurechtliche Regulierungen	Umweltbewusstsein hinsichtlich Ressourcen und Energieeffizienz	Globaler Markt als Wettbewerbsumfeld
Lebensmittelbetriebe			x		x			x		x				x				x	x	

Tabelle 21: Stark diskutierte Gestaltungsparameter des Szenarios „Lebensmittelbetriebe“ (Quelle: eigene Darstellung)

Industrie 4.0 spiegelt sich im Lebensmittelbereich vorrangig in der Vernetzung und Digitalisierung der Produktion wieder (Tabelle 22). Es handelt sich hier oftmals um vollautomatisierte Produktionen.

Szenario urbaner Produktion	Elemente der Smart Factory			
	CPS	Additive Fertigungs-verfahren	Multibearbeitungs-maschinen	Kooperative Robotik und Mensch Maschine Interaktion
Lebensmittelbetriebe	x			

Tabelle 22: Ausprägung von Elementen der Smart Factory im Szenario „Lebensmittelbetriebe" (Quelle: eigene Darstellung)

Räumlich betrachtet sind Konzepte des Urban Farming auf stark verdichtete Räume ausgelegt. Auch sind vereinzelt Mikro-Brauereien in Innenstädten zu finden. Hauptsächlich ist die Lebensmittelproduktion jedoch aufgrund von Emissionen als kritisch zu betrachten bezüglich einer Ansiedlung im Innenstadtbereich (Tabelle 23).

Szenario urbaner Produktion	Produktbeispiele	**Produktion im urbanen Raum mit hoher Dichte** (hohe funktionale Durchmischung, bspw. Innenstadt)	**Produktion im urbanen Raum mit geringer Dichte** (geringe funktionale Durchmischung, bspw. Stadtrand, Gewerbe-/Industriegebiet)
Lebensmittelbetriebe	Konfitüre, Gebäck, Kaffee, (Mikro-) Brauereien, Urban Farming	o	+

Tabelle 23: Räumliche Verortung des Szenarios „Lebensmittelbetriebe" (+ geeignet, O bedingt geeignet, - weniger geeignet) (Quelle: eigene Darstellung)

Good Practice: Killepitsch Produktion, Düsseldorf (Deutschland)

Seit 2005 gibt es in Düsseldorf in einem 27m hohen kubischen Gebäude mit insgesamt 5.500 qm Fläche eine Spirituosenfabrik. Es gibt zwei Abfüllstraßen, von denen eine voll automatisiert ist. Es handelt sich hierbei um eine komplett prozessgesteuerte, digitalisierte Produktion. Beim Bau der Fabrik wurde modernste Gebäudetechnik und Sicherheitstechnik angewandt. Ebenso ist das komplette Gebäude durch Betonkernaktivierung klimatisiert. Dank einer gekapselten Produktion findet die Herstellung des Likörs Killepitsch ohne Lärmemissionen statt. Ähnlich zur Gläsernen Manufaktur ist auch hier der Schaufenstercharakter maßgeblich: Der Herstellungsprozess der Killepitsch–Produktion in den ersten zwei Obergeschossen ist nach außen hin sichtbar ist (vgl. Peter Busch GmbH 2016).

6.6 Szenario 5: Sozialorientierte Low-Tech Betriebe

Dieses Szenario umfasst Betriebe, die aus sozialen bzw. ökologischen Gründen entstehen und gemeinnützige Zwecke verfolgen. Motive sind hier oftmals Arbeitsbeschaffung sowie die Integration von Flüchtlingen, Geringqualifizierten, Immigranten sowie Menschen mit Beeinträchtigungen. Eigenwirtschaftlichkeit ist ein wesentlicher Unterschied zu den anderweitigen Kategorien. Low-Tech Betriebe können besagte Menschen in Wertschöpfungsprozesse integrieren. So können Geringqualifizierte zunehmend in anspruchsvollere Fachbereiche wechseln, „ohne Kassier- oder Putzkraft" bleiben zu müssen" (Interview 23). Hier handelt es sich oftmals zu großen Teilen um die Produktion von Nähprodukten, wie Kleidung oder Taschen oder auch Möbel. Genauer können folgende Klassifizierung genannt werden:

- WZ14: Herstellung von Bekleidung
- WZ16: Herstellung von Holz-, Flecht-, Korb- und Korkwaren
- WZ31: Herstellung von Möbeln

Gestaltungsparameter urbaner Produktion

Da es sich bei Low-Tech Betrieben vorrangig um sozial-engagierte und auf Eigenwirtschaftlichkeit ausgelegte Einrichtungen handelt, spielt vor allem die kommunale oder landesweite Förderlandschaft zur Anschubfinanzierung eine wesentliche Rolle. Das Umwelt- und Sozialbewusstsein spielt bei Low-Tech eine wesentliche Rolle (Tabelle 24).

	1	2	3	4	5	6	7	8	9	10	11	12	13	14	15	16	17	18	19	20
Szenario urbaner Produktion	Produktion kleiner Losgrößen durch innovative Fertigungsverfahren	Individuelle Produktion unter hohem Kundeneinbezug	Schadstoffarme und emissionsfreie Produktion	Neue Arbeitsplatz und Prozessgestaltung	Flächenbedarf der Produktion	Flächenverfügbarkeit und -kosten	Integration im Bestand	Betroffenheit der Anwohner und Flächennutzungskonflikte	Strukturwandel und Revitalisierung von Flächen	Logistik und Verkehr	Arbeitskräfteangebot	Nähe zu Bildungs und F&E-Einrichtungen, Technologiezentren und Fablabs	Neue Wertschöpfungsmodelle und Produktionsnetzwerke	Ver- und Entsorgung sowie Stoffströme	Aktive Gewerbeflächen- und Planungspolitik	Kurze Wege zwischen Wohnen und Arbeiten	Neue (serviceorientierte) Geschäftsmodelle	Planungs- und baurechtliche Regulierungen	Umweltbewusstsein hinsichtlich Ressourcen und Energieeffizienz	Globaler Markt als Wettbewerbsumfeld
Sozialorientierte Low Tech Betriebe		x				x	x		x		x		x		x	x			x	

Tabelle 24: Stark diskutierte Gestaltungsparameter des Szenarios „Sozialorientierte Low-Tech Betriebe" (Quelle: eigene Darstellung)

Sozialorientierte Low-Tech Betriebe arbeiten vorrangig mit manueller Fertigung. Die Smart Factory ist an dieser Stelle nicht übertragbar (Tabelle 25).

Szenario urbaner Produktion	Elemente der Smart Factory			
	CPS	Additive Fertigungs-verfahren	Multibearbeitungs-maschinen	Kooperative Robotik und Mensch Maschine Interaktion
Sozialorientierte Low Tech Betriebe				

Tabelle 25: Ausprägung von Elementen der Smart Factory im Szenario „Sozialorientierte Low-Tech Betriebe" (Quelle: eigene Darstellung)

Da soziale Integration ein wesentlicher Aspekt von Low-Tech Betrieben ist, sind diese in Innenstädten vorzufinden (Tabelle 26). Oftmals werden leerstehende Immobilien zur Einrichtung dieser Betriebe genutzt und zusätzlich in den Bestand integriert.

Szenario urbaner Produktion	Produktbeispiele	Produktion im urbanen Raum mit hoher Dichte (hohe funktionale Durchmischung, bspw. Innenstadt)	Produktion im urbanen Raum mit geringer Dichte (geringe funktionale Durchmischung, bspw. Stadtrand, Gewerbe-/Industriegebiet)
Sozialorientierte Low Tech Betriebe	Möbel	+	-

Tabelle 26: Räumliche Verortung des Szenarios „Sozialorientierte Low-Tech Betriebe" (+ geeignet, O bedingt geeignet, - weniger geeignet) (Quelle: eigene Darstellung)

Good Practice: Projekt BIWAQ, Aachen (Deutschland)

BIWAQ (Bildung, Wirtschaft, Arbeit im Quartier) ist ein Projekt der Stadt Aachen, dem Sozialwerk Aachener Christen sowie der Designmetropole Aachen, welches zum Ziel hat, integrativ öffentliche Plätze in Aachen Nord zu entwickeln. Hierzu werden Industriepaletten recycelt und als Möbel umgebaut bzw. aufgewertet. Flüchtlinge und Langzeitarbeitslose lernen dabei Holz zu verarbeiten und bekommen anschließend ein Zertifikat ausgestellt.

> *„[...] Parallel dazu haben wir jetzt angefangen eigene Low-Tech Home Produkte zu entwickeln. Low-Tech ist dabei wirklich das Schlagwort [...] zum Teil können die Personen nähen, zum Teil ist es super spannend, welche Qualifikationen sie mitbringen und wie wir diese einsetzen können, d.h. wir analysieren erstmal, wer kann was, wer hat worauf Lust und wie kriegen wir die Personen dazu motiviert. Vor Weihnachten haben wir zum ersten Mal eine Kleinserie an den Start gebracht." (Interview 15)*

Deutlich wird, dass Personen kompetenzgerecht eingesetzt und gefördert werden. Fokus ist hier, hochwertige Produkte in Kleinserien mit einer hohen Authentizität (Social Design) zu entwickeln. Der Anteil manueller Arbeit ist hier vergleichsweise hoch.

6.7 Zusammenfassung

Zusammenfassend werden insgesamt fünf Szenarien urbaner Produktion vorgestellt. Es wird deutlich, dass die Szenarien an sich sowie die Zuordnungen der WZ-Klassifikationen nicht überschneidungsfrei sind. Es zeigen sich vielmehr unterschiedliche Denkrichtungen urbaner Produktion, die nicht isoliert voneinander zu betrachten sind.

Deutlich wird auch, dass die Gestaltungsparameter je nach Szenario unterschiedlich stark zutreffen bzw. diskutiert werden. So trifft der Technologieeinsatz bei Low-Tech Betrieben weniger zu – bei allen anderen ist dieser jedoch sehr deutlich (Tabelle 27).

	1	2	3	4	5	6	7	8	9	10	11	12	13	14	15	16	17	18	19	20
Szenario urbaner Produktion	Produktion kleiner Losgrößen durch innovative Fertigungsverfahren	Individuelle Produktion unter hohem Kundeneinbezug	Schadstoffarme und emissionsfreie Produktion	Neue Arbeitsplatz und Prozessgestaltung	Flächenbedarf der Produktion	Flächenverfügbarkeit und -kosten	Integration im Bestand	Betroffenheit der Anwohner und Flächennutzungskonflikte	Strukturwandel und Revitalisierung von Flächen	Logistik und Verkehr	Arbeitskräfteangebot	Nähe zu Bildungs und F&E-Einrichtungen, Technologiezentren und Fablabs	Neue Wertschöpfungsmodelle und Produktionsnetzwerke	Ver- und Entsorgung sowie Stoffströme	Aktive Gewerbeflächen- und Planungspolitik	Kurze Wege zwischen Wohnen und Arbeiten	Neue (serviceorientierte) Geschäftsmodelle	Planungs- und baurechtliche Regulierungen	Umweltbewusstsein hinsichtlich Ressourcen und Energieeffizienz	Globaler Markt als Wettbewerbsumfeld
Manufakturen	x	x		x			x		x				x		x	x	x		x	x
Technologiebetriebe	x	x		x	x				x	x	x	x	x	x		x		x		x
Individuelle Makers	x	x		x			x					x	x			x	x		x	
Lebensmittelbetriebe			x		x			x		x				x				x	x	
Sozialorientierte Low Tech Betriebe		x				x	x		x		x		x		x	x			x	

Tabelle 27: Übersicht stark diskutierter Gestaltungsparameter der Szenarien (Quelle: eigene Darstellung)

Die Rolle der Individualisierung sowie die des Kundeneinbezugs ist nahezu durchgängig ein wesentlicher Faktor. Ebenfalls weist der Gestaltungsparameter der neuen Wertschöpfungs- und Produktionsnetzwerke übergreifend eine rege Diskussion auf. Diese Beobachtung trifft somit mit den Ergebnissen der Sensitivitätsanalyse bzw. den sensiblen Steuerungsgrößen überein.

Industrie 4.0 spielt im Kontext der prototypischen Szenarien mit Ausnahme der Low-Tech Betriebe durchgehend eine relevante Rolle, wenn auch mit unterschiedlicher Ausprägung. Die größte Schnittmenge liegt hier bei den additiven Fertigungsverfahren sowie beim Einsatz von Multibearbeitungsmaschinen (Tabelle 28).

Szenario urbaner Produktion	Elemente der Smart Factory			
	CPS	Additive Fertigungs-verfahren	Multibearbeitungs-maschinen	Kooperative Robotik und Mensch Maschine Interaktion
Manufakturen		x	x	
Technologiebetriebe	x	x	x	x
Individuelle Makers		x	x	
Lebensmittelbetriebe	x			
Sozialorientierte Low Tech Betriebe				

Tabelle 28: Ausprägung von Elementen der Smart Factory in den Szenarien (Quelle: eigene Darstellung)

Bei Betrachtung der räumlichen Verortung der Szenarien lässt sich im Überblick feststellen, dass mit Ausnahme besonderer emissionsstarker Lebensmittelbetriebe eine Integration im hoch verdichteten urbanen Raum vorstellbar ist (Tabelle 29).

Szenario urbaner Produktion	Produktbeispiele	Produktion im urbanen Raum mit hoher Dichte (hohe funktionale Durchmischung, bspw. Innenstadt)	Produktion im urbanen Raum mit geringer Dichte (geringe funktionale Durchmischung, bspw. Stadtrand, Gewerbe-/Industriegebiet)
Manufakturen	High-End-Nischenprodukte, Bekleidung, Taschen, Möbel, Fahrräder	+	-
Technologiebetriebe	Medizintechnik, Maschinenbau, Kleinserien	+	+
Individuelle Makers	Prototypen, Produktentwicklung, Ersatzteile, Einzelstücke	+	-
Lebensmittelbetriebe	Konfitüre, Gebäck, Kaffee, (Mikro-) Brauereien, Urban Farming	o	+
Sozialorientierte Low Tech Betriebe	Möbel	+	-

Tabelle 29: Räumliche Verortung der Szenarien (+ geeignet, O bedingt geeignet, - weniger geeignet) (Quelle: eigene Darstellung)

Zur Realisierung dieser prototypischen Szenarien urbaner Produktion, die mit vereinzelten Good Practices veranschaulicht wurden, werden nun im folgenden Teil Handlungsfelder abgeleitet.

Die dritte Forschungsfrage „Wie sehen wirtschaftsräumliche Szenarien zur Ansiedlung urbaner Produktion im Kontext von Industrie 4.0 aus?“ wird mit insgesamt fünf Szenarien beantwortet. Deutlich wird hierbei – mit Ausnahme des Low-Tech Szenarios – wie stark Elemente der Industrie 4.0 urbane Produktion raumwirksam prägen.

7 Handlungsfelder urbaner Produktion

7.1 Einführung

Die bisherigen Ausführungen der vorliegenden Arbeit zeigen Chancen und Potentiale des Konzepts moderner urbaner Produktion auf. Die Herausforderung besteht nun darin, diese Potentiale für öffentliche kommunale Akteure sowie Unternehmen nutzbar zu machen. In diesem Kapitel der Arbeit werden die bisherigen Erkenntnisse synthetisiert und Handlungsfelder für kommunale Akteure sowie Unternehmen abgeleitet. Diese basieren auf den empirischen Erhebungen (hier vorrangig leitfadengestützte Experteninterviews, Kapitel 4.3.1) und orientieren sich an den Gestaltungsparametern sowie den dargelegten Szenarien (Kapitel 6).

Entsprechend der abgeleiteten Analyseebenen (Kapitel 4.2.2 und 4.5) setzen die Handlungsfelder an den Gestaltungsparametern auf unterschiedlichen Maßstäben an (Abbildung 30). Diese reichen von kleinteiligen Handlungsfeldern auf Fabrikebene bis hin zu übergeordneten Handlungsfeldern, die den lokalen, regionalen Bezug übersteigen.

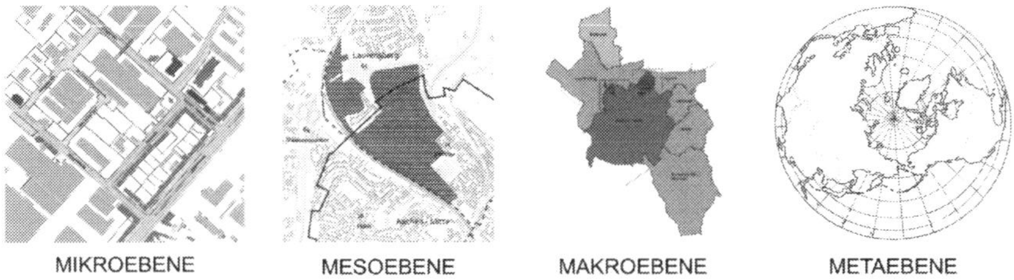

Abbildung 30: Analyseebenen der urbanen Produktion im Überblick (Quelle: eigene Darstellung nach Quelle: Lehrstuhl für Planungstheorie, RWTH Aachen University 2017, s. Kapitel 4.2.2 und 4.5)

7.2 Fokus: Mikroebene

Individuelle Produktion unter hohem Kundeneinbezug stärken.

Die Ausführungen der Arbeit zeigen, dass die individuelle Produktion ein Kernparameter und zugleich eine sensible Steuerungsgröße urbaner Produktion ist. Die Kundennähe und Mitgestaltung durch den Kunden ist bereits heute sowie zukünftig ein wichtiger Faktor für die Wettbewerbsfähigkeit von Unternehmen. Diese stellen sich mit ihren Produktionsstätten (auch international) in der Nähe ihrer Kunden auf, um vor Ort lokale Märkte bedienen zu können. Durch die Ortsnähe kann kurzfristig auf veränderte Wettbewerbskonstellationen und neue Anforderungen der Kunden reagiert werden.

Lieferzeiten und -kosten werden reduziert sowie ggf. Lagerkapazitäten eingespart (vgl. Laqua/Wey 2012, Gausemeier/Klocke 2016a).

Nur wenn Unternehmen auf diese steigenden Anforderungen sowie Individualisierungswünsche von Kunden eingehen können, bleiben diese wettbewerbsfähig. Dies ist gerade am Produktionsstandort Deutschland, welcher sich durch die Produktion einzelner hochqualitativer Produkte und weniger durch Skaleneffekt auszeichnet, von höchster Bedeutung. Technologien der Industrie 4.0 wirken hier als Enabler und müssen weiterentwickelt werden, um Deutschland als möglichen Leitmarkt bzw. Leitanbieter zu etablieren (vgl. Gausemeier/Klocke 2016b).

„Local for Local" – individuelle Produktion unter hohem Kundeneinbezug kann auch durch lokale community-basierte Ansätze stattfinden. Bei dem Ansatz des community-basierten Autobauers Local Motors werden Wissen und Kreativität einer großen Zahl von Usern genutzt (vgl. Crowdsourcing, bspw. Pease 2014), die mit CAD arbeiten (Kapitel 3.3.3). Koordiniert werden sie von einem professionellen Team des Autobauers, bestehend aus Ingenieuren und Industriedesignern. So schafft Local Motors fünfmal schnellere Innovationszyklen als klassische Autobauer (7-Jahres-Baureihen) (vgl. Interview 23). Der Entwicklungsprozess ist demnach offen und frei zugänglich, produziert wird in dezentralen labor-ähnlichen Mikro-Fabriken. Im Jahr 2015 hat sich Local Motors mit Unterstützung der Berliner Agentur für Elektromobilität eMO in Berlin angesiedelt. Dabei wird ein in der Community entwickelter, autonom fahrender Kleinbus zukünftig in Alt-Treptow produziert. 40% des Fahrzeuges werden mittels additiver Fertigung hergestellt (vgl. Senatsverwaltung für Wirtschaft, Energie und Betriebe der Stadt Berlin 2016). Community-basierte, Kundennahe (Entwicklungs-) Konzepte bieten im Kontext urbaner Produktion großes Innovationspotential und sind weiter zu fördern sowie pilothaft zu testen.

Auswirkungen der Dematerialisierung von Produktion räumlich verorten.

Die Digitalisierung hebt ursprüngliche Raumgefüge auf. Dies heißt, dass Warenströme zunehmend durch Datenströme ersetzt werden (vgl. Interview 18). Experten gehen zukünftig von Kunden aus, die online den Datensatz eines Produkts kaufen, die Daten von Bauteilen abrufen, individualisieren sowie den Status eines Produktionsauftrags überwachen. Eine durchgehende Einbindung des Kunden in die Produktion kann beispielsweise via Web-Monitoring ermöglicht werden (vgl. Interview 8). Mittels dieser Dematerialisierung wird Dezentralität schnell überwindbar und verteilte Produktionsnetzwerke werden ermöglicht (vgl. Interview 5).

> *„Der Herstellungsprozess wird mit dezentralen Produktionseinheiten dort stattfinden, wo es aus Sicht der räumlichen Verortung des Kunden und der Auslastung der Fertigungseinheiten sinnvoll erscheint. Nicht die Produkte werden um den Globus geschickt, sondern lediglich die Dateien für ihre Fertigung, individuell anpassbar bis weit in den Produktionsprozess hinein " (Haute Innovation 2015).*

In Ergänzung zum ersten Handlungsfeld könnte dies bedeuten, dass sich die digitalen Fabriken nicht mehr in Fernost befinden, sondern aus dezentralen Produktionseinheiten in regionaler Nähe bestehen, die Einzelstücke vom Band zu vergleichbaren Preisen wie bei der Massenproduktion ermöglichen. Letztlich werden der Dematerialisierung auch aus ökologischen Aspekten Potentiale zugesprochen. Stoffströme sollen so reduziert werden, dass der Material- und Energieverbrauch minimal ist. Das Ziel ist, menschliche Bedürfnisse bei gleichzeitiger Reduzierung der Umweltbelastungen zu erfüllen (vgl. Factor 10 Institute 2008). An dieser Stelle gilt es vertiefend zu untersuchen, inwiefern diese Konzepte urban umsetzbar sind bzw. wie stark physische Stoffströme zu Erfüllung der Bedürfnisse reduziert werden können.

Digitalisierung und Robotik als Chance der Regionalentwicklung nutzen.

Der Robotik wird eine zunehmend wichtige Rolle in der Fabrik der Zukunft zugeschrieben. Neben der vollautomatisierten Fertigung von Einzelteilen und der Montage von Endprodukten wird das individualisierte Produkt in kleinen Stückzahlen mehr Flexibilität im Ablauf der Produktion erfordern. Weg vom Fließband hin zu flexiblen Produktionsinseln werden Mensch und Maschine im Sinne einer kollaborativen Robotik deutlich enger zusammenarbeiten und der Arbeitsraum in der Smart Factory neu gestaltet werden. Der Roboter-Assistent für automatisierte Produktionsabläufe kann in prototypischen Produktionsräumen ohne Schutzraum zusammen mit dem Monteur an einem Arbeitsplatz arbeiten (Kapitel 3.3.4). Prototypen für diese Zusammenarbeit gibt es bereits. Dies hat zur Folge, dass Fabriken zukünftig völlig neu und flexibler geplant werden können sowie neue kompaktere Raumlösungen – und somit stadtverträglicher – ermöglicht werden (vgl. Erbstößer 2016). Zusätzlich ermöglicht Direct Digital Manufacturing die Teileproduktion direkt aus einem CAD-File. Die Teile werden dann direkt werkzeuglos additiv gefertigt. Es gibt dadurch eine deutliche Zeitersparnis zwischen Design und Produktion (vgl. Interview 21). Weitere Forschung soll daher verstärkt Robotik sowie die technologische Ausgestaltung der Smart Factory im Kontext urbaner Produktion diskutieren (Kapitel 3.3.4).

Flächenmangel mit vertikaler Integration begegnen.

Die zuvor geschilderten Möglichkeiten der Digitalisierung und Industrie 4.0 ermöglichen Fabriken zukünftig flexibler zu planen. Hohe Flächenkosten sowie Flächenmangel sind stark limitierende Faktoren in der Stadt. Konzepte der vertikalen Integration bzw. Fabrikplanung werden hier als eine Antwortmöglichkeit diskutiert (vgl. Interview 9).

Zur Erhöhung der Flächeneffizienz müssen die fabrikinternen Wertschöpfungsprozesse über räumlich verteilte Funktionsbereiche innerhalb der Gebäudestrukturen ablaufen – hier sind neue Ansätze erforderlich. In der Gläsernen Manufaktur in Dresden wird bspw. mit einer komplexen Fahrstuhltechnik gearbeitet (vgl. Interview 10). Weitere mögliche Lösungsansätze liegen darin, den Flächenverbrauch durch die Entkopplung von Produktion und flächenbedarfsintensiver Lagerhaltung zu reduzieren. So kann sich beispielsweise die Produktion und damit der wesentliche Anteil der Arbeitsplätze dezentralisiert im hoch verdichteten urbanen Raum befinden, während die Lagerhaltung kooperativ und zentralisiert ist, zum Beispiel in der Stadtperipherie bzw. im gering verdichteten urbanen Raum (vgl. Weinert et al. 2014).

Bestehende ein- bis zweigeschossige Gewerbebauten können als vertikale Fabriken nachverdichtet werden (vgl. Erbstößer 2016). Im Falle der Gläsernen Manufaktur sowie der Wittenstein AG werden bspw. störende Emissionen vermieden, indem An- und Ablieferung in unterirdischen Parkhäusern stattfindet (vgl. Interview 10). Neben diesen wenigen Good Practices bedarf es weiterer modellhafter Pilotfabriken, um vertikale Konzepte weiter zu erproben.

7.3 Fokus: Mesoebene

Konzepte der City-Logistik weiter fördern.

Der Bezug von vorgefertigten Teilen und Rohstoffen ist nach wie vor elementar für die Verstandortung von Produktionsstätten. Auch die innerstädtische Vernetzung von mehreren Produktionsstandorten setzt innovative Logistikkonzepte voraus, die eine oftmals bereits angespannten Verkehrssituationen nicht weiter belasten (vgl. Interview 13). So zeigen Beispiele, dass es sich lohnt, Konzepte wie die CityCargoTram in Dresden oder Güterverkehrszentren zur Bündelung von Warenströmen auszubauen (vgl. Interview 9). In diesem Fall werden vorhandene Straßenbahngleise für den Güterverkehr zwischen Fabrik und Güterverkehrszentrum antizyklisch genutzt, sodass der Personenverkehr nicht eingeschränkt wird. Zukünftig werden zentrale Versorgungskonzepte stärker gefragt sein, bei denen große LKW nur noch bis zum Stadtrand fahren (vgl. Interview 20). Auch autonomen Logistiksystemen mit Drohnen oder weiteren Vehikeln wird zukünftig großes Potential zugesprochen, um den innerstädtischen Logistikverkehr zu entlasten (vgl. BMWi 2015b).

Ein weiterer Bereich ist der Lieferverkehr der „Last Mile" in der Stadt. Studien zeigen, dass dieser über innerstädtische Mikro-Logistik-Zentren oder dezentrale Verteil-Lager neu geregelt werden kann. Dafür ist die Einrichtung von Mikro-Flächen an geeigneten zentralen Standorten notwendig (vgl. IHK Stuttgart 2015). Zudem können durch den Zusammenschluss von Unternehmen zur Nutzung einer gemeinsamen Logistiklösung positive Effekte, wie bspw. eine Verkehrsreduzierung, entstehen. Ein Beispiel stellt das Projekt Smart Emma in Aachen dar. Lebensmittelkonsumenten erhalten über diesen Marktplatz die Möglichkeit, individuelle Warenkörbe (verschiedene Produkte von verschiedenen lokalen Händlern) zusammenzustellen und bis zur Haustür liefern zu lassen. Die Lieferung der Waren erfolgt durch elektrische Lasten-Fahrräder (vgl. Smart Emma 2016).

Deutlich wird hier, wie sich emissionsarme Kleinladungsverkehre zur Transportabwicklung verteilter Wertschöpfungsprozesse bzw. zur Endkundenauslieferung in hoch verdichteten Räumen anbieten. Diese sollen sich besser mit den Anforderungen individueller Personenmobilität im Straßenverkehr, aber auch im öffentlichen Personennahverkehr (ÖPNV) harmonisieren lassen (vgl. Weinert et al. 2014).

Die genannten Konzepte gilt es weiterzuentwickeln. Darüber hinaus sind weiterführende Strategien zu entwickeln, die eine Bündelung des Güterverkehrs in urbanen Zentren ermöglichen. Generell bedarf es außerdem der Untersuchung von Auswirkungen dezentraler Produktion auf den Wirtschaftsverkehr (vgl. Erbstößer 2016).

Nachbarschaftsverhältnisse stärken.

Ein gutes Nachbarschaftsverhältnis im direkten Umfeld des Betriebes ist essenziell. Dies schließt sowohl lokale Angebote für die eigenen Mitarbeiter als auch ein soziales und ökologisches Engagement im direkten Umfeld der Produktionsstätte mit ein. Das soll dazu verhelfen, die Akzeptanz zu sichern und gegebenenfalls zu erhöhen (vgl. Schössler at al. 2012b). Um Konflikten vorzubeugen, die durch Vorbehalte gegen schädliche Einflüsse durch Gewerbe entstehen, muss ein verstärkter Bürgerdialog gesucht werden und die Betroffenen frühzeitig mit einbezogen werden.

Untergenutzte Flächen aktiv in Wert setzen.

Der strukturelle Wandel muss aktiv durch die Förderung von zukunftsfähigen Branchen und durch die Vernetzung mit Forschungsstandorten begleitet werden. Das Ziel ist, neue Produktionsformen durch die Förderung von Innovationen zu entwickeln. Durch gezielte Brachflächenrevitalisierung können belastete Industrieflächen in der Stadt frei werden für eine neue Nutzung. Der Prozess der Wiedernutzbarmachung von ehemals industriell genutzten Flächen für neue Industrien ist technisch, planerisch und finanziell anspruchsvoll. Eine Unterstützung und Umsetzung durch die Landesentwicklungsgesellschaft bietet sich daher an (vgl. Schössler at al. 2012b).

7.4 Fokus: Makroebene

Synergien durch neue horizontale Wertschöpfungsmodelle ausschöpfen.

Dieser Gestaltungsparameter wird als besonders sensibel im Kontext urbaner Produktion betrachtet. Unternehmensverbünde sollen zur Gestaltung gemeinsamer Wertschöpfungsketten genutzt werden. Kagermann et al. (2013) nennt hierzu den Aufbau von Wertschöpfungsketten und Netzwerken über Firmengrenzen hinweg auf Basis einer horizontalen Integration. Gemeint ist die Integration unterschiedlicher Prozessschritte der Produktion und Unternehmensplanung (digital durchgängiges Engineering), bezogen auf Material-, Energie- und Informationsflüsse. Die Integration kann sich dabei sowohl auf Prozesse innerhalb eines Unternehmens beziehen (bspw. Fertigung, Vermarktung) oder auch über mehrere Unternehmen in der Stadt hinweg (bspw. lokale Wertschöpfungsnetzwerke) geschehen (ebd.).

Strategisch könnten sich deutsche Produktionsstandorte neu positionieren: Neben dem häufig von deutschen Unternehmen verfolgten Wertschöpfungskonzept „Systemkopf" (BDI 2008), bei denen diese sich auf Bereiche mit hohem Wertschöpfungspotential konzentrieren (bspw. F&E) und einfache Produktionsarbeiten auf international verteile Wertschöpfungsnetze verteilen, bieten sich mit ganzheitlichen Wertschöpfungsansätzen neue Potentiale: Durch Technologien der Industrie 4.0 in Form von vernetzten, intelligenten Fertigungssystemen soll hohe Qualität bei gleichzeitig global wettbewerbsfähigen Fertigungskosten erreicht werden (vgl. Gausemeier/Klocke 2016a). Standorte agieren so als kreativer Gestalter globaler Wertschöpfungsketten sowie als Produzent.

Deutlich hervorzuheben ist auch die Verbindung der Produktion von Produkten mit Produkt-bezogenen Dienstleistungen. Produktionsunternehmen, die auch künftig erfolgreich sein wollen, müssen die industrielle Wertschöpfung so eng mit der Dienstleistung verzahnen, dass sie dem Kunden anstatt von Produkten einen Nutzen verkaufen (vgl. hybride Wertschöpfung, Interview 19). Der Servicecharakter erfährt zunehmende Bedeutung und ist im urbanen Kontext aufgrund kurzer Wege realisierbar. Am Beispiel des Handwerks, das dies bereits ermöglicht, sollten auch andere Branchen eine Überzeugung hierfür entwickeln (vgl. Interview 17).

Auch ökoindustrielle Netzwerke können hier bedacht werden. Hier ist beispielsweise die Abwärmenutzung und die Entwicklung innovativer Stoffstrommodelle vorstellbar (vgl. Interview 3). Zur Erhöhung der Innovationsfähigkeiten von Räumen ist neben der Förderung von Technologien der Wissenstransfer ausschlaggebend. Der Transfer von Wissen in kommerzielle Wirtschaftsgüter führt zu wirtschaftlichem Erfolg und damit Wohlfahrtsgewinn. Dies muss durch den Ausbau professioneller organisierter Netzwerke und Cluster gefördert werden (vgl. Schössler at al. 2012b).

Lokale Produktionsnetzwerke und Maker-Spaces schaffen.

Ein starkes lokales Produktionsnetzwerk bietet den Produzenten die Möglichkeit schnelle Prototypen zu bauen, kleine Losgrößen zu produzieren und schnelles Produktfeedback vom lokalen Absatzmarkt zu bekommen (vgl. SFMade 2015). So können beispielsweise IT-Plattformen, wie Britehub, der Vernetzung von Akteuren zur Schaffung neuer lokaler Supply Chains und Wertschöpfungsketten dienen. Zulieferer und Produzenten können hierdurch gemeinsam Ressourcen und Materialen verwalten bzw. steuern (vgl. SFMade 2015). Sharing Konzepte zur gemeinschaftlichen Nutzung von Betriebsmitteln und Produktionsflächen sollen verstärkt in Betracht gezogen werden.

Während eine Vielzahl neugegründeter Unternehmen von zu Hause ausgegründet wird, spielen zunehmend Maker-Spaces eine prominente Rolle. In San Francisco als eine der weltweit prominentesten Raumbeispiele für eine starke Gründer- bzw. Maker-Szene, beginnen über 13% der neugegründeten Unternehmen in Maker Spaces, wie bspw. TechShop (vgl. SFMade 2015). Maker Spaces, Fablabs oder Open Creative Labs eignen sich, um Forschungs- und Entwicklungsprozesse jenseits der traditionellen Institutionen zu öffnen. Vor allem das Experimentieren und schnelle Bauen von Prototypen bietet Chancen für partizipative Forschung und für Nutzer- und Problem-getriebene Kreativität. Labs ermöglichen den Zugang zu hochwertigem (digitalem) Equipment (vgl. Schmidt et al. 2016). Hier ist viel Platz zur Begegnung notwendig (vgl. Interview 19). Kommunen sollen „White Spaces“ oder „Multi-Tenant Industrial Space“ anbieten (vgl. Interview 6, SFMade 2015). Zudem dienen Labs zur Stärkung der Startup-Szene und Entrepreneurship (vgl. Schmidt et al. 2016), weil sie komplementär zu den Angeboten von regionalen Firmen der Kultur- und Kreativwirtschaft Büro- und Werkstattflächen bieten (vgl. Interview 11). Maker-basierte Betriebe - angetrieben durch den Zugang zu Kapital, Märkten, Betriebsmitteln, Räumen und vor allem Informationen - bieten neue Wege, um Unternehmen zu gründen (vgl. SFMade 2015).

Attraktive Arbeitsplätze schaffen und die Fachkräfte urban binden.

Eine zentrale Voraussetzung für den Erfolg beim Wettbewerb um die besten Arbeitnehmer ist eine gute technische Ausbildung. Auch altersdurchmischte Teams sowie die Vereinbarkeit von Beruf und Familie sind wichtige Voraussetzungen (vgl. Schössler at al. 2012b). Hier sollten auch Ältere, erfahrene Menschen als Experten einbezogen werden (vgl. Interview 13). Generationendurchmischung ist somit beim Wohnen und Arbeiten zu fördern (vgl. Interview 5). Gute Wohn- und Lebensbedingungen für Erwerbspersonen in der Stadt müssen angeboten werden, wodurch auch die Zuwanderung qualifizierter Arbeitnehmer gefördert wird. Dabei muss deren ausländische Qualifikation anerkannt werden. Flexible Arbeitszeitmodelle in Kombination mit der Zugänglichkeit zu sozialen Einrichtungen (bspw. Kitas) nehmen an Bedeutung zu, vor allem in Bezug auf den Kampf um Talente. Die Digitalisierung relativiert hier z.T. direkte Nähe und ermöglicht eine stärkere Arbeitszeitflexibilität (vgl. Interviews 17, 11). Die Akquise von hochqualifizierten Mitarbeitern ist dabei für den Mittelstand entscheidend (vgl. Interview 20).

7.5 Fokus: Metaebene

Standortmarketing und Markenbildung gezielt nutzen.

Local Branding ist zur Unterstützung lokaler Entrepreneure einzusetzen. Auch hier verdeutlicht ein US-Beispiel aus San Francisco mögliche Ansatzpunkte (vgl. Interviews 23, 22). Bei SFMade wird ein neuer, integrierter Ansatz zur Erschaffung einer nachhaltigen Gesellschaft durch lokale Produktion angewendet. Als Non-profit-Netzwerk unterstützt SFMade seit 2010 Unternehmen in San Francisco dabei, lokal zu produzieren, lokale Arbeitskräfte einzubinden und lokalen Absatz zu betreiben. SFMade bietet eine Markenplattform, die es lokalen Produzenten erleichtert sich zu identifizieren, gleichzeitig aber auch den Konsumenten dabei hilft, lokal produzierte Produkte zu erkennen. Dabei arbeiten sie direkt mit etablierten Unternehmern und Startups zusammen, die in San Francisco produzieren. SFMade bietet ein zertifiziertes Mitgliederprogramm für lokale Produzenten, welches eine Zertifizierung der in San Francisco produzierten Güter ermöglicht. Außerdem wird eine Vielzahl von Tools zur Verfügung gestellt, die es ermöglicht, enger mit dem Kundenstamm zu kommunizieren, wie bspw. Markensicherung, Auflistung auf der SFMade Website, Suchmaschinen und exklusive Verkaufsmöglichkeiten durch strategische Partner und Events, die von SFMade organisiert werden. Dazu gehören beispielsweise auch Industrie-spezifische Bildungsmaßnahmen und Netzwerkbildungsmöglichkeiten. Gleichzeitig hilft SFMade neue Jobs zu schaffen, auch für Menschen mit untypischen Erwerbsbiografien oder Erfahrungen. Für die angrenzende Bevölkerung werden Fabriktouren angeboten, um die öffentliche Aufmerksamkeit und Akzeptanz der Produktion zu erleichtern (vgl. SFMade 2016).

Deutlich wird hier die Funktion von SFMade als engagierter „Kümmerer“. Eine Beratung und Betreuung von Unternehmen „aus einer Hand“ ist ein effektives Instrument zur Ansiedlungsförderung und Standortentwicklung (vgl. Läpple 2016).

Sensibilisierung für Good Practices urbaner Produktion.

In Ergänzung zum Local Branding bedarf es einer überregionalen Initiative, die für die Potentiale urbaner Produktion sensibilisiert. Erneut zeigt ein US-Beispiel mögliche Konzepte auf, die auch auf Deutschland übertragbar wären. Die Urban Manufacturing Alliance (UMA) ist eine in 2011 gegründete Koalition, die aus Organisationen besteht mit dem Ziel, nachhaltige Produktion in die Städte zurückzubringen. Die UMA entwickelt Good Practice Beispiele und vermittelt Werte hinsichtlich nachhaltiger und fairer Wirtschaftsentwicklung, um so kleine und mittelständische Unternehmen in den gesamten Vereinigten Staaten zu unterstützen. Außerdem unterstützt diese die Entwicklung von existenzsichernden Jobs im Produktionssektor. Der Fokus von UMA liegt dabei auf der Landnutzung, Arbeitskräfteentwicklung, lokalen Marken, Finanzierung und Eigenkapital. Außerdem hält sie regionale und internationale Konferenzen ab, veröffentlichen Strategiereports und entwickeln Tools, um erfolgreiche Strategien zu wiederholen, Ressourcen zu teilen und die Mitglieder mit den „Praktikern“ zu vernetzen (vgl. UMA 2015).

Low-Tech zur Integration von Flüchtlingen und sozial benachteiligten Menschen nutzen.

Neben den sehr technisch- bzw. Industrie 4.0-getriebenen Szenarien urbaner Produktion ist auch die Förderung von Low-Tech Betrieben hervorzuheben. Wie das Beispiel des Aachener BIWAQ zeigt, können Flüchtlinge und geringqualifizierte Menschen kompetenzbasiert in lokale Wertschöpfungsketten integriert werden. Diese werden so unter realen Bedingungen von der Entwicklung eines Produktes über die Produktion, die Verarbeitung und den Verkauf auf einen Beruf vorbereitet.

7.6 Zusammenfassung

Kapitel 7 verdichtet die Erkenntnisse der vorliegenden Arbeit in 13 Handlungsfeldern, die in Ergänzung zu den identifizierten Gestaltungsparametern mögliche nächste Ansatzpunkte zur Gestaltung urbaner Produktion für Kommunen und Unternehmen formulieren. Entsprechend der Gestaltungsparameter sind die Handlungsfelder unterschiedlichen Maßstabs- bzw. Analyseebenen zugeordnet.

Wie auch die Sensitivitätsanalyse gezeigt hat, ist es das Handlungsfeld der individuellen Produktion unter hohem Kundenbezug, welches urbane Produktion auf der Mikro- bzw. Grundstücks- oder Fabrikebene gestaltbar macht. Auch Konzepte, Entwicklungsprozesse zu öffnen und lokale Communities einzubinden, sollen hier weiterverfolgt werden. Hinzu werden weitere Ausgestaltungskonzepte der Industrie 4.0 bzw. Smart Factory genannt, wie bspw. das der kooperativen Robotik oder auch der vertikalen Fabrikgestaltung, welche die Produktionsorganisation flexibilisieren und als mögliche Antwort auf Flächenknappheit funktionieren können. Offen ist aktuell die Abschätzung der räumlichen bzw. urbanen Auswirkungen der anhaltenden Dematerialisierung der Produktion.

Auf der Meso- bzw. Quartiersebene wird das Handlungsfeld der City-Logistik vor allem seitens der Experten stärker diskutiert, wenn auch der Gestaltungsparameter „Logistik und Verkehr“ zuvor in der Sensitivitätsanalyse keine auffällige Rolle einnimmt (Kapitel 5). Grundsächlich versuchen Citylogistik-Konzepte hier Güterverkehrsströme zu bündeln und auf emissionsfreie Verkehrsmittel zu übertragen. Auch die Rolle der Nachbarschaftsverhältnisse sowie das Potential urbaner Produktion untergenutzte Flächen in Wert zu setzen werden auf der Mesoebene als Handlungsfeld genannt.

Die Makro- bzw. Stadtebene befasst vorrangig mit der Etablierung neuer Wertschöpfungsmodelle und Produktionsnetzwerke. Hier liegen wiederum enge Überschneidungspunkte mit der Ausgestaltung neuer Citylogistik-Konzepte vor, welche zur Realisierung der Wertschöpfungsmodelle erforderlich sind. Kern ist die Idee ganzheitliche, unternehmensübergreifende lokale Wertschöpfungsketten aufzubauen, um auch im internationalen Wettbewerb bestehen zu können. Maker-Spaces können dabei als Begegnungsraum und Drehkreuz für lokale Produktionsnetzwerke dienen. US-Beispiele zeigen hier große Potentiale an Kreativität und Innovationsfähigkeit, die in deutschen urbanen Standorten bislang nur teilweise genutzt bzw. gelebt werden.

Zuletzt werden auf der Metaebene übergreifende Handlungsfelder genannt. Local Branding kann zur Stadtortentwicklung und gemeinschaftlichen Identifikation lokaler Entrepreneure unterstützend wirken. Dabei können auch überregionale Initiativen zu einer Sensibilisierung für urbane Produktion verhelfen. Neben den eher technisch diskutierten Handlungsfeldern können sich Low-Tech-Szenarien urbaner Produktion zur gesellschaftlichen Integration bestimmter Personengruppen eignen.

In diesem Kapitel wird die vierte Forschungsfrage „Wie können Akteure bei der Ansiedlung urbaner Produktion im Kontext von Industrie 4.0 unterstützt werden?“ beantwortet. Hierzu werden 13 Handlungsfelder auf vier verschiedenen Gestaltungsebenen ausgesprochen, die Ansatzpunkte zur Gestaltung urbaner Produktion liefern.

8 Reflexion und Ausblick

Die Ausführungen der vorliegenden Arbeit zeigen, dass sich durch das Zusammenspiel der identifizierten Gestaltungsparameter gegenwärtig Entwicklungen abzeichnen, welche neue Potentiale für urbane Räume eröffnen können. Die technologischen Fortschritte der Smart Factory bzw. Industrie 4.0 sind hier treibend bzw. ermöglichen neue räumliche Gestaltungsmöglichkeiten von Fabriken. Der Einsatz von additiven Fertigungsverfahren ist hier besonders hervorzuheben.

> *„Die Anwendungen scheinen kaum begrenzt: passgenaue Hörgeräte, Zahnkronen, Prothesen, Maschinenteile, Automobilersatzteile aus Plastik, Aluminium, Stahl, Titan, Glas oder Keramik. Selbst der „Druck" von Häusern wird inzwischen getestet. Die Erwartungen und Spekulationen sind groß" (Läpple 2016).*

Kern dabei ist, dass hiermit die Rückverlagerung der globalisierten Produktion an den Ort des Konsums prognostiziert wird und demnach von einer Reintegration der Produktion in den urbanen Raum ausgegangen wird. Diese These soll nun nochmals genauer reflektiert werden.

Local for local oder local for global?

Die Produktionsstrategie von Unternehmen umfasst Entscheidungen in den Bereichen Fertigungsaufgabe (bspw. Art und Menge der zu erstellenden Leistungen), Produktionsstruktur (bspw. Werksstandorte, Kapazitäten, Infrastruktur) und Produktionsprozesse (bspw. Logistik) (vgl. Gausemeier/Klocke 2016a). Strategien können dabei unterschiedlich aussehen: Bei local for local stellen sich Unternehmen mit ihren Produktionsstätten international in der Nähe ihrer Kunden auf, um lokale Markt zu bedienen. Durch räumliche Nähe ist eine schnelle Reaktion auf sich ändernde Anforderungen möglich (Kapitel 7.2, vgl. Laqua/Wey 2012). Bei der Strategie local for global suchen die Unternehmen mit ihren Produktionsstätten nicht zwangsläufig die Nähe ihrer Kunden auf, sondern orientieren sich an den günstigsten Rahmenbedingungen für ihre jeweiligen Produkte, um diese von dort aus auf den globalen Markt zu bringen. Hier ist auch die Rede von „Glokalisierung": Während eine globale Absatzstrategie verfolgt wird, wird lokal am günstigsten Standort produziert (vgl. bspw. Leser 2005). Stark beeinflussend wirken hier harte Standortfaktoren, wie bspw. lokale Steuersätze, Bau- und Energiekosten sowie Rechtssicherheit (vgl. Gausemeier/Klocke 2016a). Die Zentralität des Standorts ist hier nicht relevant.

Urbane Produktion wird aktuell vorrangig mit der Strategie local for local argumentiert. Wie im Diskurs der urbanen Produktion geprägt, begünstigt regionale bzw. lokale Nähe Just-in-Time-Produktionen mit kurzen Wegen sowie geringer Lagerhaltung und führt zu einer hohen räumlichen Integration. Dennoch zeigen vernetzte Industriekomplexe aktuell häufig noch fordistisch geprägte Produktionsmodelle auf, wenn auch Lagerhaltung stark reduziert sowie zwischenbetriebliche Kooperation voll integriert sind: Die Produktion findet in großen Skalen gebündelt an einem Ort statt und das Endprodukt wird über große Distanzen an den Endkunden geliefert (vgl. Gärtner/Stegmann 2015). An dieser Stelle ist es notwendig zu betrachten, welche Produkte aktuell tatsächlich in Kundennähe gefertigt werden und bei welchen Produkten künftig Potentiale zur kundennahen Fertigung liegen.

Eine Frage der Branche

Abbildung 31 zeigt hierzu, zu welchen Anteilen fünf Wirtschaftssegmente zur globalen Wertschöpfung beitragen. Die zwei Segmente „globale Innovation für lokale Märkte" sowie „regionale Verarbeitung" machen fast zwei Drittel der globalen Wertschöpfung und mehr als die Hälfte der Beschäftigung in der Produktion aus, sowohl in Industrie- als auch in Schwellenländern (vgl. McKinsey Global Institute 2012). Dies bedeutet, dass hier etwa die Hälfte der Fertigung bereits nahe am Verbraucher stattfindet, wenn auch nicht zwangsweise im urbanen Raum (vgl. Trage 2014).

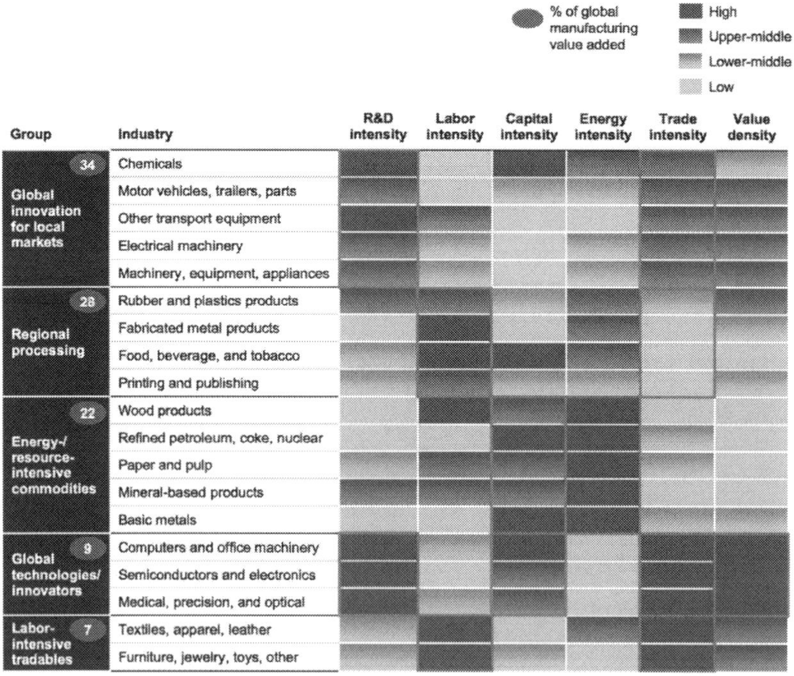

Abbildung 31: Fünf Segmente globaler Wertschöpfung, Stand 2010 (Quelle: McKinsey Global Institute 2012)

Urbane Produktion soll vielmehr dahingehend verstanden werden, endogene Potentiale städtischer Lokalökonomien sowie neue Möglichkeiten der Industrie 4.0 zu nutzen, um auf regionale und individuelle Verbraucherwünsche einzugehen, um schließlich neue Märkte zu erschließen und lokale Arbeitsplätze zu ermöglichen. Es geht weniger darum, in Konkurrenz zu Niedriglohnstandorten zu treten, allein schon, weil „mit Sicherheit nur ein kleiner Teil der Nachfrage bedient werden kann" (vgl. Gärtner/Stegmann 2015). So mag urbaner Produktion zum aktuellen Zeitpunkt eher die Deckung einer Nischennachfrage zugesagt sein (vgl. Interviews 3, 20).

Das in Kapitel 6 erwähnte Beispiel des radikal innovativen Autobauers Local Motors stellt wiederum den absoluten Gegensatz dar, nach dem Motto local for local: Lokale Entwicklung und Produktion für den lokalen Markt. Letztlich bestimmt das Innovationsumfeld, inwiefern sich lokale Wertschöpfungsketten gestalten lassen und der Kunde selbst zum Maker oder Produzent wird. Förderprogramme zu Industrie 4.0 Existenzgründung gibt es bereits. Planungsrechtliche Bestimmungen werden ebenfalls mit der Diskussion um das urbane Gebiet aktiv angegangen (vgl. Gärtner/Stegmann 2015).

Urbane Produktion nur in angesagten Quartieren?

Die Kreativwirtschaft bevorzugt das urbane Umfeld. Es werden vor allem Gebrauchsgüter mit einem hohen Grad an Individualisierung gefertigt. Dabei wird allerdings eher die prototypische Entstehung von Produkten verfolgt, weniger die Produktion von marktreifen Sachgütern, weder in Serie noch in Stückzahl 1 (vgl. Erbstößer 2016).

Als Teil der Kreativwirtschaft spielt die Maker-Bewegung bei urbaner Produktion eine wesentliche Rolle. Hierbei ist es das Ziel einer Community, etwas Eigenes und Individuelles herzustellen. Diese Form des Produzierens deckt sicherlich nicht die Bedarfe der Verbraucher, sondern ist vielmehr eine symbolische Abkehr von der „Made in China"-Produktion (vgl. Boeing 2015). Hier bieten die Stadt und lokale Ökonomie einen guten Absatzmarkt.

Dieser im Kontext urbaner Produktion diskutierte nachhaltige, bewusst lokale Lebensstil zeigt sich jedoch vorrangig in hippen, gut situierten urbanen Quartieren. Dort wo eine Aufwertung bzw. die Kaufkraft durch sozial-ökologischen Konsum allerdings erforderlich wäre (nämlich in weniger angesagten Quartieren), sind die gemeinten Akteure und Initiatoren jedoch weniger anzutreffen und dementsprechend ist dort auch die Nachfrage (nach urbanen Gütern) geringer. Die grundsätzliche Aufgeschlossenheit gegenüber Formen nachhaltigen und verantwortlichen Konsums ist zwar nachweisbar (vgl. Blättel-Mink/Hellmann 2010), dennoch weichen Ansprüche des Konzepts urbaner Produktion hier zu Teilen von der Realität ab.

Urbane Produktion hängt von multiskalaren, räumlichen Interdependenzen ab

Urbane Produktion darf keinesfalls ausschließlich auf lokaler bzw. regionaler Ebene betrachtet werden. Um die Realisierung sowie die Chancen abschätzen zu können, ist ein multiskalarer Ansatz ist erforderlich. Hierzu haben sich bei der Identifikation der Gestaltungsparameter mittels der Grounded Theory bereits vier Dimensionen auf unterschiedlichen Skalen ergeben. Fromhold-Eisebith und Dewald (2015) betonen, dass Dynamiken auf verschiedenen geografischen Skalen zusammenwirken müssen, um nachhaltige Technologien zu etablieren. Diese Dynamiken können sich im Laufe der Zeit auch deutlich verändern (vgl. Dewald/Fromhold-Eisebith 2015). Dabei sind lokale Wertschöpfung bzw. regionale Innovationsprozesse immer in größere räumliche und institutionelle Zusammenhänge eingebunden:

> *„Anyway, lower level arenas of innovations interaction are always embedded in higher level settings (e.g. all regions are part of nations), which connects process and policy requirements of different scales" (Dewald/Fromhold-Eisebith 2015).*

Ansätze der Global Production Networks (vgl. Coe et al. 2008) betonen ebenfalls die Komplexität von Wertschöpfungsmodellen bzw. der Einbindung in internationale Wirkungsgefüge.

> *„The nexus of interconnected functions, operations and transactions through which a specific product or service is produced, distributed and consumed [...]. The overall structure of a production network, therefore, can be thought of in terms of a series of intricate intersections between vertical and horizontal networks of varying degrees of size (length, wide) and complexity" (Coe et al. 2008).*

Ein globales Produktionsnetzwerk ist ein solches, wenn die Knoten des Netzwerkes räumlich auch über nationale Grenzen hinweg verteilt sind und auf diese Weise verschiedene nationale und regionale Räume miteinander verbindet. Hinzu kommen die Branchenabhängigkeit sowie das Stadium des Projektlebenszyklus, welche Einfluss auf die internationale Verflechtung haben.

> *„Accordingly, the relative importance of the system scale does not only differ for different sectors, but also varies over time with respect to phases of the product lifecycle. For some industries (such as electronics, pharmaceuticals) international connections have top priority, whereas other rather rely on a favourable national framework (such as biotechnology) [...]; others may mainly be based at the regional level regarding innovativeness (such as knowledge intensive services)" (Fromhold-Eisebith 2007).*

Innovations-intensive Prozesse laufen demnach stärker auf der regionalen bzw. lokalen Ebene ab, was mit der Wissensintensität von Szenarien urbaner Produktion korreliert (Kapitel 6). Räumliche Nähe bedingt hier die Innovationsfähigkeit.

Debatte zur räumlichen Dimension der Nachhaltigkeit

Truffer und Coenen (2012) stellen dar, inwiefern neue, nachhaltige Technologien häufig in spezifischen lokalen Umgebungen keimen. Die Vorzüge räumlicher Nähe zur Nutzung von Synergien rücken zunehmend ins Zentrum der Betrachtung.

> *„[...] the importance of geographical co-location and proximity advantages to create environmental and resource synergies by connecting different energy and material flows across different industries" (Truffer/Coenen 2012).*

Städte und Regionen zählen als wichtige Akteure zur Gestaltung eines nachhaltigen, technologischen Wandels, wenn diese als relational eingebettete Akteure verstanden werden und wichtige Ressourcen für einen erfolgreichen Innovationsprozess liefern.

> *„[...] the cities of Curritiba, Gothenburg and Hamburg [...] managed succesfully to gaining recognition as sustainability leaders in their countries and even globally. In the specific technological field, these cities provided a test-bed for the introduction of new technologies (alternative fuel buses in this case) and they became active parts [...] by interacting with their local industrial competence base consisting both small and medium-sized enterprises (SMEs) and transnational companies" (Truffer/Coenen 2012).*

Demnach kann dem urbanen Raum mit lokalen Kompetenzen ein hohes Potential zur Entwicklung neuer Produktionssysteme zugesprochen werden. Hier erleichtert räumliche Nähe die Koordination. Allerdings sind in einigen wissensbasierten und hochspezialisierten Branchen die Verbindungen eher Branchen- bzw. Projektbezogen als räumlich-geografisch begründet (vgl. Schmidt 2012). Dennoch wird räumlicher Nähe in Form von urbanem Kontext sowie als kreatives Umfeld eine elementare Bedeutung zugesprochen (vgl. Gärtner/Stegmann 2015).

Der Schaufenstercharakter urbaner Produktion

Urbane Produktion eignet sich für Produkte mit hoher Akzeptanz (vgl. Interview 20). Dies können hochpreisige, individualisierte Produkte mit einer hohen Kunden-Emotionalität sein. Dabei fördert eine hohe Offenheit und Transparenz der Produktion diese Emotionalität von Kunden und Anwohnern zusätzlich (vgl. Interview 8). Die Inszenierung und die Erlebbarkeit von Arbeit als Ereignis mag hier oftmals in den Vordergrund gestellt sein (vgl. Interview 12, Prellberg 2016). Prellberg äußert sich hierzu kritisch:

> *„Entweder steht die Fabrik schon längst in der Stadt und muss sich arrangieren (und kann das besser als jemals zuvor) oder aber sie hat Gründe, die sich nur mittelbar erschließen, nämlich ‚die Fabrik als Showroom'" (Prellberg 2016).*

Trotz der Kritik ist die Transparenz der urbanen Fabrik besonders zu betonen. Die Reintegration von Produktion kann in besonders schwachen Quartieren dazu dienen „Abwärtsspiralen zu durchbrechen“, indem Kaufkraft der Bewohner in Quartieren gehalten sowie das Image verbessert werden kann. Zudem wird urbanen Fabriken ein Charakter als Begegnungsort zugesprochen. Wenn diese im Quartiert integriert sind und eine hohe Transparenz haben, können diese die Identifikation mit dem Ort erhöhen (vgl. Gärtner/Stegmann 2015).

Ausblick

Deutlich wird, dass die Weiterentwicklung der Technik unmittelbar im Zusammenhang mit erforderlichen Raumansprüchen steht. Es wird ein gleitender Übergang von klassischer, industrieller Produktion hin zur Dienstleistung und der digitalen Wissensökonomie deutlich (vgl. Schössler 2015). Mit einer Hybridisierung der Wertschöpfung wachsen Produktion, Service und Dienstleistung am Ort zusammen oder verbinden und vernetzen Unternehmen - und das nicht nur virtuell, sondern auch physisch (vgl. Erbstößer 2016, Interview 6).

Wann und in welchem Umfang diese Umstrukturierungen und die damit verbundenen Veränderungen in der Fläche wirksam werden, gilt es zu weiterhin zu untersuchen und zu erforschen. Für viele Klein- und Mittelständische Unternehmen sind diese neuen Produktionstechnologien noch zu teuer und funktional nicht beherrschbar, wenn auch diese zugleich um hochqualifizierte Fachkräfte ringen und nach Möglichkeiten suchen, die eigene Attraktivität als Arbeitgeber zu steigern (vgl. Interview 18).

Die Diskussion um Industrie 4.0 in Deutschland ist bereits im vollen Gange, während urbane Produktion nach und nach in seiner Komplexität vorangebracht wird. Die Diskussion um die Etablierung des „urbanen Gebiets“ als neue Baukategorie verdeutlicht zusätzlich, wie dringlich die Überlegungen sind, urbane Fläche durchmischter und dichter zu entwickeln (vgl. Interview 11). Die Etablierung von Test- und Simulationsgebieten urbaner Produktion und Funktionsmischung kann hier neue Erkenntnisse hervorbringen (vgl. Kagermann et al. 2013).

Zusammenfassend zeigen die Ausführungen der Reflexion wie facettenreich das Paradigma urbaner Produktion betrachtet werden kann bzw. sogar werden muss. Erst beim Blick auf die internationale Einbettung lässt sich abschätzen, wie tragfähig das Konzept überhaupt ist, ob es globale Produktionsstätten tatsächlich in Frage stellt oder neue lokale Märkte erschließt. Trotz aktueller Trends werden die Absatzmengen lokaler Produkte eine flächendeckende Versorgung nicht gewährleisten. Dennoch entwickeln sich Digitalisierung und Konzepte der Industrie 4.0 sehr schnell und Produktionsräume werden deutlich flexibler und stadtverträglicher. Die Potentiale dessen in Bezug auf die urbane Produktion werden von Experten überwiegend sehr positiv und vielversprechend diskutiert. Vor allem seitens Unternehmen und Kommunen besteht hier größtes Interesse. Die Stadt ist der Raum, welcher hochqualifizierte Mitarbeiter,

Wissen und Innovationen miteinander verknüpft. Und Unternehmen möchten wiederum für Fachleute attraktiv sein.

> *„Zur Gewinnung von Fachkräften muss heute mehr als Gehalt stimmen“ (Erbstößer 2016).*

9 Zusammenfassung

Produktion ist heute durch andere Merkmale geprägt als vor 100 Jahren, insbesondere in der Stadt. Dies zeugt von einer bewegten Industriegeschichte: Wurde in den verschiedenen vorangegangenen industriellen Revolutionen noch in den Städten produziert, so verlagerte sich die Fertigung im Verlauf nicht zuletzt aufgrund störender Emissionen zunehmend in die Peripherie und Funktionen (bspw. Wohnen, Arbeiten) wurden getrennt. Durch neue Entwicklungen und den Einsatz von Technologien der Industrie 4.0 wird dieser Trend aufgehoben und die (Re-) Integration der Fabrik in die Stadt ermöglicht.

Neue Technologien führen dazu, dass Produktionen kompakter bzw. flexibler werden, wodurch sich räumliche Ansprüche verändern. Dies bedeutet beispielsweise auch, dass zukünftig Fließfertigungen in Teilen durch Produktionsinseln abgelöst werden. Hier versprechen Multipurpose Maschinen oder auch neue werkzeuglose Fertigungsverfahren neben einer kompakten Produktion eine nahezu emissionsfreie Produktion. Diese Merkmale vereint die Smart Factory, die für eine kundennahe, individuelle Herstellung von Produkten in neuen Wertschöpfungsmodellen steht.

Die vorliegende Arbeit nähert sich dem Paradigma der (Re-) Integration urbaner Produktion iterativ an. Aufgrund des noch jungen Forschungsfeldes besteht daher der Anspruch an diese Arbeit, urbane Produktion möglichst ganzheitlich abzubilden. Sie wird zunächst als interdisziplinärer Forschungsgegenstand verstanden und in einer industriellen sowie raumwirksamen Perspektive diskutiert. Dabei spielen auch Aspekte wie Nutzungsmischung und Inwertsetzung eine wesentliche Rolle.

Nutzungsmischung wird in der Leipzig Charta zur nachhaltigen europäischen Stadt als nachhaltiges Konzept zur Schaffung einer effektiven und kompakten Siedlungsstruktur benannt. Im Kontext urbaner Produktion soll Nutzungsmischung den lokalen Verbund stärken, da hier große Chancen in der Nutzung von positiven Synergieeffekten gesehen werden. Ebenfalls wird urbane Produktion als Inwertsetzung von mindergenutzten Flächen, Arealen oder Gebäudekomplexen diskutiert, sei es die Realisierung kurzer Wege im Quartier, die Ermöglichung hoher Flächeneffizienz, die Schaffung lokaler Arbeitsplätze oder auch eine Imageaufwertung.

Zur ganzheitlichen Erfassung urbaner Produktion werden mit einem Mixed-Method-Ansatz in insgesamt drei qualitativen und quantitativen Iterationen Gestaltungsparameter des Paradigmas erfasst. Schließlich beschreiben 20 Parameter urbane Produktion multiskalar auf vier Maßstabsebenen. Zum einen werden auf der Mikroebene Elemente der Industrie 4.0 aufgegriffen (bspw. Individualisierung, neue Arbeitsplatz- und Prozessgestaltung, innovative Fertigungsverfahren), zum anderen werden auf der Meso- und Makroebene weitere räumliche Aspekte wie bspw. Integration in den Bestand, Betroffenheit von Anwohnern sowie Nähe zu Forschungs- und Bildungseinrichtungen aufgeführt. Ergänzt werden sie durch Leitbilder auf der Metaebene, wie bspw.

das der kurzen Wege, ein hohes Umweltbewusstsein oder auch die Einbettung in den globalen Produktionskontext.

Es werden Wirkungsgefüge zwischen den Parametern analysiert, um sensible Steuerungsgrößen zu identifizieren und konkrete Gestaltungsansätze urbaner Produktion zu formulieren. Diese Analyse nach Vester ergibt dezidierte Aussagen über die verschiedenen Gestaltungsparameter: Deutlich lässt sich hier herauskristallisieren, dass die Parameter „Individuelle Produktion unter hohem Kundeneinbezug" sowie „Neue Wertschöpfungsmodelle und Produktionsnetzwerke" im aktuellen Diskurs urbaner Produktion eine besondere Rolle einnehmen. Änderungen an diesen Faktoren wirken sich auf andere Gestaltungsparameter aus – sie sind bevorzugte Einflussfaktoren bei Systeminterventionen und dienen als Stellschraube bei der Reintegration von Produktion in den urbanen Raum. Hier gilt es jedoch anzumerken, dass sich urbane Produktion als hochkomplexes Paradigma durch zusätzliche Abhängigkeiten zwischen weiteren Parametern auszeichnet.

Zusammenfassend werden insgesamt fünf Szenarien urbaner Produktion vorgestellt (Manufakturen, Technologiebetriebe, Individuelle Makers, Lebensmittelbetriebe, Low-Tech Betriebe), bei denen die Gestaltungsparameter je nach Szenario z.T. unterschiedlich stark zutreffen. Die Rolle der Individualisierung sowie die des Kundeneinbezugs ist nahezu durchgängig ein wesentlicher Faktor. Ebenfalls weist der Gestaltungsparameter der neuen Wertschöpfungs- und Produktionsnetzwerke übergreifend eine rege Diskussion auf. Diese Beobachtung trifft somit mit den Ergebnissen der Sensitivitätsanalyse bzw. den sensiblen Steuerungsgrößen überein. Industrie 4.0 spielt im Kontext der prototypischen Szenarien mit Ausnahme der Low-Tech-Betriebe durchgehend eine relevante Rolle, wenn auch mit unterschiedlicher Ausprägung. Die größte Schnittmenge liegt hier bei den additiven Fertigungsverfahren sowie beim Einsatz von Multibearbeitungsmaschinen. Bei Betrachtung der räumlichen Verortung der Szenarien lässt sich im Überblick feststellen, dass mit Ausnahme besonderer emissionsstarker Lebensmittelbetriebe eine Integration im hoch verdichteten urbanen Raum vorstellbar ist.

Die vorliegende Arbeit schließt mit 13 Handlungsfeldern ab, die in Ergänzung zu den identifizierten Gestaltungsparametern mögliche Ansatzpunkte zur Gestaltung urbaner Produktion für Kommunen und Unternehmen formulieren. Wie auch die Sensitivitätsanalyse zeigt, ist es das Handlungsfeld der individuellen Produktion unter hohem Kundenbezug, welches urbane Produktion auf der Mikro- bzw. Grundstücksebene gestaltbar macht. Auch Konzepte, Entwicklungsprozesse zu öffnen und lokale Communities einzubinden, sollen hier weiterverfolgt werden. Auf der Meso- bzw. Quartiersebene wird das Handlungsfeld der Citylogistik vor allem seitens der Experten stärker diskutiert. Grundsächlich versuchen Citylogistik-Konzepte Güterverkehrsströme zu bündeln und auf emissionsfreie Verkehrsmittel zu übertragen.

Die Makro- bzw. Stadtebene befasst sich vorrangig mit der Etablierung neuer Wertschöpfungsmodelle und Produktionsnetzwerke. Hier liegen wiederum enge Überschneidungspunkte mit der Ausgestaltung neuer Citylogistik-Konzepte vor, welche zur Realisierung der Wertschöpfungsmodelle erforderlich sind. Kern ist die Idee ganzheitliche, unternehmensübergreifende lokale Wertschöpfungsketten aufzubauen, um auch im internationalen Wettbewerb bestehen zu können. Maker-Spaces können dabei als Begegnungsraum und Drehkreuz für lokale Produktionsnetzwerke dienen.

Die Metaebene adressiert u.a. Local Branding zur Standortentwicklung und gemeinschaftlichen Identifikation lokaler Entrepreneure. Dabei können auch überregionale Initiativen zu einer Sensibilisierung für urbane Produktion verhelfen. Neben den eher technisch diskutierten Handlungsfeldern können sich Low-Tech-Szenarien urbaner Produktion zur gesellschaftlichen Integration bestimmter Personengruppen eignen.

Der in dieser Arbeit angewendete Multi-Method-Ansatz dient der grundlegenden Strukturierung des noch jungen Forschungsthemas der urbanen Produktion. Dafür wird ein konzeptioneller Rahmen zur Erfassung und Steuerung von urbaner Produktion entwickelt. Es werden mögliche räumliche Wirkungen von Industrie 4.0 aufgezeigt sowie die Potentiale, die zur Ausgestaltung urbaner Produktion genutzt werden können. Weitere Forschung muss nun die Gestaltungsparameter der einzelnen Ebenen entsprechend weiter evaluieren und ausqualifizieren.

10 Verzeichnisse

10.1 Literaturverzeichnis

Adriaans, P., Zantinge, D. (1996): Data mining. Harlow: Reading Mass.

Alwert, K. (2006): Wissensbilanzen für mittelständische Organisationen: Entwicklung und prototypische Anwendung einer geeigneten Implementierungsmethode. Berichte aus dem Produktionstechnischen Zentrum Berlin. Stuttgart:Fraunhofer IRB Verlag.

Anderson, C. (2014): Makers. The New Industrial Revolution. New York: Crown Business.

Ashton, K. (2009): That „Internet of Things" Thing. In: RFID Journal.

Balzert, H., Schröder, M., Schäfer, C. (2014): Wissenschaftliches Arbeiten: Ethik, Inhalt & Form wiss. Arbeiten, Handwerkszeug, Quellen, Projektmanagement, Präsentation. Dortmund:W3L-AG.

Basic, R. (2016): Fertigungsinseln statt Fließband - Audi Blog. Internet: http://blog.audi.de/2016/11/23/modulare-montage-statt-fliessband/ (06.04.2017).

Bauer, W., J. Lentes (2014): Wettbewerbsfähig produzieren durch Urbane Produktion. In: Industrie-Management (4): 7–10.

Bauer et al.(2014): Industrie 4.0- Volkswirtschaftliches Potenzial für Deutschland. Fraunhofer IAO: Stuttgart.

Bauernhansl, T., ten Hompel, M., Vogel-Heuser, B. (2014): Industrie 4.0 in Produktion, Automatisierung und Logistik. Anwendung - Technologien - Migration. Springer Fachmedien: Wiesbaden.

Sendler, U. (2013): Industrie 4.0- Beherrschung der industriellen Komplexität mit SysLM. In: Sendler, U., Baum, G., Borcherding, H., Broy, M., Eigner, M.; Huber, A.S., Kohler, H. K. Russwurm, S., Stümpfle, M. (Hrsg.) (2013): Industrie 4.0 Beherrschung der industriellen Komplexität mit SysLM. Springer: Berlin Heidelberg: 1–20. (ursprünglich Baum et al.)

Berger, U., Hartmann, A., Schmid, D. (2013): Additive Fertigungsverfahren: Rapid prototyping, rapid tooling, rapid manufacturing. Verlag Europa Lehrmittel: Haan-Gruiten.

Blättel-Mink, B., Hellmann, K. U. (Hrsg.) (2010): Prosumer Revisited: zur Aktualität einer Debatte. Konsumsoziologie und Massenkultur. VS Verlag für Sozialwissenschaften: Wiesbaden.

Boehm, A., Mengel, A., Muhr, T. (Hrsg.) (1994): Texte verstehen - Konzepte, Methoden, Werkzeuge. Universitätsverlag Konstanz: Konstanz.

Boeing, N. (2015): Von Wegen: Überlegungen zur freien Stadt der Zukunft. Edition Nautilus : Hamburg.

Bogner, A., Littig, B.,Menz, W. (2002): Das Experteninterview. Theorie, Methode, Anwendung. Leske + Budrich: Opladen.

Brachmann, R., Khabaza, T., Kloesgen, W., Piatetsky-Shapiro, G., Simoudis, E. (1996): Mining Business Databases. ACM: New York, Vol.39/No.11, 42–48.

Brake, K., Herfert, G. (2012). Auf dem Weg zu einer Reurbanisierung? In: Brake, K., Herfert, G. (Hrsg.): Reurbanisierung: Materialität und Diskurs in Deutschland.Wiesbaden: VS Verlag für Sozialwissenschaften, 12-19.

Breitling, P. (1979): „Urbanität" als städtebauliche Zielvorstellung. TU München Lehrstuhl für Städtebau und Regionalplanung: München, 82-87.

Brooklyn Navy Yard (2016): BNYDC Mission: Brooklyn Navy Yard Development Corporation. Internet: http://brooklynnavyyard.org/the-navy-yard/bnydc-mission/ (16.04.2017).

Bryman, A. (2012): Social research methods. Oxford: New York.

Bundesinstitut für Bau-, Stadt- und Raumforschung (BBSR) (Hrsg.) (2000): Nutzungsmischung im Städtebau - Endbericht. Werkstatt: Praxis Heft 2/2000.

Bundesinstitut für Berufsbildung (BiBB) (Hrsg.) (2003): Neue Dienstleistungsberufe. Internet: https://www.bibb.de/dokumente/pdf/pr_pr-material_2003_neue-dl-berufe.pdf (11.04.2017).

Bundesministerium für Bildung und Forschung (BMBF) (2014): Bundesbericht Forschung und Innovation 2014. Internet: https://www.bmbf.de/pub/bufi_2014.pdf (23.09.2016).

Bundesministerium für Bildung und Forschung (BMBF) (2015): Industrie 4.0 - Innovationen für die Produktion von morgen. BMBF: Bonn.

Bundesministerium für Justiz und für Verbraucherschutz (BMJV) (Hrsg.) (2016): Baugesetzbuch in der Fassung der Bekanntmachung vom 23. September 2004. Internet: https://www.gesetze-im-internet.de/bundesrecht/bbaug/gesamt.pdf (11.04.2017).

Bundesministerium für Umwelt, Naturschutz, Bau und Reaktorsicherheit (BMUB) (Hrsg.) (2016): Entwurf eines Gesetzes zur Umsetzung der Richtlinie 2014/52/EU im Städtebaurecht und zur Stärkung des neuen Zusammenlebens in der Stadt.

Bundesministerium für Umwelt, Naturschutz und Reaktorsicherheit (BMUB) (Hrsg.) (2008): Die dritte industrielle Revolution - Aufbruch in ein ökologisches Jahrhundert. Dimension und Herausforderungen des industriellen und gesellschaftlichen Wandels.

Bundesministerium für Verkehr, Bau und Stadtentwicklung (BMVBS) (Hrsg.) (2010): Reurbanisierung der Innenstadt. Internet:

http://www.bbsr.bund.de/BBSR/DE/Veroeffentlichungen/BMVBS/Online/2010/DL_ON192010.pdf?__blob=publicationFile&v=2 (11.04.2017).

Bundesministerium für Wirtschaft und Energie (BMWi) (2014): Industrie 4.0 - Digitalisierung der Gesellschaft. Internet: http://www.bmwi.de/Redaktion/DE/Dossier/industrie-40.html (11.04.2017).

Bundesministerium für Wirtschaft und Energie (BMWi) (Hrsg.) (2015a): Erschließen der Potenziale der Anwendung von „Industrie 4.0" im Mittelstand. Internet: http://www.zenit.de/fileadmin/Downloads/Studie_im_Auftrag_des_BMWi_Industrie_4.0_2015_agiplan_fraunhofer_iml_zenit_Langfassung.pdf (11.04.2017).

Bundesministerium für Wirtschaft und Energie (BMWi) (2015b): Industrie 4.0 Volks- und betriebswirtschaftliche Faktoren für den Standort Deutschland", Studie im Rahmen der Begleitforschung zum Technologieprogramm AUTONOMIK für Industrie 4.0. BMWi: Berlin.

Bundesministerium für Wirtschaft und Energie (BMWi) (2016): Unsere Industrie. Innovativ. Intelligent. International. Zukunft serienmäßig: Industrie und Alltag im Wandel. BMWi: Berlin.

Bundesregierung (2017): Zusammenleben in der Stadt - Neue Spielräume für den Wohnungsbau. Internet: https://www.bundesregierung.de/Content/DE/Artikel/2016/11/2016-11-30-urbane-gebiete.html (11.04.2017).

Bundesverband der deutschen Industrie e.V. (BDI) (2008): Systemkopf Deutschland Plus – Die Zukunft der Wertschöpfung am Standort Deutschland. Industrie-Förderung Gesellschaft mbH: Berlin.

Bundeszentrale für politische Bildung (bpb) (2012a): Die wirtschaftliche Entwicklung der Bundesrepublik Deutschland. Internet: http://www.bpb.de/politik/grundfragen/deutsche-verhaeltnisse-eine-sozialkunde/138634/wirtschaftliche-entwicklung?p=all (11.04.2017).

Bundeszentrale für politische Bildung (bpb) (2012b): Industrialisierung und moderne Gesellschaft. Internet: https://www.bpb.de/geschichte/deutsche-geschichte/kaiserreich/139649/industrialisierung-und-moderne-gesellschaft (11.04.2017).

Coe, N. M., Dicken, P. Hess, M. (2008): Global production networks: realizing the potential. In: Journal of Economic Geography 8 (3): 271–295.

Coenen, L. (2012): Toward a spatial perspective on sustainability transitions. In: Research Policy (41): 968–979.

Corbin, J. M., Strauss, A. (2008): Qualitative Research: Techniques and Procedures for Developing Grounded Theory. SAGE: Thousand Oaks, California.

Dangschat, J. (2000): Sozial-räumliche Differenzierung in Städten: Pro und Contra. In: (2000): Stadt und soziale Ungleichheit. Leske + Budrich: Opladen, 141–159.

Destatis - Statistisches Bundesamt (2008): Klassifikationen - Klassifikation der Wirtschaftszweige, Ausgabe 2008 (WZ 2008) - Statistisches Bundesamt (Destatis).

Internet: https://www.destatis.de/DE/Methoden/Klassifikationen/GueterWirtschaftklassifikationen/Content75/KlassifikationWZ08.html (16.04.2017).

Opfermann, R. (2004): Produktbegleitende Dienstleistungen und ihre statistische Erfassung. Statistisches Bundesamt: Wiesbaden.

Deutsches Institut für Urbanistik (difu) (2001): Flächenrecycling als kommunale Aufgabe. Internet: https://difu.de/publikationen/difu-berichte-22001/flaechenrecycling-als-kommunale-aufgabe.htm (11.04.2017).

Deutsches Institut für Urbanistik (difu) (2015): Nutzungsmischung und soziale Vielfalt im Stadtquartier - Bestandsaufnahme, Beispiele, Steuerungsbedarf. difu: Berlin.

Dewald, U., Fromhold-Eisebith, M. (2015): Trajectories of sustainability transitions in scale-transcending innovation systems: The case of photovoltaics. In: Environmental Innovation and Societal Transitions 17: 110–125.

Dicken, P. (2015): Global Shift - Mapping the Changing Contours of the World Economy. SAGE: Los Angeles.

Dombrowski, U., Riechel, C. (2014): Die urbane Fabrik. In: Industrie-Management (4): 11–15.

Dumbill, E. (2012): Planning for Big Data. A CIO's Handbook the Changing Data Landscape. O'Reilly: Beijing, Cambridge, Farnham, Köln, Sebastopol, Tokyo.

Düsing, R. (2006): Knowledge Discovery in Databases. In: (2006): Analytische Informationssysteme. Business Intelligence-Technologien Und-Anwendungen. Springer: Berlin, Heidelberg.

Eid, M., Gollwitzer, M. Schmitt, M. (2010): Statistik und Forschungsmethoden. Beltz Verlag: Weinheim, Basel.

Erbstößer, A.-C. (2016): Produktion in der Stadt. Technologiestiftung Berlin.

Factor 10 Institute (2008): Terms. Internet: http://www.factor10-institute.org/terms_de.html#d (14.04.2017).

Fassmann, H. (2009): Stadtgeographie I. Westermann: Braunschweig.

Fayyad, U. M. (1996): Advances in Knowledge Discovery and Data Mining. AAAI Press Series: Menlo Park, California.

Fayyad, U. M., Piatetsky-Shapiro, G., Smyth, P. (1996a): Knowledge Discovery and Data Mining: Towards a Unifying Framework. In: Proceedings of the Second International Conference on Knowledge Discovery and Data Mining, KDD'96. Portland, Oregon: 82–88.

Fayyad, U. M., Piatetsky-Shapiro, G., Smyth, P. (1996b): From Data Mining to Knowledge Discovery in Databases. In: AI Magazine 3 (Volume 17): 37–54.

Fayyad, U. M., Piatetsky-Shapiro, G., Smyth, P. (1996c): The KDD Process for Extracting Useful Knowledge from Volumes of Data. In: Commun. ACM 39 (11): 27–34.

Feldtkeller, A. (2016): Warum die Mischung von Wohnen und Gewerbe nicht vorankommt - und was man dagegen tun könnte. In: Bauwelt (35, 2016): 38–39.

Flick, U. (1996): Psychologie des technisierten Alltags. Soziale Konstruktion und Repräsentation technischen Handelns. Westdeutscher Verlag: Opladen.

Flick, U. (2007): Qualitative Sozialforschung: eine Einführung. Rowohlt Taschenbuch Verlag: Hamburg.

Florida, R., Mellander, C. (2014): Rise of the Startup City: The Changing Geography of the Venture Capital Financed Innovation. In: CESIS Electronic Working Paper Series (377).

Forschungsunion Wirtschaft und Wissenschaft (2012): Umsetzungsempfehlungen für das Zukunftsprojekt Industrie 4.0- Abschlussbericht des Arbeitskreises Industrie 4.0. Internet: http://www.forschungsunion.de/pdf/industrie_4_0_umsetzungsempfehlungen.pdf (03.02.2016).

Fraunhofer Arbeitswirtschaft und Organisation (IAO) (2013): Innovationsverbund Urban Production. Internet: http://www.urbanproduction.de/de/ziele.html (05.01.2017).

Fraunhofer Arbeitswirtschaft und Organisation (IAO) (Hrsg.) (2015): Innovationswerkstatt „zukunftsfähige Produktion"- Wirtschaftlich produzieren im urbanen Umfeld (unveröffentlicht).

Fromhold-Eisebith, M. (2007): Bridging Scales in Innovation Policies: How to Link Regional, National and International Innovation Systems. In: European Planning Studies 15 (2): 217–233.

Gärtner, S., Stegmann, T. (2015): Neue Arbeit und Produktion im Quartier - Beobachtungen und Wishful Thinking. In: Forschung Aktuell (07/2015).

Gausemeier, J., Klocke, F. (2015): INBENZAHP Weiterführende Unterlagen zur Praesentation (unveröffentlicht).

Gausemeier, J., Klocke, F. (2016a): Gestaltungsfaktoren-Katalog - Industrie 4.0. Internationaler Benchmark, Zukunftsoptionen und Handlungsempfehlungen für die Produktionsforschung. Paderborn, Aachen.

Gausemeier, J., Klocke, F. (2016b): Industrie 4.0. Internationaler Benchmark, Zukunftsoptionen und Handlungsempfehlungen für die Produktionsforschung. Heinz Nixdorf Institut, Universität Paderborn, Werkzeugmaschinenlabor WZL der Rheinisch-Westfälischen Technischen Hochschule Aachen: Paderborn, Aachen.

Germany Trade and Invest (GTAI) (2017): Industrie 4.0 - Smart Factory. Internet: https://industrie4.0.gtai.de/INDUSTRIE40/Navigation/EN/Topics/Industrie-40/smart-factory.html (07.04.2017).

Gkoulalas-Divanis, A., Labbi, A. (Hrsg.) (2014): Large-Scale Data Analytics. Springer Science+Business Media: New York.

Glaser, B., Strauss, A. (1967): The Discovery of Grounded Theory - Strategies for Qualitative Research. Aldine: Chicago.

Goldkuhl, G., Cronholm, S. (2010): Adding Theoretical Grounding to Grounded Theory: Toward Multi-Grounded Theory. In: International Journal of Qualitative Methods 9 (2): 187–205.

Goulding, C. (2002): Grounded theory: A practical guide for management, business and market researchers. SAGE: London.

Grömling, M. (2006): Die Tertiärisierung der deutschen Wirtschaft - Was treibt den Strukturwandel an, und was bringt er? Internet: http://www.wiwi.uni-wuerzburg.de/fileadmin/12010400/diskussionsbeitraege/dp87.pdf (11.04.2017).

Gutenberg, E. (1971): Grundlagen der Betriebswirtschaftslehre: Die Produktion. Springer: Berlin.

Gutenberg, E. (2013): Die Produktion. Enzyklopädie der Rechts- und Staatswissenschaft. Springer: Berlin.

Haller, D. (Hrsg.) (2000): Grounded theory in der Pflegeforschung und anderen Anwendungsfeldern: professionelles Handeln unter der Lupe. Hans Huber Programmbereich Pflege. Hans Huber: Bern.

Hatch, M. (2014): The maker movement manifesto: rules for innovation in the new world of crafters, hackers, and tinkerers. McGraw-Hill: New York.

Haute Innovation (2015): Additive Fertigung - Potenziale generativer Produktionstechniken im Kontext der vierten industriellen Revolution. Internet: http://www.haute-innovation.com/de/publikationen/additive-fertigung-potenziale-generativer-produktionstechniken-im-kontext-der-vierten-industriellen-revolution.html (27.02.2017).

Hecht, R. (2014): Automatische Klassifizierung von Gebäudegrundrissen. Ein Beitrag zur kleinräumigen Beschreibung der Siedlungsstruktur. In: IÖR Schriften Band 63. Rhombos-Verlag: Berlin.

Heineberg, H. (2006): Stadtgeographie. Schöningh: Paderborn.

Heinze, U. (2015): Web Content Mining for Analyzing Job Requirements in Online Job Advertisements. Apprimus-Verlag: Aachen.

Helfferich, C. (2009): Die Qualität qualitativer Daten: Manual für die Durchführung qualitativer Interviews. Lehrbuch. VS Verlag für Sozialwissenschaften: Wiesbaden.

Henckel, D. (2005): Raum. In: (2005): Handwörterbuch der Raumordnung, Band Akademie für Raumforschung und Landesplanung. Hannover.

Hüther, M. (2015): Megatrend Digitalisierung. Internet: http://www.iwkoeln.de/presse/gastbeitraege/beitrag/michael-huether-fuer-die-atlantik-bruecke-megatrend-digitalisierung-236111 (09.11.2015).

Industrie und Handelskammer (IHK) Mittlerer Niederrhein (Hrsg.) (2012): Netzwerk Industrie - Analyse über die enge Verzahnung von Industrie und Dienstleistung im Rheinland. Internet: http://www.industrie-krefeld.de/industrie/media/pdf/downloads/netzwerk-industrie.pdf (27.02.2017).

Industrie und Handelskammer (IHK) Stuttgart (2015): Kurzstudie Innenstadtlogistik Stuttgart Räumliche Wechselwirkungen von Innenstadtlogistikkonzepten am Beispiel des Einsatzes von Lastenrädern in der Paketzustellung.

Initiative Urbanität, Mobilität und kurze Wege (2016): Das „urbane Mischgebiet". Internet: http://www.stadtbaukunst.org/cms/upload/texte_zur_stadtbaukunst/Bukow_Feldtkeller_Kiepe_vWinning_UrbanesMischgebiet.pdf.

Inwert Real Estate (2016): Inwertsetzung. Internet: http://www.inwert.de/3.html (27.02.2017).

Jänicke, M., Jacob, K. (2008): Die dritte industrielle Revolution. In: Internationale Politik (10/2008): 32–40.

Jeschke, S. (2014): Kybernetik und die Intelligenz verteilter Systeme. Wuppertal.

Jeschke, S., Richert, A., Hees, F., Stiehm, S., Müller, S., Simons, L. (2016): Beschäftigungsszenarien in der Automobilindustrie im Kontext der Digitalisierung im Jahre 2035 (unveröffentlicht).

Kagermann, H., Wahlster, W., Helbig, J. (2013): Deutschlands Zukunft als Produktionsstandort sichern. Umsetzungsempfehlungen für das Zukunftsprojekt Industrie 4.0. Abschlussbericht des Arbeitskreises Industrie 4.0.

Kalisch, D., Schatzinger, S., Braun, S., Radecki, A. (2012): Morgenstadt: CityInsights. Fraunhofer IAO: Stuttgart.

Krätke, S. (1995): Stadt, Raum, Ökonomie. Einführung in aktuelle Problemfelder der Stadtökonomie und Wirtschaftsgeographie. Birkhäuser: Basel.

Kruse, J., Schmieder, C. (2014): Qualitative Interviewforschung: ein integrativer Ansatz. Grundlagentexte Methoden. Beltz Juventa: Weinheim.

Kunzmann, K. R. (2014): Smart Cities: A New Paradigm of Urban Development. In: Crios (1): 9–20.

Lamnek, S. (1989): Qualitative Sozialforschung. 2: Methoden und Techniken. Psychologie-Verlag Union: München.

Lamnek, S., Krell, C. (2010): Qualitative Sozialforschung: Lehrbuch. Beltz Verlag: Weinheim Basel.

Läpple, D. (2016): Produktion zurück in die Stadt. Ein Plädoyer. Internet: http://www.bauwelt.de/dl/1073788/artikel.pdf (27.02.2017).

Läpple, D., Mückenberger, U., Ossenbrügge, J. (2010): Zeiten und Räume der Stadt: Theorie und Praxis. Barbara Budrich: Opladen, Farmington Hills.

Laqua, I., Wey, G. (2012): Der Global Footprint – Produktionsnetzwerke effizient nutzen. (12/2012): 913–915.

Lefèbvre, H. (2009): Le droit á la ville. Anthropos: Paris.

Lehrstuhl für Planungstheorie, RWTH Aachen University (2017): Interne Projektunterlagen, MIA – Made in Aachen (unveröffentlicht).

Leipzig Charta - Informelles Ministertreffen zur Stadtentwicklung und zum territorialen Zusammenhalt (Hrsg.) (2007): Leipzig Charta zur nachhaltigen Stadtentwicklung und zum territorialen Zusammenhalt.

Leser, H. (2005): Wörterbuch Allgemeine Geographie. Westermann: Braunschweig.

Li, J., Ezeife, C.I. (2006): Cleaning Web Pages for Effective Web Content Mining. In: Bressan, S., J. Küng und R. Wagner (Hrsg.) (2006): Database and Expert Systems Applications, Band 4080. Berlin, Heidelberg: 560–571. Internet: http://link.springer.com/10.1007/11827405_55 (16.04.2017).

Liu, B. (2011): Web data mining: exploring hyperlinks, contents, and usage data. Data-centric systems and applications. Springer: Berlin.

Madlener, R. (2014): Regulatory Options for Local Reserve Energy Markets: Implications for Prosumers, Utilities, and other Stakeholders. Internet: http://www.rwth-aachen.de/global/show_document.asp?id=aaaaaaaaaalewlt (15.06.2015).

Maimon, O., Rokach, L. (Hrsg.) (2005): Data mining and knowledge discovery handbook. Band Vol. 2. Springer: New York.

Manning, C. D., Raghavan, P., Schütze, H. (2008): Introduction to information retrieval. Cambridge University Press: New York.

Matt, D. T., Rauch, E. (2015): Industrie 4.0-Arbeitsorganisation in der urbanen Fabrik von morgen. In: Industrie 4.0 Management (31): 31–35.

Mayring, P. (2008): Einführung in die qualititative Sozialforschung: eine Anleitung zu qualitativem Denken. Beltz Verla: Weinheim Basel.

McKinsey Global Institute (2014): Manufacturing the future: The next era of global growth and innovation.

Mehanna, W., Rabe, C. M. (2014): Big Data in der Konsumgüterindustrie: Kunden verstehen, Produkte entwickeln, Marketing steuern. In: Buttkus, M., Eberenz, R. (Hrsg.) (2014): Controlling in der Konsumgüterindustrie: Innovative Ansätze und Praxisbeispiele. Wiesbaden: 69–90.

Michulitz, C. (2005): Kommunikationsprozessanalyse - ein interdisziplinärer Beitrag zur Analyse der Kommunikation in Organisation. Unternehmenskybernetik in der Praxis. Shaker: Aachen.

Miner, G., Elder IV, J., Fast, A., Hill, T., Nisbert, R., Dursun, D. (2012): Practical Text Mining and Statistical Analysis for Non-structured Text Data Applications. Elsevier: Amsterdam.

Ministerium für Bauen, Wohnen, Stadtentwicklung und Verkehr des Landes Nordrhein-Westfalen (MBWSV) (2015): Nutzungsmischung und soziale Vielfalt im Stadtquartier - Bestandsaufnahme, Beispiele, Steuerungsbedarf.

Ministerium für Bauen, Wohnen, Stadtentwicklung und Verkehr des Landes Nordrhein-Westfalen (MBWSV) (Hrsg.) (2016): Produktion zurück ins Quartier.

Moser, P. (2014): Standortzufriedenheit und Raumbedarf von Industrie und produzierendem Gewerbe im urbanen Raum. Zürich.

Neumann, P. (2002): Zur Bedeutung von Urbanität in kleineren Industriestädten - untersucht am Beispiel von Hennigsdorf und Ludwigsfelde im Umland von Berlin. Institut für Geographie der Westfälischen Wilhelms-Univ.: Münster.

Pease, A. (2014): Digitale Fabrik: Neue Produktionsprozesse - Industrie & Automatisierung - Pictures of the Future - Innovation - Startseite - Siemens Global Website. Internet: https://www.siemens.com/innovation/de/home/pictures-of-the-future/industrie-und-automatisierung/digitale-fabrik-software-verbindet.html (14.04.2017).

Peter Busch GmbH (2016): Killepitsch - Fabrik. Internet: http://www.killepitsch.de/seite/de/fabrik?age=ok (16.04.2017).

Piatetsky-Shapiro, G. (2000): Knowledge Discovery in Databases: 10 years after. AAAI Pr.: Menlo Park, California.

Porter, M. F. (1980): An algorithm for suffix stripping. In: Program 14 (3): 130–137.

Prellberg, M. (2016): Die Fabrik will in die Stadt. (Die Zukunft der Industrie 1/2016): 38–42.

Price Waterhouse Coopers (PWC) (Hrsg.) (2014): Chancen und Herausforderungen der vierten industriellen Revolution. Internet: http://www.strategyand.pwc.com/media/file/Industrie-4-0.pdf (27.02.2017).

Reed, R. (1993): Pruning Algorithms-a Survey. In: Trans. Neur. Netw. 4 (5): 740–747.

Rickshaw (2016): Rickshaw Bagworks | Custom Bags Made in the U.S.A. Internet: http://www.rickshawbags.com/ (26.02.2017).

Rifkin, J. (2011): Die dritte industrielle Revolution. Campus Verlag: Frankfurt, New York.

Roskamm, N. (2013): Das Leitbild von der „Urbanen Mischung“. Schriftenreihe IBA Berlin 2020.

Rüsing, E. (2014): Herausforderungen in der internationalen Fertigungsindustrie. In: Industrie-Management (4): 57–61.

Ruhose, F., Weber, H. (2013): Industry Reloaded: Die neue Relevanz von Industrie und Industriepolitik. Internet: http://www.imo-institut.de/fileadmin/user_upload/Zuli/Industry_Reloaded_fertig.pdf (26.02.2017).

Sauter, R., Bode, M., Kittelberger, D. (2015): Wie Industrie 4.0 die Steuerung der Wertschöpfung verändert. White Paper. Horváth & Partners Management Consultants.

Schmidt, S. (2012): Wissensspillover in der Wissensökonomie: Kanäle, Effekte und räumliche Ausprägungen. Stadt- und Regionalwissenschaften. LIT Verlag: Berlin.

Schmidt, S., Ibert, O., Kübart, A., Kühn, J. (2016): Open Creative Labs in Deutschland. Leibniz-Institut für Raumbezogene Sozialforschung: Erkner.

Schmitt, G., Schröteler von Brandt, H. (2016): Stadterneuerung. Eine Einführung. Springer: Wiesbaden.

Schnell, R., Hill, P. B., Esser, E. (2011): Methoden der empirischen Sozialforschung. Oldenbourg: München.

Schnitzer, H. (2014): Smarte Städte brauchen smarte Unternehmungen. Internet: http://www.corp.at/archive/CORP2014_68.pdf (26.02.2017).

Schössler, M., Baer, D., Ebel, G., Eickemeyer, L., Hoffschröer, H., Koch, T., Schwertner, A., Sonntag, R. (2012a): Grüne Fabrik statt grüne Wiese - Warum die Industrie wieder näher an die Stadt rücken sollte. In: Policy Brief, 02/12.

Schössler, M., Baer, D., Ebel, G., Eickemeyer, L., Hoffschröer, H., Koch, T., Schwertner, A., Sonntag, R. (2012b): Future Urban Industries. Produktion, Industrie, Stadtzukunft, Wachstum. Wie können wir den Herausforderungen begegnen? In: Policy Brief, 11/12,

Schuh, G., Schmidt, C. (Hrsg.) (2014): Produktionsmanagement. Handbuch Produktion und Management. Springer: Berlin.

Schwab, K. (2016): Die vierte industrielle Revolution. Pantheon: München.

Selle, K. (2011): Urbanität - Eine Fortsetzungsgeschichte. Teil 1: Urbanität. Was ist das? Interdisziplinäre Sondierungen zur Bedeutung eines viel gebrauchten Wortes - mit erstaunlichen Ergebnissen. Internet: http://www.planung-neu-denken.de/images/stories/pnd/dokumente/1_2011/selle.pdf (26.02.2017).

Senatsverwaltung für Wirtschaft, Energie und Betriebe der Stadt Berlin (2016): Berliner Unternehmen „Local Motors“: Berlin fördert den Probebetrieb des ersten autonom fahrenden Mini-Busses „Olli“ - Berlin.de. Internet: http://www.berlin.de/sen/web/presse/pressemitteilungen/2016/pressemitteilung.542312.php (14.04.2017).

Sendler, U. (2013): Industrie 4.0– Beherrschung der industriellen Komplexität mit SysLM (Systems Lifecycle Management). In: Sendler, U. (Hrsg.) (2013): Industrie 4.0: Beherrschung der industriellen Komplexität mit SysLM. Berlin, Heidelberg: 1–19.

SFMade (2015): 2015 State of Local Manufacturing Report.

SFMade (2016): Made in San Francisco. Internet: http://www.sfmade.org/ (23.02.2017).

Siebel, W. (1994): Was macht die Stadt urban? Zur Stadtkultur und Stadtentwicklung. Internet: http://oops.uni-oldenburg.de/1232/1/ur61.pdf (26.02.2017).

Smart Emma (2016): Smart Emma - Über #smartemmaNRW. Internet: http://smart-emma.de/ (14.04.2017).

Spiegel, E. (1998): Dichte. In: Häußermann, H. (1998): Großstadt. Soziologische Stichworte. Springer: Opladen: 39–47.

Statista (2016a): Anteil der Wirtschaftssektoren an der Bruttowertschöpfung in Deutschland im Jahr 2016. Statista. Internet: https://de.statista.com/statistik/daten/studie/36846/umfrage/anteil-der-wirtschaftsbereiche-am-bruttoinlandsprodukt/ (26.02.2017).

Statista (2016b): Industrie 4.0 in Deutschland. Internet: https://de.statista.com/statistik/studie/id/21467/dokument/industrie-40-in-deutschland-statista-dossier/.

Statistisches Bundesamt (Hrsg.) (2009): Der Dienstleistungssektor - Wirtschaftsmotor in Deutschland. Internet: https://www.destatis.de/DE/Publikationen/Thematisch/DienstleistungenFinanzdienstleistungen/Dienstleistungen/Dienstleistungssektor5474001099004.pdf?__blob=publicationFile (26.02.2017).

Strauss, A. (1991): Grundlagen qualitativer Sozialforschung. Datenanalyse und Theoriebildung in der empirischen soziologischen Forschung. München.

Strauss, A., Corbin, J. M. (1996): Grundlagen Qualitativer Sozialforschung. Weinheim.

Strübing, J. (2008): Grounded Theory. Zur sozialtheoretischen und epistemologischen Fundierung des Verfahrens der empirisch begründeten Theoriebildung. Beltz, Psychologie-Verlag-Union: Wiesbaden.

Tashakkori, A., Teddlie, C. (Hrsg.) (2010): Sage handbook of mixed methods in social & behavioral research. SAGE: Thousand Oaks.

TechShop (2015): TechShop is America's 1st Nationwide Open-Access Public Workshop -- What Do You Want To Make at TechShop? Internet: http://techshop.ws/ (24.04.2015).

Thum, M. (2016): Additive Manufacturing und Industrie 4.0 – Zukunft und Stand der Gegenwart. Internet: https://www.3d-grenzenlos.de/magazin/specials/additive-manufacturing-und-industrie-4-0-27171373/ (06.04.2017).

Tomerius, S. (2005): Revitalisierung. In: (2005): Handwörterbuch der Raumordnung. Hannover: 981–985.

Trage, S. (2014): Digitale Fabrik: Fakten und Prognosen - Industrie & Automatisierung - Pictures of the Future - Innovation - Startseite - Siemens Global Website. Internet: https://www.siemens.com/innovation/de/home/pictures-of-the-future/industrie-und-automatisierung/digitale-fabrik-fakten-und-prognosen-die-renaissance-der-fertigung.html (15.04.2017).

Truffer, B., Coenen, L. (2012): Environmental Innovation and Sustainability Transitions in Regional Studies. In: Regional Studies 46 (1): 1–21.

Urban Manufacturing Alliance (UMA) (2015): Urban Manufacturing Alliance -. Internet: http://urbanmfg.org/ (24.04.2015).

Universität Leipzig (2017): Deutscher Wortschatz: Parameter.

Universität Trier (2002): Methodische Überlegungen zu qualitativen Befragungsmethoden, insbesondere Experteninterviews.

Universitätsbibliothek Regensburg (2016): Datenbank-Infosystem (DBIS). Internet: http://rzblx10.uni-regensburg.de/dbinfo/index.php?bib_id=bthac&colors=15&ocolors=40&ref=about#anwender (16.04.2017).

Verband Deutscher Ingenieure (VDI) (2015): VDI-Initiative Stadt:Denken. Bausteine für die Stadt der Zukunft.

Vester, F. (1980): Das biokybernetische Sensitivitätsmodell. Eine Methode zur adäquaten Erfassung und Planung von komplexen Systemen. In: (1980): Technikfolgen und sozialer Wandel - Zur politischen Steuerbarkeit der Technik. Köln: 225–247.

Vester, F. (2005): Sensitivitätsmodell Prof. Vester - Methodenhandbuch. München.

Vester, F. (2011): Die Kunst vernetzt zu denken. Ideen und Werkzeuge für einen neuen Umgang mit Komplexität. Deutsche Verlags-Anstalt: München.

Vossen, R. (2012): Ein Verfahren zur Ermittlung und Bewertung des Intellektuellen Kapitals von wissenschaftlichen Exzellenzclustern. Books on Demand: Norderstedt.

Volkswagen AG (2017): Die Manufaktur - Die Gläserne Manufaktur. Internet: https://www.glaesernemanufaktur.de/de/die-manufaktur (16.04.2017).

Walter, J. (2016): Bau und Überbau. Kommentar zur Ergänzung der BauNVO. In: Bauwelt (35.2016): 30–33.

Weick, K. E., Hauck, G. (1995): Der Prozess des Organisierens. Suhrkamp-Taschenbuch Wissenschaft: Frankfurt am Main.

Weinert, K., Beckmann, K.J., Encarnação, J., Herzog, O., Höcker, H., Kuhn, A., Mühlhäuser, A., Schober, O., Spath, D., Thoma, K. (2014): Stadt der Zukunft – Strategieelemente einer nachhaltigen Stadtentwicklung.

Westkämper, E., Löffler, C. (2016): Strategien der Produktion. Technologien, Konzepte und Wege in die Praxis. Springer: Berlin Heidelberg.

Wittenstein AG (2014): Mit Apps auf dem Milkrun - Wittenstein Bastian (be)lebt Industrie 4.0.

Wittkowski, J. (1994): Das Interview in der Psychologie: Interviewtechnik und Codierung von Interviewmaterial. Westdeutscher Verlag: Opladen.

Yi, L., Liu, B., Li, X. (2003): Eliminating Noisy Information in Web Pages for Data Mining. (SIGKDD 03).

Zukunftsinstitut (2015): Made in the City: Urban Manufacturing. Internet: https://www.zukunftsinstitut.de/artikel/made-in-the-city-urban-manufacturing/> (16.04.2017).

Zukunftsinstitut (2016): Urbanisierung: Die Stadt von morgen. Internet: https://www.zukunftsinstitut.de/artikel/urbanisierung-die-stadt-von-morgen/ (16.04.2017).

10.2 Abbildungsverzeichnis

10.3 Tabellenverzeichnis

11 Anhang

11.1 Anhang 1 – Codierungstabelle zu 4.2.2

Fraunhofer IAO, 2015	Matt/ Rauch, 2015	Bauer/Lentes, 2014	Dombrowski /Riechel, 2014	Weinert et al., 2014	Schössler et al., 2012a	Schössler et al., 2012b	Moser, 2014	Gausemeier / Klocke, 2015
Aussehen der Produktion		Attraktives städtisches Umfeld	Gebäudegestaltung	Stadtverträglichkeit, städtebauliche Integration; Stadt	Image	Urbaner Standort als Prestigemerkmal, Ästhetik des Standortes	Image und Attraktivität der Umgebung	Image und Attraktivität des Produktionsstandortes
Lärmemissionen		Niedrige Imissionswerte/ Reduzierung von Emissionen	Licht, Lärm, Geruch, Treibhausgase; Schadstoffe; Null-Emissionsfabrik; Klimawandel	Emissionssenkung, Null-Emissionsfabriken, Plus-Energie-Fabriken, Grüne Fabrik	CO_2-neutrale Fabriken; grüne Fabriken oder Null-Emissions-Fabriken; Steuerung von Emissionen und Stoffströmen	Umweltqualität, Schmutz- und Lärmemission	Auflagen (Lärm, Umweltschutz, etc.)	Stellenwert von Energieeffizienz
Energieverbrauch; Ver- und Entsorgung	Ressourcenschonung	Optimierung der Energieversorgung	Wasser; Rohstoffe; Betriebsstoffe	Stoffströme ohne Verschwendung; Energieströme; Nebenproduktströme (Urban Mining)	ressourceneffiziente Gestaltung (Bau/Betrieb)			Zugang zu Energie und Ressourcen; Umweltpolitik; Kreislaufwirtschaft
Nachhaltigkeit der Produkte; Materialien				Lokal produzieren und konsumieren, wenig Logistik; Produkte; Materialien				
Familienfreundlichkeit	Kindertagesstätten, Betreuungen; Familienfreundlichkeit; Attraktvität für Familien	Steigerung der Vereinbarkeit von Wohnen und Arbeiten; Integration von Arbeit und privatleben						Stellenwert von Work-life-Balance
Mischnutzungen und unternehmensseitige Angebote	Kultur-, Sport- und Freizeitangebote	funktionierende Mischgebiete; Community Production: Gemeinschaftlich produzieren	Standort, Konkurrenznutzungen	Gemeinschaftliche Nutzung	Gesunde Mischnutzung: Wohnen, Einzelhandel, DL, Produktion	Flächennutzungskonflikte, v.a. in Zusammenhang mit Wohnen		
Flächenverbrauch, Flächenverdichtung					hohe Bodenpreise (mindern innenstadtnahe Produktion), Flächenverfügbarkeit; aktive Gewerbeflächenpolitik	Flächenverfügbarkeit; Flächeneffizienz; Bodenpreise	vorhandene Nutzfläche; Raumkosten (Grundstücke, Immobilien, Mieten)	
Logistik, Verkehr; Logistik		Optimierung des Verkehrsaufkommens; Verkehrsinfrastruktur	Extralogistik; Personenlogistik; Intralogistik	Logistik			Verkehrsanbindung	Logistik und Verkehr/ Verkehrsaufkommen

Fraunhofer IAO, 2015	Matt/ Rauch, 2015	Bauer/Lentes, 2014	Dombrowski /Riechel, 2014	Weinert et al., 2014	Schössler et al., 2012a	Schössler et al., 2012b	Moser, 2014	Gausemeier / Klocke, 2015
Kunde als Teil der Produktion	Integration von Markt und kunden	Markt- und Kundennähe, Einbezug in Innovations-, Entwicklungs- Produktions, Distributions sowie After-Sales-Prozesse; Open Innovation		Kundenintegrati on			Räumliche Nähe zu Kunden	
Einbindung in Gebäude-bestand	Urbanisierung	Urbanisierung	Gebäude; Städtebauliche Integration	Stadtplanung, Raumplanung, Bauordnung; integrierte Stadtquartier-planung zur Akzeptanz-erhöhung		Standort- und Regionalpolitik		Urbanisierung der Produktion
Sourcing	Arbeiten in mehreren Unternhmen gleichzeitig	Verfügbarkeit von Arbeitskräften		Multi-jobs, Patchwork Verhältnisse; Arbeits-organisation, M2M Kooperation				
Mitarbeiter Qualifikation	Förder-programme für qualifizierte, junge Arbeitnehmer (von außerhalb); Ausbau der Weiterbildungs möglichkeiten; Fachkräfte-mangel: War for Talents; Förderung	Know-How, Fachkräfte-mangel	Mitarbeiter	Qualifikation	Hoch-qualifizierte Arbeitskäfte; fachkräfte-mangel und Nachwuchs-sicherung	Arbeitskräfte-angebot,	Verfügbarkeit Fachkräfte	Arbeitskräfte-angebot
Mitarbeiter Flexibilität; Arbeitszeits-modelle	Flexibles Arbeiten, Arbeitszeit-modelle	Flexibilisierung der Arbeit; Teilzeitmodelle; Flexibilisierung	Flexibilisierung; Individuali-sierung	Flexible Arbeit	Individuali-sierung			Wille zur Selbst-bestimmung
Arbeitsplatz-gestaltung	Ergonomisches Arbeiten	Entgrenzungs-modelle	Arbeitsplatz-gestaltung					Arbeitsumfeld/Organisation; Arbeitsplatz-sicherheit
Sub-ventionierung nahen Wohnens; Pendler-wohnungen	Kurze Wege	Kurze Wege zw. Wohnen und Arbeiten		Nähe zur Arbeit, kurze Wege				
Fahr-gemeinschaften und Mitfahr-börsen; ÖPNV, Radwege Verfügbarkeit								Mobilität der Menschen
	Altersgerechtes Arbeiten, Phasenweiser Ausstieg; Age Management: Mentoring, Space Cowboys	Demo-grafischer Wandel	Demo-grafischer Wandel	Altersgerechtes Arbeiten				Rolle älterer Menschen im Arbeitsleben

Fraunhofer IAO, 2015	Matt/ Rauch, 2015	Bauer/Lentes, 2014	Dombrowski /Riechel, 2014	Weinert et al., 2014	Schössler et al., 2012a	Schössler et al., 2012b	Moser, 2014	Gausemeier / Klocke, 2015
IT und Big Data, CPS	Industrie 4.0, CPS	Breitbandverfügbarkeit		Industrie 4.0				Durchdringung mit IKT; Technikbeherrschung; IT-Sicherheit, Standardisierung
	24/7 Produktion und dezentrale Micro Fabs		Fraktale Fabrik (aus Fraktalen zusammengesetzte Unternehmenseinheit)	24/7-Prinzip; Dezentrale Produktionsnetzwerke, kleine Produktionseinheiten, Segmentierung bestehender Fabriken; kleine Losgrößen		Flexibilisierung der Produktion, flexible Raumlösungen		Neue Wertschöpfungsmodelle
Fertigungstechnologien; generative Verfahren; stardardisierte Software/Hardware; Augmented Reality Devices			Technologie und Innovation; Innovatoren	Fertigungstechnologien; Rapid Prototyping	Innovationsfähigkeit innovative Produkte hervorzubringen; Branchenfokus: Innovationstechnologien;	Innovationsfähigkeit		Verbreitung innovativer Fertigungsverfahren; Verbreitung intelligenter technischer Systeme
	Umweltbewusstsein		Recycling	Umweltbewusstsein	Umweltqualität			Umweltbewusstsein
Arbeits- und Prozessorganisation auf Fabrikebene			neue Fabriktypologien	vertikale Produktion, Grundflächenminimale Produktion; kooperative Produktion und Clustereffekte	vertikale Produktion mit geringem Flächenbedarf			
Interaktion: Kommune, Unternehmen, Intermediäre	Förderung der Zusammenarbeit mit Bildung und Forschung; lebenslanges Lernen	Nähe zu Forschungs- und Technologiezentren; Bedarfsgerechte, auch duale Gestaltung von Bildungsangeboten		Innovations- und Wissenschaftslandschaft	Bildungs und Forschungseinrichtungen: ntersektorale und interdisziplinäre Technologie- und Wissenstransfer			Einstellung zur Bildung; Wissens-und Technologietransfer; Bildungsniveau; Bildungs-und Forschungspolitik
					Investitions- und Technologie-Förderprogramme; städtebauliche Förderprogramme;			
	Gesundheitsmanagement	Wohn- und Lebensqualität; Erhöhung der Lebensqualität						Gesundheitsbewusstsein
					hochwertige Produkte; Produktbegleitende Dienstleistungen gewinnen an Bedeutung	Funktionsmischung aus Industrie und unternehmensnahen Dienstleistern		Konsumentenverhalten; neue Geschäftsmodelle

Fraunhofer IAO, 2015	Matt/ Rauch, 2015	Bauer/Lentes, 2014	Dombrowski /Riechel, 2014	Weinert et al., 2014	Schössler et al., 2012a	Schössler et al., 2012b	Moser, 2014	Gausemeier / Klocke, 2015
		kurze Beschaffungswege; Nähe zu Lieferanten		Nähe zum Absatzmarkt, ständige Anpassung möglich	Enge Vernetzung zw. Nachbarn und Unternehmen	Paradigmenwechsel in Denkweisen kommunalen Handelns (Bedarfe, Ressourcen nutzen),	Räumliche Nähe zu Lieferanten/Kooperationspartnern	
	Soziales und ökologisches Engagement; Sozialverantwortung			Ökologie	Nachbarschafts verhältnisse: Bürgerbeteiligung und Corporate Social Responsibility	Corporate Social Responsibility von Unternehmen für Nachbarschaft und Gesellschaft		
Positive Kommunikation	Nachhaltige Unternehmensstrategien als Identifikationsmerkmal für Mitarbeiter; Attraktivität für junge Talente							
M2M Kooperationen	Digitale Vernetzung der Arbeitsplanung		Digitale Fabrik					
		Sozialisations- und direkte ökonomische Effekte	Kapitalmärkte	Geld- und Wertsystem	(Risiko) Kapitalverfügbarkeit; wechselseitige Einbindung von Politik, Verwaltung und Industrie bei der Erschließung von privatem Kapital (Public Private Partnership, PPP).	Kapitalverfügbarkeit	Lohnkosten/ Gehaltsniveau; Steuern und Abgaben	Investitionsbereitschaft/ Verfügbarkeit von Kapital; Haushaltssituation des Staates
				Planungs- und baurechtliche Bestimmungen	Bürgerdialog, Partizipation zur Akzeptanz			
					Strukturwandel und Revitalisierung	Konjunktur/ Strukturwandel		Weltmarktnachfrage nach maschinenbaulichen Erzeugnissen; Entwicklung der Produktionskosten
			Globalisierung; globale Wettbewerber;					Entwicklung von Währungs- und Wirtschaftsräumen

11.2 Anhang 2 – Definitionen der Gestaltungsparameter zu 4.2.2

Parameter	Beschreibung	Quelle
	Mikroebene	
Rapid Prototyping	In dezentral vernetzten Micro Fabs, welche die Möglichkeit einer schnellen, additiven Fertigung bieten, kann die Produktentstehung und Prototypenbildung rund um die Uhr, individuell und sehr kurzfristig stattfinden. Produktkonzepte können somit schneller überführt werden können.	Matt/Rauch 2015, S. 32 Weinert et al. 2014, S. 62
Verbreitung innovativer Fertigungsverfahren	Neu eingeführte oder erheblich verbesserte Fertigungs- und Verfahrenstechniken sowie neue Verfahren zur Erbringung von Dienstleistungen werden als Prozessinnovationen bezeichnet (v.a. Emissionsarme bzw. -freie Verfahren). Sie dienen meist der Kostenreduktion und tragen somit zur Konkurrenzfähigkeit der Unternehmen im internationalen Wettbewerb bei. Das Ausmaß der Kostenreduktion durch neue Verfahren ist somit ein Indikator für den Erfolg von Prozessinnovationen.	Gausemeier/Klocke 2015, S. 17
Kleine Losgrößen	Ohne große Vorlaufzeiten werden kleine, hochindividuelle Losgrößen produziert. Die Produktion ist dementsprechend flexibel gestaltet.	Weinert et al. 2014, S. 62
Verändertes Kundenverhalten	Das Kundenverhalten ändert sich, es kommt beispielsweise zu fragmentierten Kundennachfragen. Standardprodukte reichen nicht mehr aus, um dem Wettbewerb stand zu halten. Es müssen individuelle Kundenpräferenzen und persönliche Wünsche erfüllt werden. Stärkerer Wunsch der Kunden nach ethisch einwandfreien, qualitativ hochwertigen und universellen Produkten. Menschen haben Interesse daran, wie ihr Produkt hergestellt wird. Produktion, Produkt und Erlebnis werden eine Einheit. Hochwertige, nachhaltige und individuelle Produkte werden direkt im Quartier bzw. direkt am Absatzmarkt hergestellt. Durch die Dezentralität der Produktionssysteme und -netzwerke wird eine solche individulisierte Produktion ermöglicht. Lokales Produzieren und Konsumieren erfährt in der Gesellschaft immer größerer Beliebtheit.	Weinert et al. 2014, S. 62
Markt- und Kundennähe	Die Kunden- und Marktnähe ermöglicht die Einbindung in Innovations-, Entwicklungs-, Produktions-, Distributions- sowie After-Sales-Prozesse. Ziel ist die Produktion hoch indivualisierter Produkte. Eine mögliche emotionale Bindung des Kunden an das Produkt wird provoziert.	Bauer/Lentes 2014, S. 9 Weinert et al. 2014, S. 68
Individualisierung	Individualisierung bezeichnet den Prozess der Loslösung des Menschen aus traditionellen sozialen Bindungen, wodurch neue Freiräume, aber auch neue Abhängigkeiten für den Einzelnen entstehen. Traditionelle Familienstrukturen, klassische Biografieverläufe und konventionelle Rollenbilder lösen sich auf und machen individuellen Lebensentwürfen Platz. Die zunehmende Wahlfreiheit lässt Mikromärkte erstarken, führt zu mehr Eigenverantwortlichkeit und treibt die Do-it-yourself-Ökonomie. Durch die zahlreichen Möglichkeiten zur Selbstdarstellung im Internet hat die Individualisierung eine neue Qualität erreicht.	Schössler et al. 2012a Gausemeier/Klocke, 2015
Wille zur Selbstbestimmung	Selbstbestimmung bedeutet nach freiem Willen über sein Leben entscheiden zu können und setzt daher voraus, dass der Mensch sich über seine eigenen Ziele im Klaren ist. Es gibt zwei psychologische Ausprägungen: Der Mensch ist mit festen Vorgaben und damit einhergehender Entbindung von Entscheidungen zufrieden (z.B. aufgrund von Überforderung). Oder er will selbst entscheiden wann, wo und wie er arbeiten möchte. Im zweiten Fall erhöht selbstbestimmtes Arbeiten die Motivation und somit auch die Leistung.	Gausemeier/Klocke 2015, S. 14
Rohstoffe, Betriebsstoffe und Materialien	Relevant ist hier der Einsatz von Stoffen und Materialien, die in der urbanen Produktion eingesetzt werden (z.B. Pulver, Flüssigkeiten o.Ä.). Ein hoher Abhängigkeitsgrad zur entsprechenden Fertigungstechnologie wird hier deutlich. Zusätzlich geht es um den Zugang zu nachwachsenden und nicht nachwachsenden Rohstoffen. Die Verfügbarkeit von Rohstoffen ist je nach Art des Rohstoffes abhängig von natürlichen Vorkommen und zugeführten Rohstoffen.	Dombrowski/Riechel 2014, S. 14
Emissionen	Emissionen (Licht, Lärm, Geruch, Treibhausgase, Schadstoffe etc.) wirken sich auf das direkte Umfeld der urbanen Fabrik aus und haben negative Folgen für die Wohnqualität in der Umgebung. Produktion kann nur stadtverträglich sein, wenn es sich um emissionsarme bzw. -freie Fabriken handelt. Um den Übergang zu solch grünen Fabriken zu gestalten, werden 4 Stufen identifiziert: Zunächst muss eine Energieeffizienzoptimierung der Produktion stattfinden, Versorgungswechsel hin zu erneuerbaren Energien, Minimierung von Abfall über den gesamten Produktlebenszyklus und zuletzt der Einsatz von Technologien, die einen negativen CO^2-Fußabdruck aufweisen.	Dombrowski & Riechel 2014, S. 12 Bauer/Lentes 2014, S.9 Weinert et al. 2014, S. 67 Rüsing 2014, S. 58 Schössler et al. 2012b, S.4 Gausemeier/Klocke 2015, S. 24
Standardisierung	Standardisierung bedeutet die Vereinheitlichung von Maßen, Schnittstellen usw. bei technischen Produkten. Standards werden durch dominierende Anbieter oder Normungsinstitute gesetzt. Bei der Modularisierung werden Einzelteile zu Baugruppen zusammengefasst, die in verschiedenen Produkten oder Varianten eingesetzt werden können. Auch in der Softwaretechnik spielt die Wiederverwendung von Programmbestandteilen eine große Rolle. Eine weitere Herausforderung stellt die Integrität der Daten dar.	Gausemeier/Klocke 2015, S. 18

Parameter	Beschreibung	Quelle
Durchdringung mit IKT	Die Durchdringung mit Informations- und Kommunikationstechnik wird zum einen durch die technische Entwicklung in diesem Bereich beeinflusst. Diese Entwicklungen stoßen oft weitere Innovationen in anderen Industriezweigen an und wirken daher als Befähiger (Enabler). Zum anderen spielen die Bereitschaft bzw. die Möglichkeit der Menschen, neue Informations-und Kommunikationstechnologien in ihren Alltag zu integrieren, eine große Rolle für deren Verbreitung.	Gausemeier/Klocke 2015, S. 17
Arbeits- und Prozessgestaltung	Das Arbeitsumfeld wird neben der Arbeitsorganisation durch die Arbeitsbedingungen (z.B. Bewegungsunterstützung, Augmented Reality) im Unternehmen bestimmt. Ergonomieaspekte sowie die enge Kooperation mit Robotern und virtuellen Agenten spielen hier eine wesentliche Rolle.	Dombrowski/Riechel 2014, S. 12 Gausemeier/Klocke 2015, S. 15
Verbreitung intelligenter technischer Systeme	Technische Systeme mit inhärenter „Intelligenz" verfügen über die Eigenschaft, sich flexibel an ändernde Umgebungsbedingungen anpassen zu können. Darunter werden Fähigkeiten wie Selbstkoordination oder Selbstoptimierung verstanden. Der Einsatz von Cyber Physical Systems betont auch hier die enge Zusammenarbeit von Mensch, Roboter und virtuellen Agenten. Intelligente technische Systeme zeichnen sich durch eine hohe Leistungsfähigkeit und hohe Systemfunktionalität aus. Sie bieten zudem das Potenzial zur Reduktion des Energiebedarfs.	Gausemeier/Klocke 2015, S. 17
Akzeptanz von Innovationen und Technologien	Akzeptanz bezeichnet die empirisch gemessene Bereitschaft der Menschen, neue Technologien in ihrem Umfeld zu tolerieren. Die Akzeptanz hat maßgeblichen Einfluss auf den Absatz neuer Produkte und ist abhängig davon, ob die Innovation als Nutzenzuwachs empfunden wird. Die Akzeptanz ist abhängig von Bildung und Alter einer Person.	Gausemeier/Klocke 2015, S. 14
Mitarbeiterqualifikation	Die Mitarbeiterqualifikation sowie die Bereitschaft von Mitarbeitern, sich ständig weiterzuentwickeln, ist erforderlich, um den Erfordernissen neuer Technologien und neuer Planungs- und Steuerungsprozessen gerecht zu werden. Urbane Standorte werden als Anziehungspunkte für qualifizierte Mitarbeiter diskutiert.	Matt/Rauch 2015, S. 35, Weinert et al. 2014, S. 63
Flexibles Arbeiten	Zukünftig wird die Flexibilität von Mitarbeitern eine größere Rolle spielen. Durch kurze Wege in der Stadt soll ein hoher Flexibilitätsgrad (z.B. durch flexible Arbeitszeitmodelle) erreicht werden. Durch die lokale Verfügbarkeit von qualifizierten Arbeitskräften kann flexibel auf veränderte Umweltbedingungen reagiert werden. Beispielsweise durch den flexibel koordinierten Einsatz von Mitarbeiteren in mehreren, dezentralen Produktionsstandorten (Multijobs). Vorteil ist hier unter anderem eine verkürzte Leerlaufzeit in der Produktion.	Weinert et al. 2014, S. 63
Multijobs	Durch die unmittelbare Nähe von Arbeitsplatz und Lebensumfeld kann ein Mitarbeiter bei mehreren Unternehmen gleichzeitig tätig sein (Patchwork-Beziehungen). Ermöglicht wird dies durch eine kooperative, digitale Vernetzung der Arbeitsplanung. Voraussetzung hierfür ist, dass es standardisierte und intuitiv handhabbare Arbeitsprozesse, Arbeitsplätze und Arbeitsumgebungen auch über Unternehemsgrenzen hinaus gibt.	Matt/Rauch 2015, S. 32 Weinert et al. 2014, S. 63
Flächenbedarf der Produktion	Der Flächenbedarf einer Fabrik ist ein entscheidendes Kriterium bei der Verstandortung im urbanen Raum. Aufgrund hoher Raumkosten (Grundstücke, Immobilien, Mieten) gibt es Bestrebungen diesen so gering wie möglich zu halten und bspw. Formen vertikaler Integration (Produzieren über mehrere Etagen verteilt) zu implementieren. "Die Stadt braucht Industrie mit gerigerem Flächenbedarf, in mehreren Etagen produzierend, nicht emittierend, vielleicht mit Image-und Kundenbindung für hochwertige Produkte im städtischen Kontext." (Schössler et al., 2012b, S. 3).	Schössler et al. 2012a, S. 4 Schössler et al. 2012b, S. 3
	Mesoebene	
Gebäudegestaltung, Architektur & Ästhetik	Die Verstandortung von Produktionsstandorten in die Stadt stellt neue Anforderungen an die Gebäudegestaltung. Nachhaltige und funktionale Architektur, die bspw. auch in der Lage ist, eine vertikale Produktion zu ermöglichen und zusätzlich imageträchtig ist, wird gefordert. Die äußere Erscheinung sowie städtebauliche Gestaltung wird bei Fabriken an urbanen Standorten ganz besonders diskutiert. Für eine hohe Akzeptanz in der Nachbarschaft können bspw. Außenfassenden licht-emissionsreduzierend und optisch ansprechend gestaltet werden.	Fraunhofer IAO 2015, S. 4 Dombrowski & Riechel 2014, S. 14 Schössler et al. 2012a, S. 2 Gausemeier/Klocke, 2015, S. 20
Integration in Gebäudebestand	Die urbane Fabrik greift den vorhandenen Gebäudebestand voll auf und führt diesem eine (neue) effiziente Nutzung zu (Revitalisierung). Städtebaulich fügt sich die urbane Fabrik somit in den Gebäudebestand ein.	Fraunhofer IAO 2015, S. 4 Dombrowski/Riechel 2014, S. 14 Schössler et al. 2012a, S. 2 Gausemeier/Klocke, 2015, S. 20
Vertikale Integration	In der Stadt bietet es sich an, die klassische Nutzung vertikal zu erweitern (vertikale Produktionsflächennutzung), indem z.B. Verkaufsflächen im Erdgeschoss, Montage im ersten Stock und Planung in den darüberliegenden Stockwerken liegen. Kommen zusätzlich weitere Geschosse für andere Nutzungen hinzu, wie z.B. Wohnungen, kulturelle Einrichtungen spricht man von einer vertikalen Nutzungsmischung - Ziel ist ein möglichst niedriger Flächenbedarf.	Weinert et al. 2014, S. 68 Bauer/Lentes 2014, S. 8
Flächenverfügbarkeit	Verfügbare Flächen sind Grundvoraussetzung zur Ansiedlung urbaner Produktion. Für Unternehmen ist "die Verfügbarkeit sowie die flexible und relativ zeitnahe Aktivierung von Erweiterungsflächen im Umfeld des Betriebsstandortes ein elementarer Standortfaktor" (S.4).	Schössler et al. 2012b, S.4

Parameter	Beschreibung	Quelle
Flächenkosten	Die Flächenkosten umfassen Grundstücks-, Immobilien- und Mietpreise. Durch die höhere Nutzungsintensität bei gleichzeitig knapperer Bodenfläche sind die Raumkosten in der Regel in der Stadt höher als in nicht urbanen Regionen.	Moser 2014, S. 15
Akzeptanz der Anwohner	Die Akzeptanz der Anwohner beschreibt das Verständnis für urbane Produktion bzw. einen möglichen Identifikationsgrad. Das Image der Produktion (z.B. nachhaltige, ökologische Produktion; lokaler Arbeitgeber; Investor sozialer Einrichtungen, o.Ä.) beeinflusst die Akzeptanz ebenfalls und somit schließlich das Nachbarschaftsverhältnis.	Schössler et al. 2012b, S. 4 Schössler et al. 2012a, S. 2
Dialog zwischen Anwohnern und Unternehmen	Für eine hohe Akzeptanz der urbanen Fabrik in der Nachbarschaft eignet sich ein enger Dialog zwischen Unternehmen und Anwohnern (z.B. Bürgerdialoge). Ansprüche werden direkt disktutiert (und berücksichtigt).	Schössler et al. 2012b, S. 15
Flächennutzungskonflikte	Aufgrund verschiedener Nutzungsmöglichkeiten von urbaner Fläche können hier Konflikte auftreten. So kann beispielsweise aufgrund eines hohen Wohndrucks eine mögliche industrielle Nutzung mit Wohnnutzung im Konflikt stehen.	Schössler et al. 2012a, S. 7
Strukturwandel und Revitalisierung von Flächen	Innerstädtische Brachen bzw. innerstädtisch untergenutzte Flächen (z.B. Lagerflächen) werden durch Formen urbaner Produktion effizienter genutzt und ein höherer Wertschöpfungsgrad erzielt.	Dombrowski/Riechel 2014, S.14
Image des Standorts	Das Image eines Produktionsstandortes wird maßgeblich durch die subjektiv wahrgenommene Leistung in der in- und ausländischen Öffentlichkeit bestimmt. Harte Faktoren wie Steuern, rechtliche Auflagen, Arbeitskräftepotential, aber auch weiche Faktoren wie Freizeit-, Kultur- und Sportmöglichkeiten sowie Bildungsangebote beeinflussen das wahrgenommene Image.	Gausemeier/Klocke 2015, S.20
Logistik und Verkehr	Die Distributionslogistik wird bei urbaner Produktion neu diskutiert, z.B. Lieferungen, die von außerhalb der Stadt eintreffen oder Material, welches zwischen Fabriken ausgetauscht werden muss. Stoffströme verhalten sich in Abhängigkeit von der Kompaktheit der verwendeteten Materialien, die in die Stadt geliefert und dann dort veredelt werden. Der oftmals ohnehin schon überlastete innerstädtische Verkehr darf nicht zusätzlich strapaziert werden. Trotz kurzer Wege muss die Verkehrsinfrastruktur (Anlagevermögen der Verkehrswege und Verkehrsstationen) sowie der öffentliche Personennahverkehr leistungsstark sein. Es besteht der hohe Anspruch, Güter und Menschen effizient und emissionsarm zu transportieren. Durch die Produktion in der Stadt steigt durch Extra- und Intralogistik sowie Personenlogistik das Verkehrsaufkommen. Weitere Gründe sind starke Nachfrageschwankungen sowie Risiken durch Produktionsausfälle, was zu erhöhter Belastung führen kann. Prognosen deuten, dass der Logistikverkehr bis 2025 um 43% ansteigen wird.	Kalisch et al. 2012, S.3 Weinert et al. 2014, S.64 Fraunhofer IAO 2015, S. 5 Gausemeier/Klocke 2015, S.16 Bauer/Lentes 2014, S. 8 Dombrowski/Riechel 2014, S. 14
	Makroebene	
Arbeitskräfteangebot	Das Arbeitskräfteangebot umfasst nach Definition des Instituts für Arbeitsmarkt- und Berufsforschung die Summe aus Erwerbstätigen, Erwerbslosen und Stiller Reserve. Die Stille Reserve wird in offiziellen Statistiken nicht erfasst und muss daher geschätzt werden. Entscheidend sind neben der Anzahl verfügbarer Arbeitskräfte auch die vorhandenen sowie zukünftig geforderten Kompetenzen der Arbeitskräfte. Im Zug der Industrie 4.0 werden neue Berufsgruppen entstehen (z.B. Dateningenieur, Sicherheitsingenieur).	Gausemeier/Klocke 2015, S. 14
Age Management	Die Rolle der älteren Menschen beschreibt das Selbstverständnis der älteren Generation und deren Beteiligung am Arbeitsleben. Sie wird geprägt vom Denken und Handeln des Einzelnen, der Unternehmen und der Gesellschaft. Vorstellbar ist die (Re-) Integration von so genannten "Space Cowboys" (pensionierten Mitarbeitern) in Unternehmen. Qualifizierte ältere Mitarbeiter geben ihre Erfahrungen weiter, dienen als Mentoren für die Jüngeren.	Gausemeier/Klocke 2015, S. 15
Fachkräftemangel	Als Fachkräftemangel bezeichnet man den Zustand einer Wirtschaft, in dem eine bedeutende Anzahl von Arbeitsplätzen für Mitarbeiter mit bestimmten (hochqualifizierten) Fähigkeiten nicht besetzt werden kann, weil auf dem Arbeitsmarkt keine entsprechend qualifizierten Mitarbeiter (Fachkräfte) zur Verfügung stehen.	Rüsing 2014, S. 58 Schössler et al. 2012b Schössler et al. 2012a, S. 4
Technologie- und Wissenstransfer	Unter Wissens- und Technologietransfer versteht man den zweckmäßigen und geplanten Transfer von Techniken und technischem Wissen (z.B. Forschungs- und Entwicklungsergebnisse) zur wirtschaftlichen Anwendung zwischen verschiedenen Akteuren in der Ökonomie bzw. in eine konkrete Anwendung. Wissens- und Technologietransfer kann intra- und interorganisatorisch, direkt und indirekt, vertikal und horizontal stattfinden. Im Kontext des Wissens- und Technologietransfers spielen Forschungseinrichtungen und Intermediäre (z.B. Wirtschaftsförderungen) eine wichtige Rolle. Netzwerk- und Clusterinitiativen sind hier auch zu nennen.	Gausemeier/Klocke 2015, S. 16 Schössler et al. 2012b, S. 10

Parameter	Beschreibung	Quelle
Bildungs- und Forschungseinrichtungen, Technologiezentren	Wettbewerbsfähig produzieren: Die Nähe zu Forschungs- und Technologiezentren erleichtert den Zugang zu Wissen und dessen Transfer in Unternehmen. Die Nähe zu Aus- und Weiterbildungsmöglichkeiten stärkt den Zugang zu Absolventen und kann der Abwanderung von Fachkräften entgegen wirken. Zudem fördert die Nähe das lebenslange Lernen der Mitarbeiter. Konzepte zur Umsetzung sind z.B. der Ausbau der Bildungsinfrastrukturen (Hochschulen), Weiterentwicklung der dualen Aus- und Weiterbildungen, Verstärkung der Kooperationsbeziehungen zwischen Industriebetrieben und Schulen. Im Betrieb kann dies durch Weiterbildungsprogramme, flexible Arbeitszeitmodelle oder auch ganzheitliches Demografiemanagement unterstützt werden.	Bauer/Lentes 2014, S. 9 Matt/Rauch 2015, S. 33 Schössler et al. 2012b, S. 3
Wertschöpfungsmodelle	Wertschöpfungsmodelle beschreiben die Struktur und Art der Zusammenarbeit in der Produktentstehung, von der Idee bis zum Markteintritt, sowie über die Branchenwertschöpfungskette vom Rohstoff bis zur Marktleistung für den Endbenutzer. Typische Beispiele sind Allianzen und möglichst autonomes Agieren. Eine wichtige Rolle spielt die Verzahnung von Hochschulforschung mit F&E-Aktivitäten der Industrie sowie die Vernetzung von industriellen F&E Aktivitäten untereinander.	Gausemeier/Klocke 2015, S. 16
Fraktale Fabrik	Im Rahmen der Industrie 4.0 wird die fraktale Fabrik diskutiert. Hierzu wird die Produktionskette auf kleine Produktionseinheiten modularisiert. Auf diese Weise wird auch eine kundennahe Endproduktion diskutiert. In dezentralen Endproduktionseinrichtungen werden individuelle Produkte hergestellt, die sich direkt an den Bedürfnissen des Kunden orientieren.	Bauer/Lentes 2014, S.9 Dombrowski/Riechel 2014, S. 12
Gemeinsames Sourcing	Gemeinsame Nutzung von Maschinen und Anlagen durch mehrere Unternehmen bietet die Möglichkeit auf schwankende Auslastungen schnell zu reagieren und die Flexibilität auch bei steigender Variantenvielfalt sicherzustellen. Umschlagsflächen, Verteilverkehr, Warenübergabesysteme und ÖVPN gemeinsam zu nutzen führt zur Effizienzsteigerung für alle Beteiligten.	Weinert et al. 2014, S. 63
Community Production	Immer verbreiteter ist die gemeinsame Nutzung von Büroflächen und Infrastruktur, Betriebsmitteln, das Teilen von Know-How oder auch Fachpersonal. Eine Gemeinschaft produziert innerhalb einer Stadt als Viertel oder Cluster. Unternehmen, die so produzieren, zeichnen sich durch eine vertrauensvolle Kunden-Lieferanten-Beziehung aus und können somit risikoarm agieren. "Gerade für Unternehmensneugründungen können Ansätze einer "Community Production", bei denen eine Gemeinschaft wie ein Stadtviertel oder ein Quartier in enger Kooperation produziert, wesentlich sein." (S. 10)	Bauer/Lentes 2014, S. 10
Ver- und Entsorgung sowie Stoffströme	Unter Stoffströmen versteht man sowohl Material- als auch Personenflüsse. Materialflüsse werden weiterhin nach Beschaffungs- und Distributionslogistik sowie Abfallentsorgung unterschieden. Wasser muss zum einen als Frischwasser der Stadt zugeführt und zum anderen als Abwasser abgeführt werden. Um die Produktion noch effizienter zu gestalten, sind auch Konzepte wie "Urban Farming" denkbar, wo Stoffe direkt am Erzeugungsort gewonnen und weiterverarbeitet werden können. Um die Energie einer Produktionsstätte sinnvoll zu nutzen, können z.B. Ansätze wie das des Positiv-Energie-Unternehmens genutzt werden. Das bedeutet ein Unternehmen gibt mehr Energie an sein Umfeld ab (z.B. Fernwärme an andere Bauwerke) als es bezieht. Relevante Stoffströme betreffen z.B. Wasser, Recycling, Produkte, Rohstoffe, Halbzeuge oder auch Betriebsstoffe.	Gausemeier/Klocke 2015, S.21 Weinert et al. 2014, S. 66 Dombrowski/Riechel 2014, S. 14
Funktionsdurchmischung	Urbane Produktion spricht für eine hohe Funktionsdurchmischung im Quartier. "Zur effizienten Nutzung der im städtischen Umfeld typischerweise knappen Ressource Fläche kann eine vertikale Produktionsflächennutzung umgesetzt werden, sodass z.B. Teilefertigung und Verkaufsflächen im Erdgeschoss, Montage im ersten Stockwerk und Bürobereiche für Entwicklung, Einkauf und Planung in den darüber liegenden Stockwerken eingerichtet werden." (S.8) Darüber hinaus ist auch eine horizontale Funktionsmischung vorstellbar. Quartiere sind heterogen durchmischt mit Wohnfunktion, Produktion, (produktionsnahen) Dienstleistungen sowie Einzelhandel.	Bauer/Lentes 2014, S.8
Aktive Gewerbeflächenpolitik	Eine aktive Gewerbeflächenpolitik beschreibt das Bestreben einer Kommune, (gewerbliche) Flächenpotentiale voll auszuschöpfen und eine hohe Nutzungseffizienz aufzuweisen. Instrumente hierzu sind bspw. web-basierte GIS-Gewerbeflächenkataster.	Schössler et al. 2012b, S. 4
Metaebene		
Kurze Wege	Mitarbeiter legen keine weiten Entfernungen zur Arbeitsstätte zurück und induzieren somit deutlich weniger Verkehrsaufkommen. Kurze Wege steigern sowohl die Unternehmensflexibilität als auch die Integration von Kunden und Lieferanten.	Matt/Rauch 2015, S. 32 Bauer/Lentes 2014, S. 9 Weinert et al. 2014, S. 63

Parameter	Beschreibung	Quelle
Stellenwert Life-Balance	Der Begriff Work-Life-Balance steht für einen Zustand, in dem Arbeit und Privatleben miteinander in Einklang stehen. Für die Personalpolitik von Unternehmen und Organisationen kann eine Ausrichtung auf Work-Life-Balance und Diversity einen Wettbewerbsvorteil auf dem Arbeitsmarkt darstellen. So stellen die Ermöglichung einer Work-Life-Balance und die Positionierung als familienfreundliche Organisation Vorteile in Bezug auf Anwerbung und Motivation der Mitarbeiter dar. Zudem wird die Mitarbeiterfluktuation gesenkt.	Gausemeier/Klocke 2015, S. 14
Geschäftsmodelle	Die urbane, wandlungsfähige Fabrik muss sich auf die immer volatileren Marktverhältnisse einstellen können. Durch die Marktnähe verändern sich auch die Geschäftsmodelle, z.B. "Physikal Apps". Hierbei handelt es sich um kundenspezifische Individualisierungskomponenten für Standardprodukte, die in kleinen Stückzahlen so schnell produziert werden, dass das Produkt bereits während der Herstellung vom Verbraucher verwendet werden kann.	Weinert et al. 2014, S. 62
Produktbezogene Dienstleistungen	Wichtige Impulse für die zukünftige Industrieentwicklung versprechen insbesondere die produktbegleitenden Dienstleistungen. Neben der reinen Produktion können sich Unternehmen durch zusätzliche und ergänzende Serviceleistungen Wettbewerbsvorteile verschaffen. Komplette Lösungen aus einer Hand binden Kunden und steigern die Wertschöpfung.	Schössler et al. 2012b, S. 18
Planungs- und baurechtliche Regulierungen	Dieser Einflussfaktor beschreibt Gesetze und Verordnungen, die die Errichtung bzw. den Betrieb einer urbanen Fabrik bestimmen und reglementieren. Planungs- und bebauungsrechtliche Aspekte werden hier berücksichtigt, genauso wie steuerliche Abgaben.	Fraunhofer IAO 2015, S. 6
Unternehmensgetriebene „Corporate Social Responsibility“	Unternehmen übernehmen soziale Verantwortung nicht nur für Mitarbeiter, sondern auch für Anwohner und Nachbarschaft. Mit besonderem Fokus auf körperlicher und geistiger Gesundheit wird das unternehmenseigene Angebot (Sport, Ernährung etc.) erweitert und entsprechend für die Nachbarschaft geöffnet.	Gausemeier/Klocke 2015, S. 22 Schössler et al. 2012b, S. 4
Umweltbewusstsein	Das Umweltbewusstsein setzt sich aus zwei Komponenten zusammen: das Umweltwissen, das die verfügbaren Informationen über den Zustand der Umwelt bündelt, sowie das Umweltgewissen. Hierbei handelt es sich um die Wahrnehmung des Umweltzustandes und die Akzeptanz einer schützenswerten Umwelt, selbst unter möglicherweise höheren Kosten für Produkte. Ausschlaggebend ist letztendlich das Handeln der Menschen, welches sich aus ihrem Umweltbewusstsein ergibt.	Gausemeier/Klocke 2015, S. 24
Ressourcen- & Energieeffiziente Gestaltung	Dieser Aspekt bezieht sich auf den Bau sowie Betrieb urbaner Produktion. Fokus ist die Ausgestaltung der Fabrik als Gebäude selbst (z.B. nachhaltige energieeffiziente Baustoffe) sowie auf die Gestaltung der vorliegenden Prozesse (z.B. Wiederverwendung von Wertstoffen). Die Energieeffizienz bezieht sich auf das Verhältnis von erzieltem Nutzen (Leistung, Dienstleistungen, Waren, Energie) und eingesetzter Energie. Energieeffizienz ist eine Teilmenge des Energiesparens, das zusätzlich den teilweisen oder vollständigen Verzicht von energiezehrenden Aktivitäten beinhaltet (= Senkung des Energieverbrauchs). Im Alltag gewinnen energieeffiziente und energieeffizient erzeugte Produkte im Zuge des gestiegenen Umweltbewusstseins, absehbarer Energie-Engpässe und aufgrund gesetzlicher Vorschriften zunehmend an Bedeutung.	Weinert et al. 2014, S. 57, 66 Gausemeier/Klocke 2015, S. 23
Kreislaufwirtschaft	Im Rahmen der Kreislaufwirtschaft werden die für die Herstellung eines Produkts eingesetzten Rohstoffe nach dessen Nutzung in den Wertschöpfungsprozess zurückgeführt. Dies dient der Reduktion von Abfällen über den gesamten Lebenszyklus eines Produkts. Angestrebt werden weitgehend geschlossene Kreisläufe bei vorrangigem Einsatz verwertbarer Abfälle oder daraus entstandener sekundärer Rohstoffe für die Neuproduktion.	Gausemeier/Klocke 2015, S. 24
Entwicklung von Produktionskosten	Die Produktionskosten sind definiert als die Summe der Kosten, die bei der betrieblichen Leistungserstellung durch den Einsatz von Produktionsfaktoren entstehen. Produktionsfaktoren sind u.a. Roh-, Hilfs- oder Betriebsstoffe, Gebäude, Maschinen und Personal. Die Lohnkosten haben in Deutschland einen Anteil von ca. 65% an der Bruttowertschöpfung. Sie stellen die Gesamtheit der Aufwendungen des Arbeitgebers dar, die im Zusammenhang mit der Beschäftigung von Arbeitskräften entstehenden.	Gausemeier/Klocke 2015, S. 21

11.3 Anhang 3 – Interviewleitfaden zu 4.3.2

Formalia und Einführung

- Kurzvorstellung: Interviewer
- Erläuterung Hintergrund: Dissertationsprojekt; Validierung des Katalogs an Gestaltungsparametern urbaner Produktion
- Hinweis auf Anonymität der Befragung: Wunsch der Interviewaufzeichnung vor dem Hintergrund der Auswertung und Vergleichbarkeit; Erläuterung Anonymisierung und Einverständniserklärung (Einverständniserklärung)
- Die Teilnehmer können selbst Foki im Voraus auswählen bzw. ausschließen, falls gewünscht.
- Hinweis auf Zeitrahmen sowie weiteren Verlauf: Zeitrahmen max. 60 Minuten; Wiedervorlage des Katalogs als Wirkungsmatrix

Einstiegsfragen

- Wie relevant schätzen Sie die aktuell diskutierten Megatrends in Bezug auf urbane Produktion (Demografischer Wandel, Digitalisierung, Urbanisierung, Fachkräftemangel etc.) ein?

Fokus: Makroebene

- Was stellen Sie sich unter urbaner Produktion, also einer Produktion in der Stadt vor? Welche Formen sind Ihnen bekannt?
- Städte werden als Anziehungspunkt für hochqualifizierte Fachkräfte betrachtet. Muss zukünftig die Industrie hierhin folgen, um ausreichend Fachkräfte zur Verfügung zu haben und zukunfts- und wettbewerbsfähig zu sein?
- Wie schätzen Sie die vorliegende Auswahl an Standortmerkmalen ein - treffen diese zur Verstandortung von Unternehmen im urbanen Raum zu? Wenn ja – welche?

Fokus: Mesoebene

- Wie dicht beieinander ist Wohnen und Produzieren möglich? Wie betrachten Sie eine vertikale Durchmischung?
- Wie müssen Fabriken (äußerlich) gestaltet sein?
- Welche Produkte können zweckmäßig im urbanen Umfeld gefertigt werden? Sollte sich eine urbane Produktion auf Lebensmittel und Dinge des täglichen Bedarfs konzentrieren?

Fokus: Mikroebene

- Produktionsbetriebe verändern sich zu Manufakturen (Industrie 4.0). Inwiefern ändert sich der Produktionsbegriff?
- Welche Fertigungsverfahren eignen sich besonders für die urbane Produktion?

- Werden künftig mehr kompakt gepackte Materialien wie Pulver, Flüssigkeiten und massive Feststoffe in die Stadt transportiert und dort in Kundennähe veredelt? Wird das Stadtbild zukünftig durch 3D Printshops gekennzeichnet sein??
- Ist es sinnvoll, die Einbindung des Kunden in die Gestaltung, bspw. durch Open Innovation, und in die Herstellung im Sinne eines Configure-by-Customer zu stärken?
- Umweltfreundliche Produktionsmöglichkeiten lassen Produktion in Städten überhaupt erst zu. Wie können Emissionen minimiert und sogar Nullemissionsfabriken realisiert werden?
- Wie ist die Arbeitsteiligkeit in urbanen Fabriken? Herrscht dort Artteilung vor oder werden in vielen urbanen Fabriken gleiche Produkte mit ihren Varianten mengenteilig komplett gefertigt? Stichwort: Fraktale Fabrik

Fokus: Metaebene

- Kurze Wege werden als ein Kernmerkmal urbaner Produktion betrachtet. Warum trägt dieses Merkmal?
- Wie gestaltet sich flexibles Arbeiten in der Stadt? Kurze Wege = flexible Arbeitszeitmodelle = mehrere Arbeitgeber (Multijobs)?
- Welche Aspekte umfasst für Sie eine ressourceneffiziente Gestaltung von Fabriken?
- Inwiefern müssen Stoff- und Energieströme in der urbanen Produktion gestaltet sein?
- Welche politischen Akteure sind bei der Verstandortung von urbaner Produktion relevant?
- Welche (Förder-)Instrumente werden benötigt und fehlen evtl. welche?
- Wie schätzen Sie die aufgeschlüsselten Einflüsse und Megatrends als Treiber urbaner Produktion ein?
- Wieweit sind wir entfernt von Industrie 4.0 und einer Digitalisierung der Arbeit?

Abschluss:

- Was ist abschließend Ihre Meinung? Schätzen Sie urbane Räume als kreatives und leistungsfähiges Umfeld für zukunfts- und wettbewerbsfähige Produktionsbetrieben ein?
- Wie wichtig schätzen Sie die Bedeutung der Industrie für die zukünftige Entwicklung des urbanen Raumes ein?
- Können Sie sich vorstellen, im Obergeschoss einer urbanen Fabrik zu wohnen?

11.4 Anhang 4 – Liste der Codes zu 4.3.2

Obercode	Codes	#
Mikroebene	Breitbandqualitäten	4
	Kleine Losgrößen	28
	Rapid Prototyping	10
	Verbreitung innovativer Fertigungsverfahren	17
	Verbreitung innovativer Fertigungsverfahren - Gravurdruck	1
	Verbreitung innovativer Fertigungsverfahren - Laserschneiden	3
	Verbreitung innovativer Fertigungsverfahren - HSC	1
	additive Fertigungsverfahren (3D-Druck)	15
	Standardisierung	7
	IT-Sicherheit	3
	Produktionskomplexität	14
	Vertrieb	11
	Produkttypus/-branche	60
	Vernetzung von Organisationen	15
	Emissionen	50
	Flexibles Arbeiten	11
	Arbeitsplatzgestaltung (4.0)	3
	Rohstoffe, Betriebsstoffe und Materialien	9
	Arbeits- und Prozessorganisation (4.0)	1
	Kurze Wege in der Organisation	5
	Vertikale Integration	28
Mesoebene	Flächenverfügbarkeit	16
	Raumkosten	12
	Verkehrsaufkommen	15
	Image des Standorts	22
	Funktionsdurchmischung im Quartier	19
	Dialog zwischen Anwohnern und Unternehmen	8
	Strukturwandel und Revitalisierung von Flächen	24
	Soziales Milieu	11
	Logistik und Güterverkehr	40
	Personenverkehr	14
	Gebäudegestaltung, Architektur & Ästhetik	18
	Public Private Partnership (PPP)	4
	Flächennutzungskonflikte	10
	Flächenbedarf	14
	Akzeptanz der Anwohner	26
Makroebene	Arbeitskräfteangebot	15
	Bildungs und F&E-Einrichtungen, Technologiezentren	18
	Lieferantennähe und Clustereffekte	13
	Synergienutzung, Clusterbildung & gemeinsames Sourcing	27
	Fraktale Fabrik	14
	Produktionsnetzwerke	12
	Innovation Labs, Fablabs & Dependencen	8
	Einbettung in regionale/globale Wirtschaftsgefüge	18
	Fachkräftemangel	23
	Ver- und Entsorgung sowie Stoffströme	13
	Förderdichte & Subventionen	14
	Aktive Gewerbeflächenpolitik & Stadtplanung	15
	Treiber & Akteure	22
	Produktbegleitende Dienstleistungen	6
	Wertschöpfungsmodelle	20
Metaebene	Markt- und Kundennähe	20
	Kurze Wege zw. Wohnen & Arbeiten	37
	Verändertes Kundenverhalten	23
	Verändertes Kundenverhalten - Kauferlebnis	4
	Verändertes Kundenverhalten - Produktqualität	4
	Verändertes Kundenverhalten - Regionale Produkte	10
	Geschäftsmodelle	14
	Einfluss von Internetgiganten	2
	Entwicklung von Produktionskosten	12
	Angebot und Nachfrage urbaner Güter	12
	Soziale Verantwortung (SR)	13
	Multikulturalismus	5
	Mobilität der Menschen	4
	Demografischer Wandel	9
	Digitalisierung	18
	Individualisierung	17
	Urbanisierung	8
	Partizipative ganzheitliche Ansätze	16
	Umweltbewusstsein (Ressourcen & Energieeffizienz)	14
	Planungs- und baurechtliche Regulierungen	29
	Wirtschaftspolitik	4
	Stellenwert Life Balance	14
	Multijobs	8
	Polarisierung der Arbeit & Qualifikation	28
	Wille zur Selbstbestimmung	4
	Akzeptanz von Innovationen und Technologien	1
	Interdisziplinarität	7
		1124

FSC
www.fsc.org
MIX
Papier | Fördert
gute Waldnutzung
FSC® C083411

Kolibri 360 GmbH
Ferdinand-Jühlke-Straße 7
99095 Erfurt, Deutschland
produktsicherheit@kolibri360.de